전뇌사고

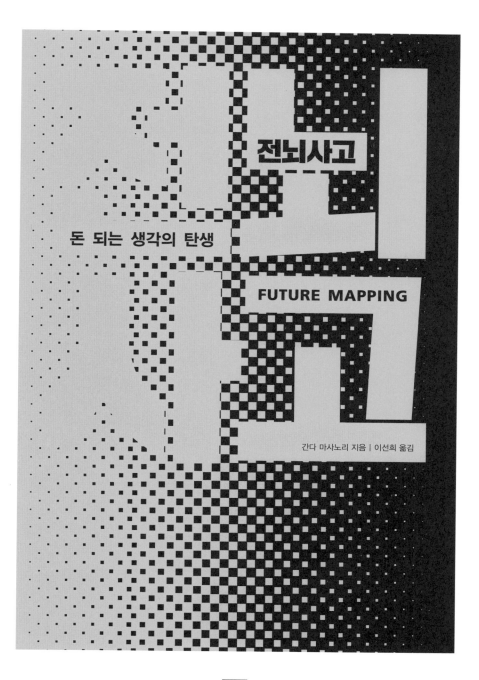

전뇌사고

돈 되는 생각의 탄생

FUTURE MAPPING

간다 마사노리 지음 | 이선희 옮김

RHK
알에이치코리아

중고가가 40만 원까지 올라간 책은
대체 무엇이 다른 것일까?

간다 마사노리와의 인연이 깊다. 나의 책《뜨겁게 나를 응원한다》에 그의 글을 실으며 1% 성공자의 비밀에 대해 말했고, 그의 책《비상식적 성공 법칙》의 추천사를 쓰기도 했으니 말이다.《전뇌사고》를 읽기 시작했을 때 도입부부터 쏟아져 나오는 도표에 당황스러웠다. 그것도 잠시, 페이지를 넘길수록 당혹은 탄성으로 바뀌었다. '마인드파워 스쿨'에서 소개하고 싶은 아이디어가 끊임없이 떠올라 중간중간 메모하는 바람에 정작 추천사는 뒷전일 수밖에 없었던 웃지 못할 사태가 일어났다. 결과적으로 보면, 추천사를 쓰기까지 어쩌면 가장 오래 걸린 책이 아닐까 싶다. 이 책에 어떤 비밀이 담겨 있길래 이토록 나를 두근거리게 할까?

《전뇌사고》는 한마디로 고민이 풀리게 하는 책이다. 읽다 보니 '아하!' 무릎을 치게 하는 아이디어가 생각났다. '저자의 컨설팅 노하우와 10년간 마케터로서 쌓아 온 모든 핵심을 다 공개하구나!', '진짜 다 줬

네!', '와! 어메이징!'을 연발하며 읽고 메모하기를 반복했다. 몇 권에 걸쳐 쓸 수 있는 전문적인 지식을 단 한 권에 담았을뿐더러, 자칫 어렵게 느껴질 수 있는 내용을 쉽게 풀어냈다. 이를 위한 저자의 피나는 노력이 눈에 선했다. 그 역시 이 책을 쓰기 전부터 120% 행복해진 독자가 그 기분을 표현하는 것부터 상상하고, 독자들의 미래를 그리며 이 책을 설계하고 아이디어를 얻지 않았을까 생각했다.

2006년 2월, 미국에서의 트레이닝을 마치고 밥 프록터의 유일한 한국 비즈니스 파트너가 되어 한국에 돌아왔을 때, 현실은 내가 생각했던 것보다 냉혹했다. 나는 깊은 가치를 보고 수중의 모든 돈을 쏟아붓고 심지어 빚까지 내가며 미국에서 교육받았지만, 아직 한국에서 그 가치를 알아보지 못하는 사람들이 훨씬 더 많았다. 내가 생각했던 것보다 훨씬 더 어려웠던 현실을 마인드파워로 버텼지만, 그때 내가 만약 전뇌사고 모델을 알았다면 몇 년의 세월을 훨씬 더 단축할 수 있었을 것이다.

"상상이 지식보다 훨씬 중요하다"라는 아인슈타인의 말을 나는 강의에서 많이 인용한다. 잠재의식은 우리가 명확하게 상상한 대로 기적을 탄생시키기 때문이다. 이 책은 상상을 실제 업무나 사업에 적용할 수 있는지를 매우 구체적으로 제시한다. 120% 행복해진 고객의 기분을 떠올리며 일러스트를 그리고 표정을 생각하고 말풍선을 그리면서 그들의 미래를 먼저 떠올리게 하고, 즐거움으로 가슴 뛰며 모두가 참여하는 살아있는 회의! 모두가 에너지와 열정이 넘치게 변할 방법이 담겨 있다.

마인드파워 전문가 입장에서 전뇌사고 모델을 설명하면 다음과 같다. 인간만이 가진 높은 지적 능력intellectual faculty(나는 '인간만이 가진 비밀

병기'라고 표현한다) 중, 원하는 끝 그림을 명확하게 설정will(의지)하고, 구성원 모두가 구체적으로 '상상imagination'해 기존의 사고 범위를 뛰어넘는 창조적인 아이디어를 자연스럽게 탄생시킨다. 조직 구성원 모두가 한마음으로 마지막 그림에 집중해서 잠재의식을 자극하면 직감Intuition을 통해 제3의 아이디어, 제4의 아이디어들이 끊임없이 태어난다. 특히 그것이 다른 사람을 위하는 의도일수록, 나 혼자만의 행복을 생각했을 때보다 자신의 몰랐던 잠재능력을 끌어올리게 된다. 그렇기에 이 책 예시에 나왔듯이 전문지식이 풍부하지 않아도 누구나 백만 달러 아이디어를 도출할 수 있는 것이다.

생각해 보면 나 또한 무의식중에 전뇌사고를 사용했던 것일지도 모른다. 2014년 첫 책을 쓸 때, 나는 끝 그림을 명확하게 그렸다. '독자들에게 빛이 되는 첫 책을 쓰고 싶다!'라는 생각을 했고, 그 책을 읽는 독자들의 모습을 그리고, 기쁨의 눈물을 흘리며 인생의 진정한 주인공으로서 살아가는 독자들을 상상했다. 어느 날 제목 아이디어가 떠올랐고, 표지를 생각하니 바다 앞 태양 앞에서 두 손을 쫙 펼치는 나의 모습을 담고 싶다는 생각이 들었다. 동시에 나는 등 근육을 만들기 시작했다. 3개월 내내 잠을 제대로 못 자면서도 운동을 계속했고, 책 탈고를 할 때쯤에는 내 몸은 운동선수급 몸이 되어 있었다. 집필 과정이 순탄하지만은 않았다. 2주간 한 글자도 쓰지 못한 채 힘들고 어두웠던 어린 시절의 기억에 매몰되어 빠져나오지 못한 때가 있었다. 그 고비에서 나를 구한 것은 행복해진 독자들을 상상하는 것이었다. 책 속에서 '빛'이 뿜어져 나오며 행복한 독자들의 표정을 상상하니, 거짓말처럼 신들린 듯이 글이 써졌다. 동이 틀 무렵까지 글을 쓰고 읽으면 '내가 쓴 게 맞나?'라는 생각이 들 정도로 좋게 느껴질 때가 많았다. 그 책은 나오자마자 베스트셀러가 되었고, 중국어로도 출간되어 내가 청도대학교에 교수진으로 나갔던 계기가 되었고, 나를 12권의 책을 쓴 베스트셀러 작가로 만들어 준 고마운 책이 되었다. 이 책에서 주장하는, 다른 사람을 위한 의도로 일할 때 나도 몰랐던 잠재능력이 발휘된다는 체험을 제대로 한 셈이다.

《전뇌사고》는 당신의 생각을 완전히 바꿀, 두고두고 다시 꺼내 펼칠 인생 책이다. 당신이 문제에 직면했을 때, 사업 아이디어가 필요할 때, 프레젠테이션을 준비할 때, 새로운 문제 해결 방식이 필요할 때, 새로운 시대에 성장하고자 하는 리더들에게 이 사고 모델은 상상 이상의 효과를 발휘할 것이다.

이 책을 덮으며 왜 중고 책 가격이 40만 원까지 올라갔는지 이해가 갔다. 이 책의 마지막 장을 덮는 순간, 누군가는 백만 달러 이상의 가치를 얻을 것이라 확신했다. 이 책을 만난 당신은 행운아다! 전뇌사고 모델을 잠재의식 속에 체화될 때까지 반복한다면, 잠재의식의 힘을 당신의 일 모든 분야에 적용하고 기적을 체험할 것이다. 책을 읽으며 아이디어가 생기면 바로 메모하고 그 가슴 뛰는 아이디어들을 실행해 보라! 어느새 당신의 인생은 완전히 다른 곳에 있을 것이다.

조성희
(마인드파워 스쿨 대표, 밥 프록터 한국 유일 비즈니스 파트너)

친애하는 한국의
독자 여러분께

이 책은 큰 미래를 실현하는 책이다. 방금 내가 그려 온 미래 한 가지가 실현되었다. 이 책을 손에 든 한국에 있는 당신과 내가 이어진 것이다. 이 책의 마지막 부분(360쪽)에는 다음과 같은 문장이 있다.

"(이 책에서 공유하는 사고와 행동 과정이) 아시아, 나아가 전 세계를 선도하는 기업의 경영진과 사원들의 습관으로 뿌리내리면 어떻게 될까?"

전뇌사고(퓨처 매핑Future Mapping)는 미국에서 출간되며 마침내 아시아를 넘어 세계로 뻗어가고 있다. 이 책을 처음 출간했을 때, 나는 어린이와 어른이 하나가 되어 아시아에서 신규 사업을 만들어 내는 '아시아유니티'라는 콘셉트를 가지고, 그것을 신속히 실현하기 위해 아시아와 세계의 리더들을 만나고 싶었다. 이번에 한국에서 재출간한다는 이야기를 들었을 때, 2009년 당시부터 그렸던 미래가 코로나19라는 난관을 거쳐, 지금 다시 한국에서 가동될 듯한 예감이 들어 기쁘기 그지없다.

지난 15년간, 이 책에서 소개한 창조적 과제 해결 기법은 분야나 업계, 세계를 초월해 수많은 결과를 만들어 내고 있다. 기업에서는 몇 년씩 알아차리지 못했던 본질적인 경영 과제를 불과 몇 시간에 찾아내고, 어느 임원 후보는 자신의 커리어를 완성하기 위해 이상적인 프로젝트를 만들고 실행한다. 어린이 교육 현장에서도 이 기법을 활용하기 시작했다. 일본 교육심리학회에서 '전뇌사고'를 활용해 프로젝트나 학습을 끝까지 완수하는 힘과 기쁨을 이끌어 내고 자제력을 높임과 동시에 학습의 즐거움을 깨닫는 계기가 될 가능성이 있다고 발표했다.

이처럼 국적과 업계, 분야, 세대를 막론하고 '전뇌사고'가 성과를 올리는 이유는 이 기법이 어린 시절부터 들어 온 친숙한 '이야기'를 기반으로 하기 때문이다. 현상을 진지하게 분석하는 대신, 남을 행복하게 하는 이야기를 그리고 미소를 지으며 이상적인 미래를 그린다. 그 과정에서 새로운 가능성을 발견하고, 지금까지 보이지 않았던 방식을 사용하면서 과제의 해결 과정을 도출한다. 단순하게 말하면 이야기를 사용해서 창조적인 아이디어를 만들어 내고, 그것을 구체적인 실행 계획으로 치환하는 것이다. 그 결과, 예전에는 불가능해 보였던 목표라도 간단히 실현하게 되는 마법이 바로 '전뇌사고'이다.

나는 이 책에서 일부러 '끌어당김'이라는 말을 사용하지 않았다. 현실에서는 아무리 '끌어당김'을 기다려도 아무것도 이루어지지 않는다. 실현의 열쇠는 사고가 아니라 '행동'이기 때문이다. 이상적인 미래를 그리면 지금을 살아가는 에너지가 생긴다. 그 에너지를 완전히 연소시켜 힘든 현실에 맞서면, 그 결과 필연적으로 돌파구가 열린다. 그것이 '끌어당김'인지 '인연'인지는 모르겠지만, 이렇게 돌파구가 열렸다. 한국의 '누군가'가 나를 도와준 것이다. 만난 적 없는 한국의 '누군가'가 '이 책을 재출간해야 한다'라고 출판사에 제안해 나를 한국으로 이끈 것이다. 이 자리를 빌려 그 '누군가'에게 감사의 말을 전하고 싶다.

"당신 덕분에 친애하는 한국 독자들과 다시 이어져서, 15년 공백의 시간을 메울 수 있었습니다."

숱한 어려움을 극복하고 새로운 시대의 한 페이지를 열려고 하는 지금, 이 책이 한국에서 재출간되는 것은 내게 매우 영광스러운 일이다. 여러분도 삶의 새로운 가능성 앞에 다가가기를 진심으로 바란다.

간다 마사노리

이 책의 목적은 사고의 질을 높여 모두의 예상을 뛰어넘는 기획과 제안을 하는 것이다. 그러기 위해서 이성과 감성을 충족시켜 '실체 없는 사고'에서 끝내는 게 아니라 '행동'으로 연결해야 한다.

매우 단순한 차트 한 장을 사용해 보자. 그 차트를 앞에 두고 스스로에게 질문을 던지면, 머리가 미친 듯이 회전하기 시작한다. 놀랍게도 경영자, 사원은 물론이고 학생이라도 지금보다 더 높은 무대에 설 수 있다. 이런 능력을 손에 넣으면 당신의 성공은 당연해질 것이다.

이제는 누구에게나 새로운 기획과 제안이 요구된다. 신규 사업이나 업무 개선의 프레젠테이션뿐 아니라 마케팅이나 브랜딩을 위한 강연회와 설명회, 세미나를 개최하거나 서적을 출판하는 추세다. 기업들은 커뮤니티, 영상, 게임, 이러닝e-learning을 비롯한 웹콘텐츠의 제작에 신경 쓰게 되었다.

이런 시도가 기대만큼의 성과를 낳느냐는 오직 사고의 질에 달려 있다. 뛰어난 기획 하나가 사업에 끼치는 영향이 점점 막대해지면서, 작은 깨달음이나 시점의 차이만으로 고객을 매료시켜 단기간에 멋진 브랜드가 등장한다.

그동안 기획과 제안은 남보다 뛰어난 생각을 하는 일부 사람만이, 또는 전문가만이 할 수 있다고 생각하는 이들이 많았다. 하지만 장담컨대, 차트 한 장만 있으면 누구나 그들처럼 수준 높은 사고를 할 수 있다!

내 말에 이 책의 편집자는 가느다란 외줄을 타는 것처럼 마음이 조마조마했다고 한다. 어쩌면 무모하다고 여기겠지만, 나에게는 그런 도전을 해야 할 이유가 있다.

당신도 온몸으로 실감하고 있듯이 손발을 움직이는 일보다 머리를 사용하는 일이 급격히 늘었다. 시장 분석, 경쟁 분석, 고객 속성 분석, 광고 효과 측정, 예상과 실적 관리, 재무 분석 등. 예전에는 특정 컨설턴트나 광고 회사에서 했던 업무를 신입사원에게 요구한다. 그런데 그 결과는 슬프고 안타까울 지경이다.

얼마 전 모 대기업에서 우리 회사에 제안할 것이 있다고 찾아왔다. 프레젠테이션 화면에는 여러 차트가 정연히 늘어서 있었다. 과제를 논리적으로 분석했고, 해결 과정도 완벽했다. 하지만 도무지 마음이 내키지 않았다. 새로운 제안을 접했다는 감동이 눈곱만큼도 없었다. 제안서 표지에는 우리 회사의 이름이 쓰여 있었지만, 다른 회사용으로 만든 자료를 복사한 것으로밖에 보이지 않았다. 결국 내 최대 관심사는 어떻게 이 자리에서 뜰 타이밍을 잡을 것인가가 되었다. 당신에게도 이런 경험이 있지 않을까? 프레젠테이션의 90%는 겉보기에 그럴듯하다. 하지만 실제로는 감동도, 놀라움도 없는 진부한 내용에 지나지 않아 이렇게 말하는 것이 고작이다.

"정리를 참 잘하셨군요. 그래서 뭐지요?"

그렇다고 프레젠테이션 담당자가 일을 대충 한 것은 아니다. 머리를 열심히 쥐어짰으나 결과는 '복사와 붙이기'의 집대성일 뿐. 왜 이렇게 되었을까?

이유는 단 하나. 지금 사용하는 사고 모델이 지금 업무에 적합하지 않기 때문이다. 비즈니스 의사 결정 시 널리 사용했던 로지컬 씽킹logical thinking은 애당초 공업사회에 맞게 개발된 사고 모델이다.

로지컬 씽킹의 주요 목적은 과거 자료의 정리와 분석이다. 하지만 이 시대의 부가가치는 새로운 지식 창조에 있다. 과연 과거 자료의 정리와 분석을 토대로 한 사고법이 지금까지 쌓은 경험의 연장선을 뛰어넘는, 의외성 있는 제안을 만들어 낼 수 있을까? 고객은 물론이고 자신도 깜짝 놀랄 정도의 미래를 만들어 내는 새로운 사고 모델이 필요하다.

논리와 감성을 모두 충족시키는 수준 높은 사고. 나는 프로들이 가진 이 능력을 당신도 쓸 수 있다고 장담한다. 마케터로서 많을 때는 연간 2,000건이 넘게 경영 컨설팅을 해왔다. 시대가 달라져도 클라이언트가 요구하는 바는 늘 같았다. 직면 과제에 대해 단기간에 좋은 결과를 낼 수 있는 구체적인 방책. 그러나 방책을 제시한들 행동으로 이어지지 않으면 아무런 의미가 없다. 내가 지금까지 쌓은 경험을 바탕으로 분석한 결과, 성공 사례에는 반드시 '공통된 패턴'이 있다는 사실을 깨달았다. 이 패턴을 단순한 차트 한 장으로 응축한 것이 바로 '전뇌사고 모델'이다. 전뇌사고 모델에 따라 사고하면 스스로도 깜짝 놀랄 만한 아이디어를 얻을 수 있다. 단순히 재미있는 아이디어로 끝나는 게 아니라 '실현하고 싶어지는' 아이디어가 떠오르는 것이다. 사고가 행동으로 이어지기 때문에 탁상공론에서 그치지 않고 앞으로 한 걸음 내딛기 위한 계획이 완성된다.

전뇌사고 모델은 회의의 공통 프레임워크framework로 활용할 수 있으므로, 참가자에게 정보와 지식을 효과적으로 끌어내 상승효과를 만들어낸다. 단순한 차트 형태이기 때문에 비즈니스 경험이 전무한 신입사원이라도 아무런 문제 없이 논의에 참여할 수 있다. 그 결과 톱다운이 아닌 보텀업bottom-up 방식이 가능하다. 상위 20% 사람들의 사고만이 아니라 나머지 80% 사람들의 사고의 질을 끌어올릴 수 있다.

전뇌사고 모델은 내가 MBA를 취득하고 경영 컨설팅 분야의 경력을 쌓으며 '마인드맵mind map'과 '포토 리딩photo reading' 같은 창조적 사고법을 마스터함으로써 만들 수 있었던 '지知'의 통합 모델이다. 이 모델을 사용하면 모든 정보와 지식이 단숨에 고객 시점으로 통합된다. 기존의 틀을 뛰어넘는 해결책을 만들어 낼 뿐 아니라 어렵게 여겼던 로지컬 씽킹도 간단히 할 수 있다. 다시 말해, 논리적 사고에서 창조적 사고로 이어지는 양질의 사고를 단번에 손에 넣을 수 있다.

이 책을 집필하면서 내가 예상한 미래는, 당신이 이 책의 마지막 페이지를 덮는 순간 "아하! 이 방법으로 생각했더니 엄청난 프로젝트가 만들어졌어. 지금 당장 실행해 보자!"라고 말하는 것이다. 이제 본격적으로 양질의 사고를 습득하는 법을 하나씩 알아보자.

목차

1장

보이지 않는, 만질 수 없는, 느낄 수 없는 세계에서

4장

전뇌사고
모델

5장

성공을 만드는
스토리 법칙

6장

실행을 부르는
논리적 사고

7장

벽을 뛰어넘는
기술

8장

세상을 뒤흔드는
마케팅

1장

보이지 않는,
만질 수 없는,
느낄 수 없는 세계에서

눈에 보이지 않는 솥

당신은 어쩌면 내가 지금부터 하는 말을 이렇게 비웃을지 모른다.

"그렇게 당연한 것을 지적할 필요 없다!"

그래도 이 말을 하지 않고는 견딜 수 없다. 항상 주위에 있어 의식할 필요 없는 공기 같은 것을 표현하기 위해 더듬더듬 말을 찾기 시작한 순간, 머릿속에서 경보음이 울렸다. 마비된 감각이 되살아나면서 나는 정신없이 출구를 찾기 시작했다.

그러자 돌연 눈에 보이지 않는 유리벽이 깨지면서 내가 지금 어디에 있는지 깨닫게 되었다. 나는 조금씩 익어가는 개구리였다. 개구리를 뜨거운 물에 넣으면 즉시 뛰어나오지만, 찬물에 넣어서 천천히 온도를 높이면 뛰어나오지 않고 그대로 점점 익어 간다. 변화의 한가운데에 있기에 오히려 변화를 느끼지 못하고, 변화에 대한 자각이 없기 때문에 도망칠 때를 놓치는 것이다.

처음에는 이 부분을 쓰리라 예정하지 않았다. 하지만 책을 준비하는 사이에 가장 말하고 싶은 부분으로 바뀌었다. 쓸데없는 불안이라고 비웃음을 당할지언정 나는 과감하게 불안을 털어놓기로 했다.

종잡을 수 없는 485개의 기획안

그날 나는 485개의 기획안을 눈앞에 두고 있었다. 이 책에 현장의 의견을 담고자 경영 간부와 기획 담당자 485명에게 현재 진행 중인 비즈니스 과제에 관해 받은 기획안이다. 이에 대한 작은 보답으로 과제의 돌파구를 발견하기 위해 '전뇌사고 모델'을 이용한 세미나를 열기로 약속했다.

나는 약 5cm의 두께에 압박을 느끼면서 기획안을 한 장씩 살펴보기 시작했다. 설문에 답변하는 차원이 아니라 자신이 추진하고 있는 일에 대한 열의가 담겨 있었다. 하지만 기획안을 한 장 한 장 넘기는 손가락이 무거워서 견딜 수 없었다. 평소에는 아무리 두꺼운 서류라도 30분 만에 처리할 수 있지만, 과제가 머리에 들어오지 않아 도중에 포기하고 기획안을 조용히 책상 구석으로 밀어 놓았다.

그로부터 일주일 후, 기획안 뭉치를 흘깃 쳐다보면서 일부러 다른 일을 했다. 그 기획안에서 '묘한 불안'을 느끼고 똑바로 보고 싶지 않았던 것이다.

예정된 세미나 개최일이 코앞으로 다가오자 더는 미룰 수가 없었다.

다시 두꺼운 기획안 뭉치를 손에 들고 눈으로 글자들을 좇았다. 하지만 답답한 느낌은 여전히 가시지 않았고 내용에 집중할 수 없었다. 도중에 다시 눈을 들었을 때, '묘한 불안'이 겨우 말이 되어 한숨과 함께 입에서 튀어나왔다.

"무슨 말인지…… 모르겠어…….."

똑바로 바라볼 수 없었던 것이 당연하다. 그것은 곧 내 자존심과 직결된다. 과제를 이해할 수 없다는 것은 경영 컨설턴트로서 무능함을 인정하는 것이나 마찬가지 아닌가!

나는 지금까지 수많은 경영 컨설팅을 해왔다. 비즈니스에서 발생하는 대부분 과제를 해결해 왔다고 자부하고 있다. 그런데 시대의 흐름이 너무도 빨라서 10년의 경험조차 쓸모없을 만큼 풍화해 버린 것인가? 도저히 기획안에 쓰여 있는 말을 이해할 수 없었다. 이제 은퇴해야 하나? 한숨을 쉬며 자포자기하는 수밖에 없었다. 하지만 아무리 자포자기하더라도 스터디 클럽은 개최해야 한다. 머릿속에 들어오지 않아도 어떻게든 이해해야 한다.

기획안의 과제 부분에 쓰여 있는 한 글자 한 글자를 소리 내어 읽기 시작한 순간, 나는 내가 엄청난 착각에 빠져 있다는 사실을 깨달았다. 무슨 말이 쓰여 있는지 이해할 수 없는 것이 아니다. 한 건 한 건의 기획은 별다른 문제 없이 이해할 수 있었다. 깊숙이 파고들면 수많은 사업가가 사업을 성장시킬 때 맞닥뜨리는 과제, 즉 지금까지 내가 경험한 마케팅의 과제와 조금도 다르지 않았다.

하지만 집합체로서 485개의 기획안을 보았을 때는 도무지 종잡을 수 없었다. 그 안에 있는 것은 내가 생각한 비즈니스의 모습이 아니었다. 페이지를 넘길 때마다 "대체 누가 이런 상품을 원하는가?", "이런 제품이 과연 팔리는가?"라고 말하고 싶은 마음을 억누를 수밖에 없었다.

업계에서 조금 떨어져 바라보면, 담당자들이 껴안고 있는 대부분 과제는 거의 모호하다. 현재 검토 중인 기획인 만큼 실제 사례를 소개할 수는 없지만, 이미지를 거론하면 다음과 같다.

- **당사의 가치사슬**value chain**을 전제로 중소기업용 영업자동화**SFA, sales force automation **사업에 대한 핵심성공요인**KSF, key success factor **를 발견하기 위해서 4P를 논의하고 싶다. 어떻게 하면 재고 예측 프로그램과 연계해서 상승효과를 노릴 수 있을까?**
- **표준 템플릿**template**을 추천 기능으로 활용하고, IT 성숙도 핵심성공요인 실현을 효율적으로 하는 프로세스 디자인을 알고 싶다.**
- **ID 감사 업무를 종이 없이 하게 해 달라는 의뢰를 받았는데, 그와 동시에 종착점을 위한 해결책을 발견하는 정보 네트워크 활용을 제안하려면 어떻게 하는 것이 좋은가?**

어떤가? 한 건 한 건은 그렇다 치고, 485개 기업이 하나같이 이런 상태라면, 당신도 서류를 내동댕이치고 싶지 않을까?

미래 부가가치를 낳을 비즈니스

나는 종잡을 수 없는 기획의 집합체에서 무엇을 읽어 내야 할지 생각했다. 맨 먼저 공책에 쓴 것은 지나치리만큼 당연한 내용이었다.

10년 전과 비교해 지금은 비즈니스 과제가 급속하게 변하고 있다.

10년 전만 해도, 하이테크 분야의 과제는 휴대전화나 산업로봇의 판매망을 어떻게 확대하느냐는 것이었다. 그런데 지금은 SNS를 활용해 영업사원의 종합지원사이트total support site를 어떻게 가동하느냐, 산업로봇의 동작을 제어하는 IT 솔루션의 영업 과정을 인터넷에서 어떻게 원활하게 구축하느냐로 바뀌었다.

건강식품 분야도 마찬가지다. 10년 전에는 정기택배 제도를 어떻게 만드느냐는 것이었지만, 지금은 업계 표준이 되기 위한 협회를 만들고 싶은데 비즈니스와 사회 공헌이 양립하는 모델을 어떻게 만들 수 있느냐로 바뀌었다. 10년 전만 해도 농업 분야의 과제는 인터넷을 이용하여 산지 직송 채소를 전국적으로 판매하고 싶다는 것이었지만, 지금은 도시와 농촌을 연결하고 친환경 사회를 만들기 위해 교육 중심의 비즈니스 모델을 구축하고 싶다는 것으로 바뀌었다.

IT 분야의 경우 10년 전에는 고객과 오래 거래할 수 있는 고객 데이터베이스를 만들고 싶다는 것이 과제였지만, 지금은 고객과의 인터페이스로 수집한 정보를 경영전략이나 상품기획에 어떻게 살릴 수 있느냐는 해결책을 요구하고 있다.

한마디로 말해, 10년 전의 기획은 어떻게 하면 매출을 올릴지 직감적으로 알 수 있었지만, 지금은 어떻게 하면 매출을 올릴 수 있는지 전혀 보이지 않는다. 분야와 업계를 뛰어넘은 10년간의 변화를 보았을 때, 내가 앞에서 쓴 "10년 전에 비해 지금은 비즈니스 과제가 급속하게 변하고 있다"라는 문장은 진실이라고 여겨지지 않았다. 그래서 나는 그 문장에 줄을 긋고 다음과 같이 고쳐 썼다.

지금 사업 추진자들은 너무도 이질적인 비즈니스를 하려고 한다.

이 말이 나의 불안감을 더 정확하게 반영한다. 나는 '이질적인 비즈니스의 모습'을 더 자세히 끌어내고 싶어서 485개의 기획안을 정리하여 분석하기 시작했다. 그 결과를 정리한 것이 차트 [1-1]과 [1-2]다.

차트를 보면, 기획 담당자들은 지금 고도로 추상화·정보화된 비즈니스로 향하기 위해 머리를 급속히 회전하기 시작했다. '보이지 않는 사업', '만질 수 없는 사업', '느낄 수 없는 사업'을 추진하는 기업이 많아진 것이다. 한 기업만 놓고 보면 그 기업의 경영 간부는 "우리 회사는 다른 회사보다 한 걸음 앞서 나가고 있으므로 기획의 내용도 당연히 추상화·정보화되었다"라고 개별적인 사례로 느낄지도 모른다. 하지만 두툼한 기획안 더미를 보면, 실제로 모든 기업이 비슷하게 '다른 회사는 모르는 사업'에 착수하고 있다는 사실을 알 수 있다.

그때 내 머릿속에는 약 과거 미국의 마케팅 콘퍼런스에 참가했던 상

차트 1-1 485개 기업의 비즈니스 과제(조사 결과 1)

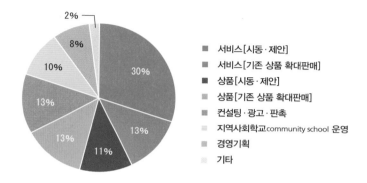

어떤 기획 안건이 있는가?

2%
8%
10%
13%
13%
11%
13%
30%

- ■ 서비스[시동·제안]
- ■ 서비스[기존 상품 확대판매]
- ■ 상품[시동·제안]
- ■ 상품[기존 상품 확대판매]
- ■ 컨설팅·광고·판촉
- ■ 지역사회학교community school 운영
- ■ 경영기획
- ■ 기타

차트 1-2 485개 기업의 비즈니스 과제(조사 결과 2)

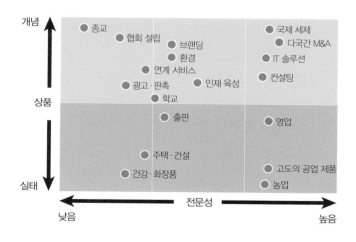

기획 안건을 분류하면

개념

● 종교
● 협회 설립 ● 브랜딩
● 환경
● 연계 서비스
● 광고·판촉 ● 인재 육성
● 학교

● 국제 세제
● 다국간 M&A
● IT 솔루션
● 컨설팅

상품

● 출판

● 영업

● 주택·건설
● 건강·화장품

● 고도의 공업 제품
● 농업

실태

전문성

낮음   높음

황이 떠올랐다. 당시 미국에서는 이런 변화가 눈에 띄어서 세미나나 콘퍼런스에 나온 사업 대다수가 보이지 않고, 만질 수 없고, 느낄 수 없었다. 일본에서는 어떻게 하면 효율적으로 주택 리모델링과 수제 신사복 사업에 고객을 모을 수 있을까 의논하고 있을 때, 미국의 주요 관심사는 이미 환경문제 법령에 대응하기 위한 상품 개발이나, 파일링 시스템 소프트웨어와 컨설팅을 연계한 판매 시스템의 구축을 어떻게 하느냐는 것이었다. 당시 일본에서도 일부 IT 기업이나 금융계에서는 고도의 지적 정보 서비스를 기획하기 시작했다. 하지만 지금은 대다수 기업들이 그 분야에 도전하고 있다.

또 기획안에는 사원들도 신규 사업의 판매 전략을 제안해야 한다는 내용도 있었다. 지금까지 기업의 실적을 좌우하는 제안은 관리자가 아니면 할 수 없었지만, 지금은 모든 기업이 전 사원들에게 아웃풋을 요구하고 있다.

우리는 보이지 않는 세계에서, 보이지 않는 고객에게, 보이지 않는 상품을 제공하기 시작했다. 비즈니스가 고도로 추상화된 세계로 급속하게 이동하고 있다. 그리고 기업에서는 누구나 그 변화에 대응하라고 요구한다.[1] "지금은 인터넷 시대니까 그 정도는 당연하지 않은가?"라고 생각하고 한 귀로 듣고 한 귀로 흘려버릴 수도 있다. 하지만 우리가 처한 상황을 역사적으로 바라보면, 추상적 개념을 만들어 물리적으로 사람을 만나지 않고 생산물을 교환해 경제를 성립시키려는 사회로 이동하는 것은 인류 역사가 시작된 이후부터 계속되고 있다.

수백만 년 전에 태어난 인류는 수렵사회, 농경사회, 공업사회로 이어저 왔다. 그 사회에서는 인간의 신체를 사용하는 것이 전제였다. 그런 상황이 불과 10여 년 만에 크게 달라지고 있다. 그리고 우리는 이 변화가 어떤 결과를 가져올지 객관적으로 판단할 여유도 없이 급류에 몸을 맡기고 있다. 사람들은 '무엇인가가 변하고 있다는 사실'은 알고 있다. 그렇기에 지금 우리가 온몸으로 느끼고 있는 '변화'에 놀란 것이 아니다. 변화에 대해서 무감각·무자각·무사고·무행동으로 있으면서, 여태 '솥 밖으로 뛰어나가지 않은 것'에 놀란 것이다!

더 이상 하늘을 짊어지지 않을 때

이러한 변화를 사업 추진자인 담당자 외에 다른 사람들은 어떻게 느끼고 있을까? 나는 다시 영업직과 사무직 208명을 대상으로 한 인터넷 설문조사를 실시했다.

설문조사 내용은 비즈니스 과제를 조사했을 때와 마찬가지로 10년 전과 현재의 업무 변화를 묻는 것이다. 과거와 달라진 점을 살펴봄으로써 지금 느끼는 업무 고민을 객관적으로 바라보려는 시도다. 조사 개요는 이 장의 마지막 부분에 있는데(차트 [1-4] 참고), 결과의 전반적인 상황을 신속하게 파악하기 위해서 10년 전과 현재의 업무 사이에 변화가 큰 것부터 순서대로 등급을 매기면 뒷장의 차트 [1-3]과 같다.[2]

이러한 결과를 통해 알 수 있는 전체적인 경향은 다음과 같다.

10년 전에 비해 지금은 업무에서 처리할 정보가 너무도 많다. 야근 시간은 줄었지만 결단과 판단이 필요한 기획·제안 업무가 많아졌다. 일의 보람과 동기부여정도는 10년 전이 더 높았다. 지금은 일도 재미없고, 월급도 너무 적다.

차트 1-3 **10년 전과 현재의 업무를 비교할 때 느끼는 변화의 크기**

업무의 수준은 높아지고 재미는 없다?

지금이 더 해당된다.		10년 전이 더 해당된다.	
1. 스트레스가 쌓여 있다.	26.0%	1. 업무의 보람을 찾을 수 있다.	18.3%
2. 업무 수준에 비해 월급이 적다.	22.1%	1. 업무의 동기부여가 높다.	18.3%
3. 자기 멋대로 행동하는 사람이 많다.	20.7%	3. 야근이 많다.	14.4%
4. 처리해야 할 정보량이 많다.	20.2%	4. 결단과 판단이 필요한 업무가 많다.	8.2%
5. 결단과 판단이 필요한 업무가 많다.	19.7%	5. 단순 업무가 많다.	7.7%
6. 혼자 또는 책상에서 점심을 먹을 때가 많다.	18.3%	5. 동료의 업무나 상황을 잘 알고 있다.	7.7%
7. 업무에 필요한 기술이 많다.	17.3%	7. 인간관계가 어렵다.	5.8%
8. 커뮤니케이션이 부족하다.	16.3%	7. 세분화된 업무를 하고 있다고 느낀다.	5.8%
9. 인간관계가 어렵다.	15.9%	7. 업무에 필요한 기술이 많다.	5.8%
9. 불필요한 업무가 많다.	15.9%	7. 자기 멋대로 행동하는 사람이 많다.	5.8%

* 조사 개요 및 질문 항목은 이 장의 마지막 부분에 실려 있다.

10년 전과 지금을 비교하면 당신은 어떤 생각이 드는가? 나는 흘러간 유행가를 들었을 때처럼 "아아, 그때는 그랬지"라는 생각이 든다. 10년이 지나서 겨우 시대를 객관적으로 볼 수 있게 되었다.

10년 전에는 '종신 고용이 붕괴'된다고 시끌벅적했지만, 그래도 '종신 고용'이라는 단어가 유효했다. 프레젠테이션은 대기업이나 외국 기업의 MBA 소지자가 하는 것으로, 아직 일반화되지 않았다. '컴퓨터 1인 1대, 전사全社 메일 체제'는 뉴스에 나올 정도였고, "과연 인터넷으로 물건을 팔 수 있을까?"라는 것에 관해 진지하게 토론하기도 했다. '성과주의'의 단점을 과소평가하면서 적극적으로 도입하는 기업이 많았다. 그러고 보니 '글로벌 스탠더드global standard'라는 말도 있었다.

합리적 경영을 향해서 기업들도 변하려고 노력했다. 그런 소용돌이에서 개인에게도 업무에서 변혁을 요구했다. 그 결과 개인에게 필요한 기술이 다양해졌고, 처리할 정보량은 늘어났으며, 고난도의 업무를 해내기 위해 주말에도 공부를 해야 했다. 예전에는 고도의 판단이나 기술을 요하는 업무를 보람 있다고 생각했다. 하지만 막상 그런 업무를 해보니, 유감스럽게도 그렇지 않았다. 업무의 보람이나 동기부여도 10년 전이 더 컸다. 지금 하는 업무는 시시하기 짝이 없다.

업무에 대한 이런 변화가 특히 심각한 영향을 끼치는 연령대는 35세에서 44세. 지금이 더 '스트레스가 크다', '스트레스가 약간 있다'고 대답한 사람이 65%를 넘는다. 다른 연령대에서는 10년 전이 야근을 더 많이 했다고 대답한 사람이 많지만, 이 연령대에서는 지금이 더 야근을 많이 한다고 대답한 사람이 많다. 가장 눈에 띄는 것은 동기부여다. 지금이 '동기부여가 높다'고 분명하게 대답한 사람은 놀랍게도 0%다! 이 연령대의 설문지를 뽑아서 그들의 처지를 한마디로 표현하면 '천공天空을 짊어진 아틀라스'가 될 것이다.

신화에 따르면, 제우스는 아틀라스에게 전쟁에서 패배한 벌로 세계의 서쪽 끝에서 천공을 짊어지고 있으라는 명령을 내린다. 그것은 너무도 고통스러운 일이었다. 아틀라스는 무거운 벌에서 해방되기 위해 페르세우스에게 메두사의 머리를 보게 해달라고 부탁하여

천공을 짊어진 아틀라스

결국 돌로 변한다. 현재 35세에서 44세의 세대에 이름을 붙이면 '아틀라스 세대'라고 할 수 있다. 솟구치는 감정을 억누르며 돌이 된 것처럼 보이기 때문이다. 급격히 변하는 환경에서 생기는 수많은 모순과 악영향을 눈앞에 두고, 돌이 되지 않으면 업무를 계속 진행할 수 없다. 이를 뒷받침하듯, 대기업 관리자들에게서 다음과 같은 진심을 들을 수 있었다.

"새로운 업무를 하려면 뒤에서 찌를 뿐 아니라 앞에서도, 옆에서도 찌릅니다."

"컴퓨터에 USB를 꽂는 순간, 본사로 연락이 가지요."

"6개월 후도 모르는데 어떻게 3년 후를 말하겠습니까? 요즘 3년 후를 말하면 비웃음을 당하기 일쑤입니다."

앞일도 생각할 수 없고 주위 사람과 의식을 공유할 수도 없으며, 무작정 지금의 자리를 계속 지탱해야 한다. 실제로 그들을 만나 보면, 한

사람 한 사람이 일류 경영 컨설턴트가 아닐까 여겨질 만큼 업무 관련 지식도 풍부하고 기술도 뛰어나다. 현재의 비즈니스 과제를 논리적으로 파악하며, 불확실한 미래에 대한 위기의식도 높다. 앞으로 그들의 역할은 가벼워지기는커녕 점점 더 무거워질 것이다.

지난 10년간 업무 내용이 고도로 정보화되는 과정에서, 컴퓨터 기술에서는 세대 간에 커다란 간극이 생겼다. 키보드도 치지 못해서 누군가 대신 업무 처리를 해줘야 하는 상사가 있는가 하면, 중학교 시절부터 휴대전화를 갖고 다니고 인터넷을 이용해서 졸업논문을 쓴 신입사원도 있다. 정신없이 변화하는 정보사회에 대응할 수 없다. 그럼에도 불구하고 기업은 부가가치를 높이기 위해서 보이지 않는 상품을 보이지 않는 고객에게 판매하는 새로운 세계를 향해 속도를 올려야 한다. 우리의 처지를 객관적으로 살펴보면, 솥의 물이 끓기 직전인 절박한 상황이다.

지적 게 가공선 시대

내가 경영하는 회사의 간부들에게 설문조사에 관해서 발표하는 자리였다. 나는 가벼운 마음으로 주간지에서 우연히 본 흑백사진 한 장을 회의용 탁자 위에 올려놓았다. 중국 청바지공장의 사진이다. 10대 소녀가 웃음기 하나 없는 얼굴로 한곳을 물끄러미 바라보고 있다. 내 눈을 사로잡은 것은 소녀의 눈꺼풀 위 빨래집게였다. 제품을 조금이라도 많이 만들려면 잠잘 시간도 아깝다. 그래서 잠이 쏟아져도 눈이 감기지 않도록 빨래집게로 눈꺼풀을 집어 놓았다. 물론 주간지 기사의 목적은 중국의 노동환경이 얼마나 열악한지 알리는 것이었다. 나는 웃으면서 이렇게 말했다.

"설문조사 결과는 이런 중국의 상황과 비슷하지 않나요?"

내 말에 동조해서 사람들도 웃으리라고 생각했다. 하지만 예상과 달리 웃음은 어디에서도 나오지 않았다. 그때 동료 컨설턴트가 고개를 숙이면서 중얼거렸다.

"이건 지적 게 가공선이 아닌가……!"

나는 내 귀를 의심했다. 지적 게 가공선이라고? 《게 가공선》이란 일본의 대표적인 계급주의 작가인 고바야시 다키지가 1929년에 발표한 프롤레타리아 문학의 대표작이다. 캄차카 반도의 앞바다에서 게를 잡자마자 통조림으로 가공하는 게 가공선 안에서 혹사당하는 노동자를 그린 소설. 나는 발끈해서 반론을 제기했다.

"그렇게까지 심하지는 않아. 아무리 그래도 게 가공선이라니……."

말이 끝나기도 전에 마케팅 담당자가 끼어들었다.

"그 말을 듣고 보니 생각나는 게 있어요."

그녀는 자주 다니는 척추지압치료원의 신체교정사가 자신의 몸을 보고 이렇게 말했다고 한다.

"목뼈가 굽었습니다. 그런데 왜 이렇게 굽었을까요? 혹시 몸을 앞으로 향한 채 고개만 좌우로 움직이지 않습니까?"

그 말을 듣고 그녀는 흠칫 놀랐다고 한다. 업무 효율을 높이기 위해 그녀의 책상에는 컴퓨터 모니터가 두 개 놓여 있다. 그래서 고개를 상하나 전후로는 움직이지 않고 좌우로만 움직이는 것이다. 신체교정사의 말에 따르면, 그런 자세는 목에 커다란 부담을 준다고 한다. 그녀는 이렇게 말했다.

"효율 중시—생산라인 위에 있는 상품을 계속 처리하는 것과 컴퓨터로 보낸 정보를 재빨리 처리하는 것—라는 점에서는 별 차이가 없지 않을까요?"

나는 기가 죽으면서도 최후의 반론을 시도했다.

"그렇게 받아들일 수도 있지만, 그래도 빨래집게까지는⋯⋯."

이번에는 IT 담당자가 무거운 망치로 내 뒤통수를 내리쳤다.

"실은 저도 어제까지 눈꺼풀에 반창고를 붙이고 일했습니다."

중국의 청바지공장과 다를 게 없었다. 차이는 청바지냐 정보냐 그뿐이었다. 청바지공장의 소녀들은 자신의 직장이 비참하다고 여기지 않을 것이다. 사진으로 볼 때 그렇게 비장한 느낌은 떠다니지 않고 눈빛도 죽지 않았다. 지금까지 시골에서 하던 일에 비하면 위생적이고, 임금도 좋을 것이다. 어쩌면 청바지라는 제품을 만드는 데 자부심을 느낄지도 모른다. 한마디로 말해서 그들은 상승 지향을 품고 일하고 있다. 그러나 객관적으로 보면 그들의 노동환경은 가슴이 아플 만큼 열악하다.

그런데 지금 우리가 하는 일을 객관적으로 바라보면 어떻게 될까? 사태는 더욱 심각할지도 모른다. 청바지공장의 업무는 지시가 명확하고 방법이 정해져 있지만, 우리는 올바른 방법을 파악하기도 전에 흘러드는 업무(1년 365일, 하루 24시간 끊임없이 오는 이메일을 통해 지시를 받는 일)에 대응해야 한다.

다큐멘터리 영화
〈차이나 블루China Blue〉의 한 장면

업무가 정보화된 결과, 우리는 많은 것을 잃었다. 그중 하나가, 동료와 공간을 공유함으로써 할 수 있던 일을 할 수 없게 된 것이다. 10년 전에는 옆 사람의 전화 내용을 듣고 부서 안에서 어떤 업무들이 이루어지는지 알 수 있었다. 또 거래처나 고객을 전화로 응대하는 상사의 모습을 보고, 어느새 전화 응대 기술이 자신의 몸에도 배게 되었다. 이러한 변화가 업무에 얼마나 큰 영향을 끼치는지, 거래처나 고객과 문제가 생겼을 때를 보면 쉽게 알 수 있다. 예전에는 신입사원이 창백한 얼굴로 전화를 받으면 주위 사람들도 대부분 눈치를 채고, 이윽고 상사가 대신 받아서 문제를 해결했다. 그리고 그 모습을 지켜보면서 다른 사원들은 자연히 고객 불만에 대응하는 업무 기술을 배울 수 있었다. 하지만 고객이나 거래처가 이메일을 통해서 불만을 제기할 수 있게 된 지금, 눈에 보이지 않는 익명의 상대는 거침없이 공격적인 말을 내뱉는다. 전화였다면 그렇게까지 심하게 말하지 않겠지만, 익명성의 보호 아래에서 가장 잔인한 방법을 선택하는 것이다. 담당자는 누구의 도움도 받지 못한 채 어찌할 바를 모르다가 어느 날 갑자기 털썩 주저앉는다. 그 결과 회사는 전혀 알아차리지 못한 상태에서 담당자의 갑작스러운 사직이나 현저한 직무 능력 저하가 발생할 수 있다. 급기야 기업에 대한 불신감이 생겨나며, 내부 고발이 발생할 수도 있다.

비대면 업무가 보편화된 지금, 공유할 수 있는 인터넷 정보가 많아졌지만 공유할 수 없게 된 것도 적지 않다. 주위 사람의 안색에 신경 쓰거나 고객의 목소리 톤을 구별하는 신체감각이 약해진 것이다.

만약 초등학생들이 기업을 방문한다면, 맨 먼저 그들의 눈에 들어오는 것은 무엇일까? 아침에 출근하면 컴퓨터 앞에 앉는다. 컴퓨터를 통해 잇따라 업무지시를 받는다. 칸막이로 가려진 공간 안에서 보이지 않는 것을 생산해 보이지 않는 고객에게 제공하고 보이지 않는 데이터를 얻는다. 파일을 갖고 나가서는 안 된다. 사람의 얼굴을 보고 커뮤니케이션을 하는 시간은 한정된다. 몇 년 후의 일을 생각해서도 안 된다. 그야말로 컴퓨터가 인간을 부리는 시대에 접어든 것이다. 10년 후에 지금의 우리를 본다면 무의식중에 이렇게 중얼거리지 않을까?

"이렇게 열악한 상황에서 용케도 일했군."

지식사회로 가는 틈새에서

나는 지금의 상황을 규탄하려는 게 아니다. 변화를 알아차리지 못한 채 희롱당하는 것은 사원들만이 아니다. 경영자나 임원 등 기업의 간부들도 벼랑 끝에 서서 업무를 수행하는 것이 현실이다. 지위가 높을수록 공개매수TOB, take over bid, 기업지배구조corporate governance, 워라밸(일과 생활의 균형), 다양성diversity, 기업의 사회적 책임 등 몇 년 전에는 생각도 할 수 없었던 과제에 날마다 대응해야 한다. 도대체 지금 무슨 일이 일어나고 있는가?

결론부터 말하면, 시대의 밑바닥에서는 '정보사회'에서 '지식사회'로 급속한 전환이 일어나고 있다. 둘 다 예전부터 자주 사용된 말이기 때문에 새삼스럽다고 여길지도 모른다. 하지만 잠시만 더 귀 기울이기를 바란다. 실은 잘 아는 것 같으면서도 모르는 것이 '정보사회'와 '지식사회'의 차이다. 많은 사람이 '정보사회'가 곧 '지식사회'라고 혼동하고 있다.

그런데 양쪽의 의미를 확실히 이해하면 현재 상황을 정확하게 바라볼 수 있다. 정보사회는 정보를 수집하고 정리하는 것이 부가가치가 되는 사회다. 반면에 지식사회는 수집하고 정리한 정보를 통해 만들어진 새로운 깨달음과 아이디어를 실제 행동에 옮기는 것이 부가가치가 되는 사회다. 양쪽의 개념에 대해서 간단하게 설명하겠다.

본격적인 정보사회는 애플이 가정용 컴퓨터 '애플II'를 발매하기 시작한 1977년으로 거슬러 올라간다. 그로부터 4년 후, IBM이 표준화된 오퍼레이팅 시스템을 개발하면서 컴퓨터 시장은 단숨에 확대되었다. 처음에 보급한 소프트웨어가 워드프로세서와 표 계산이었던 점에서도 알 수 있듯이 컴퓨터를 이용하는 가장 큰 목적은 문서 작성과 전표·장부 정리였다. 똑같은 형식의 문서를 반복해서 쓰거나 똑같은 패턴의 계산을 하지 않아도 되도록, 그때까지 손으로 썼던 서류를 자료로 만들면서 업무의 효율성은 크게 증가했다. 정보를 효율적으로 정리하고 처리함으로써 부가가치가 태어나는 시대로 접어든 것이다. 하드웨어와 소프트웨어를 결합한 컴퓨터 업계가 폭발적으로 성장한 것은 그 시류 덕분이었다.

정보사회의 마지막 단계는 인터넷의 탄생이다. 컴퓨터가 인터넷과 결합하면서 정보를 수집할 수 있는 곳이 폭발적으로 증가했다. 이 단계에서 비즈니스의 총아는 정보 수집의 인프라를 구축하는 검색 엔진과, 인터넷에서 수집한 정보를 중개하는 중개업이다. 현재 인터넷에서 성공한 회사의 본질을 보면 옥션과 금융, 여행사, 쇼핑몰, 인재 파견, SNS 등을 비롯한 정보 중개 사업으로, 아직 새로운 개념은 태어나지 못했다. 그런 면에서 보면 인터넷도 근본적으로는 정보 수집과 정리가 가치를 낳는 시대의 연장선이라고 할 수 있다.

정보사회는 일단 2008년 말에 종언을 고했다. 대형 컴퓨터 회사가 쇠퇴하면서 대규모 구조조정을 단행한 것이 그들의 은퇴를 알리는 상징적 사건이다. 그 배경에는 2007년에 초고속 인터넷의 세대보급률이 50%를 넘고, 또 인터넷 자체의 보급률이 상한이라는 80%를 넘은 상황이 존재한다. 사회적 인프라로서 전국에 정보망이 깔렸다는 뜻으로, 그 의의는 대단히 크다. 교통망의 정비가 고도성장기를 만드는 전제였던 것처럼, 2008년에 접어들면서 지식사회를 만드는 정보망이 갖추어진 것이다. 인체에 비유하면 혈관인 교통망을 통해 영양인 물자가 돌아다니는 것으로, 이제 겨우 신경망이 완성되었다고 할 수 있다. 뇌가 성장하고 지식사회가 성립할 타이밍이 갖추어진 것이다.

지식사회는 피터 드러커나 앨빈 토플러를 비롯한 저명한 학자들이 1970년대부터 탄생을 예고한 것처럼, 이제 겨우 개념론을 벗어나 실제로 막을 올리게 된 것이다. 지식사회의 앞날은 우리의 상상을 아득하게 초월할 것이다. 1980년대 당시 현재의 컴퓨터와 인터넷의 상황을 정확히 예측한 사람은 사람들에게 비웃음을 당한 것처럼, 지금 지식사회의 미래를 정확히 예측한 사람은 이상한 사람이라고 손가락질을 받을 것이다. 처음에는 많은 사람이 예상하는 것처럼 금융과 법률, 의료 분야의 전문직 종사자들과 과학자, 엔지니어, 디자이너, 교육자, 아티스트, 뮤지션, 엔터테이너 등 창조적 계층이 사회적으로 주목받을 것이다. 하지만 그것은 어디까지나 과도기에 불과하고, 본격적인 지식사회는 그 후에 나타난다. 창조적 계층이 늘어남과 동시에 '정보 중개' 인프라가 아니라 '지식 창조' 인프라가 생기게 된다. 이것이 지식사회가 본격적 성장기에 들어간다는 신호다. 그러면 지식 창조 인프라를 이용해서 지식의 상승효과가 끊임없이 나타나게 된다. 고도로 전문화된 지식은 단독이 아니라 다른 분야와 맞물릴 때 폭발적인 상승효과를 발휘한다. 그 결과 지금으로서는 환경, 에너지, 식량, 노령화, 장애, 난치병 등의 해결책을 어이없을 만큼 간단히 발견할 수 있을 것이다.

지식사회는 결코 꿈이 아니다. 게 가공선이 농업사회에서 공업사회로 이행할 때 나타나는 고통의 상징이었다면, 현재 상황은 정보사회에서 지식사회로 급속히 이행하면서 나타나는 고통의 상징이다. 올챙이가 개구리로 변태할 때는 외모가 달라질 뿐만 아니라 아가미 호흡에서 폐호흡으로 바뀌고, 소화기관을 비롯해 내장기관도 달라진다. 그리고 변

44

태가 시작되면 이제 뒤로 돌아갈 수 없다. 변태가 아니라 진화인 것이다. 이와 마찬가지로 지식사회로 이행하는 것은 사회변혁revolution이 아니라 사회진화evolution라고 할 수 있다. 진화하는 세계에서 진화하는 나 자신으로 살겠다고 결심한 순간, 개구리는 비로소 솥 밖으로 뛰어나가려고 시도한다. 바로 그 시도가 지식사회를 본격적으로 가동시키는 첫걸음이 될 것이다.

업무 변화에 관한 인터넷 설문 조사

● 조사 개요

표본 수: 총 208개

대상: 10년 전과 현재 모두 일하고 있고, 현재 영업직과 사무직에 종사하는 사람

	남성	여성
35~44세	52	52
45~54세	52	52

지역: 간토권, 긴키권

방법: 인터넷 설문

조사 기관: 주식회사 마크로밀

● 질문 항목

Q1: 현재 업무에 대한 고민이 있습니까?

Q2: 업무에 대한 고민을 적어 주십시오.

Q3: 업무에 대한 고민을 누구와 의논하는지 전부 적어 주십시오.

Q4: 자료나 데이터를 정리하는 업무에 관해 답해 주십시오.

Q5: 10년 전과 지금의 상황을 비교했을 때 해당하는 것은 어느 쪽입니까?

- 단순 업무가 많다.
- 인간관계가 어렵다.
- 결단과 판단이 필요한 업무가 많다.
- 업무의 보람을 찾을 수 있다.
- 야근이 많다.
- 처리해야 할 정보량이 많다.
- 업무의 동기부여가 높다.

- 업무에 필요한 기술이 많다.

- 커뮤니케이션이 부족하다.

- 혼자 또는 책상에서 점심을 먹을 때가 많다.

- 세분화된 업무를 하고 있다는 느낌이 든다.

- 업무 수준에 비해 월급이 적다.

- 회의 시간이 숨 막히게 느껴진다.

- 자기 멋대로 행동하는 사람이 많다.

- 건강에 신경을 쓰고 있다.

- 불필요한 업무가 많다.

- 스트레스가 쌓여 있다.

- 업무가 시시하다.

- 공부해야 할 게 너무 많다.

- 동료의 담당 업무나 상황을 잘 알고 있다.

- 추상적인 (생각해야 하는) 업무가 많다.

Q6: 1개월에 평균 몇 시간 정도 야근하십니까?

Q7: 야근 시간에 주로 하는 업무는 무엇입니까?

Q8: 야근이 늘어난 이유는 무엇입니까?

Q9: 당신에게 야근은 어떤 시간입니까?

Q5에 대답할 때, 다음의 다섯 가지 항목 중 하나를 선택해 주십시오.

- 10년 전이 해당된다.

- 10년 전이 조금 해당된다.

- 어느 쪽이라고 말할 수 없다.

- 현재가 조금 해당된다.

- 현재가 해당된다.

2장

논리적으로
올바른 제안이
왜 실행되지 않는가?

어떤 사고 모델을 선택했는가?

처리해야 할 대량의 정보, 업무에 요구되는 고난도 기술, 심각한 스트레스 그리고 성취감 상실⋯⋯. 이 답답한 상황을 타개하려면 어떻게 하는 것이 좋을까?

노력과 정신력으로 극복한다? 제발 그런 말은 하지 말기 바란다. 뜨거운 솥 안에 있는 개구리에게 "정신만 바짝 차리면 펄펄 끓고 있는 물 속에서도 살 수 있어!"라고 외치는 것이나 마찬가지니까.

하루하루 높아지는 장애물을 앞에 두고 우리는 무엇을 향해 달리고 있을까? 대답은 간단하다. 업무에서 결과를 내는 것! 다만 요구하는 결과가 달라져서, 예전과 똑같은 방식으로 달리면 이제 더는 앞으로 나아갈 수 없다. 예전의 경험을 살릴 수 없는 과제가 들이닥치거나 상상도 하지 못한 문제가 발생하는 것이 일상다반사다. 더구나 업무 내용이 추상적이고 눈에 보이지 않기 때문에 과제나 문제도 명확하지 않아서 상황이 절박해질 때까지 아무도 눈치채지 못한다.

기업이 모든 직장인에게 기대하는 것은 일상 업무에서 적극적으로 본질적인 과제와 문제를 찾아내 새로운 가치를 낳는 창조적 제안을 하고 해결을 하는 것이다. 문제를 만났을 때 해결하기 위한 접근법, 즉 무엇을 어떤 순서로 어떻게 생각하느냐 하는 사고 모델을 미리 갖고 있다면 당황하지 않을 수 있다. 수학 문제를 풀 때 처음 접근하는 방법을 알고 있으면 쉽게 풀 수 있지 않던가. 하지만 처음 접근하는 방법이 틀리면 그 후에 아무리 발버둥 쳐도 문제는 풀리지 않고 스트레스만 켜켜이 쌓이게 된다. 비즈니스도 마찬가지다. 복잡한 과제에 접근하는 사고 모델을 갖고 있으면 해결책을 쉽게 떠올릴 수 있다. 상사나 동료에게서 배운 것도 있고, 책을 보면서 공부하거나 업무와 경험을 통해서 몸에 밴 것도 있으리라.

당신은 업무에서 과제를 만났을 때 어떤 사고 모델을 이용해 좋은 제안을 발견하는가? 자신이 어떤 도구를 사용하는지 모르면 그 도구를 제대로 사용할 수 없다. 좋은 제안을 만들어 내려면 자신이 어떤 사고 모델을 사용해서 비즈니스의 과제에 대응하고 있는지 객관적으로 파악하는 것이 먼저이다.

이를 위해 간단한 연습 문제를 준비했다. 정답을 원하는 게 아니니 퀴즈라 생각하고 가벼운 마음으로 임하기를 바란다. 먼저 다음의 과제를 읽어 보자.

- **과제** 다음의 상품을 판매할 신규 사업을 제안해 주십시오.
- **상품 설명** 쿠시볼 koosh ball

쿠시볼은 수많은 고무줄을 공 모양으로 뭉쳐 둔 장난감입니다. 스콧 스팅어가 1986년에 개발한 제품으로, 1988년 크리스마스 시즌 장난감 선물 분야에서 1위를 차지했습니다. 바닥에 떨어뜨렸을 때 "쿠시!" 하는 소리가 난다고 해서 '쿠시볼'이라고 부르게 되었습니다.

처음에 스콧 스팅어는 자신의 다섯 살 딸과 여덟 살 아들을 위해 이 장난감을 만들었다고 합니다. 간편하게 들고 다닐 수 있으며, 아무 데나 던질 수 있도록 말이지요. 그런데 미국의 학교나 기업에서는 이 장난감을 다른 용도로 사용하는 경우가 있습니다. 교실이나 회의실에서 의견을 말하기 힘들 때 한 사람이 쿠시볼을 던지면 쿠시볼을 받은 사람이 의견을 말하는 식으로 말입니다.

상품에 관한 정보는 이것뿐이다. 겨우 이 정도의 정보를 가지고 신규 사업을 제안하라니 당황스러울지도 모른다. 어쩌면 인터넷에서 '쿠시볼'을 검색하여 정보를 수집한 다음, 판매 방법을 생각하겠다는 유혹에 휩싸일지도 모른다. 그러나 한정된 정보를 이용해서 한정된 시간 안에 뛰어난 제안을 만들어야 하는 것은 현재 업무 환경과 똑같지 않은가. 또 쿠시볼은 눈에 보이고 만질 수 있으면서 기능이 단순한 만큼 다양한 방면에서 활용할 수 있으므로, 지식사회의 비즈니스 과제 해결을 연습하기에는 가장 적합하리라.

그러면 과제를 알았으니 이제 연습을 시작하자. 목적은 훌륭한 제안이 아니다. 제안하기 위한 아이디어를 떠올리려고 할 때 자신의 사고 과정이 어떻게 전개되는지 객관적으로 관찰해 보는 것이다. 제한 시간은 10분. 그러면 시작!

전략 수립의 정석이 통하지 않을 때

이런 과제를 받은 경우, 비즈니스 문제 해결의 프로인 경영 컨설턴트는 어떻게 사고할까? 그들은 비즈니스에서 발생한 복잡한 문제 해결의 사례를 축적하고, 그 해결 방법을 패턴화했다. 그 패턴을 활용하면 비슷한 문제가 생겼을 때 누구라도 수준 높은 문제 해결책을 발견할 수 있다. 문제 해결을 위한 이런 사고 모델을 '프레임워크framework'라고 한다. '틀 짜기'라는 뜻으로, 차트 같은 틀 안에 정보를 넣어서 정리하면 복잡하게 뒤얽힌 머릿속도 정리할 수 있다.

비즈니스 과제에 대한 제안을 정리할 때 가장 많이 활용하는 프레임워크는 3C이다. 경영 컨설턴트나 광고 회사의 사업 전략 제안서는 언뜻 보기에 전부 다른 것 같지만, 대부분 3C의 사고 과정에 따라 자료를 정리한 것이다. 3C는 고객customer, 경쟁competitor, 자사corporation의 머리글자이다. 이 세 가지에 시점을 놓고 왕성하게 사고하면서 사업의 성공 요인(KSF)을 이끌어 낸다.

간단히 말해, 사업이라는 게임에서 승리하기 위해서는

① **고객이 원하는 것(룰)을 깊이 이해한 후에**
② **라이벌이 취약한 장소(시장 세그먼트)를 발견하고**
③ **자신의 강점을 최대한 살려야 한다.**

사업 전략을 짤 때 직장인이 반드시 알아 두어야 할 프레임워크이기는 하지만, 3C를 처음 배워 쿠시볼 사업에 적용하는 사람의 머릿속을 상상하면 다음과 같다.

일단 고객부터 생각해 보자. 마케팅 책에서 고객을 분석하기 위해서는 먼저 시장 규모와 성장률을 파악하라고 했지? 쿠시볼의 시장 규모? 미국에서는 장난감 중 판매 1위를 차지했다고 하는데, 그건 어디까지나 20년 전 이야기고. 성장률? 이것도 별다른 단서가 없어서 알 수 없네.

다음은 경쟁을 생각해 보자. 쿠시볼의 경쟁상대? 비슷한 상품 중에 스트레스볼이란 게 있지. 스트레스볼과의 차별화 전략을 생각해야 하나? 쿠시볼은 스트레스볼보다 더 컬러풀하고 손에서 잘 미끄러지지 않네.

마지막은 자사의 강점. 음, 완전한 신규 사업이니까 구태여 강점이라고 하면 기존의 속박이 없다는 것 정도가 아닐까?

어떤가? 솔직히 말해서 출구 없는 터널로 들어간 것 같지 않은가? 물론 이 프레임워크에서 더 충실한 대답을 만들어낼 수도 있다. 그래도 출구를 쉽게 발견할 수 없을 듯한 느낌은 무엇 때문일까? 경영 컨설턴트나 MBA 소지자가 사용하는 전략 수립 프레임워크를 정말로 일반 회사원들도 제대로 사용할 수 있을까?

결론부터 말하면, 제대로 사용할 수 있다. 누구도 오해하지 않도록 정보를 정확하게 정리하면 된다. 하지만 다른 방법론과 마찬가지로 전략 수립 프레임워크도 만병통치약은 아니다. 특히 방법론이 확대되는 과정에서 대부분 본질을 잊고 테크닉을 선택하는 바람에, 마지막에는 논리를 '강요'하는 도구로 전락한다.

프레임워크를 제대로 사용하기 위해 본질을 파악하라. 어떤 경우에 활용해야 하는가, 반대로 어떤 경우에는 활용해서는 안 되는가? 프레임워크라는 치료제를 사용하기 전에 복용 시 주의사항을 알아야 한다. 배가 아프면서 두통약을 먹고 낫기만 기다리는 바보는 되지 말아야 하지 않겠는가?

전략 수립 프레임워크를 잘 사용하기 위한 4가지 조건

비즈니스에서 자주 사용하는 전략 수립 프레임워크의 본질을 깊이 파악하고 효과적으로 활용하기 위한 조건을 살펴보면, 다음 네 가지로 요약할 수 있다.

① 목적: 경쟁 전략의 수립

② 대상: 경영자와 경영 간부

③ 과정: 사실의 정리와 분석

④ 실행: 톱다운 조직

이 네 가지를 제대로 알고 있으면 프레임워크를 적재적소에 활용할 수 있다. 지금부터 한 가지씩 자세하게 살펴보기로 하자.

차트 2-1 비즈니스에서 표준으로 사용하고 있는 프레임워크의 예

대부분의 프레임워크는 공업사회로부터

프레임워크	개발 시기	개발자	목적
PDCA 사이클	1950년대	에드워드 데밍	업무 효율의 향상
PPM 분석	1960년대	보스턴컨설팅	사업 포트폴리오의 방향성 결정
마케팅의 4P	1961년	제롬 매카시	제조업체 주도의 마케팅
SWOT 분석	1965년	하버드 비즈니스 스쿨 케네스 앤드류스	기업 내부의 능력과 외부 환경을 통합하는 전략
조직의 7S	1970년대	매킨지	효율적인 조직 구축
전략의 3C	1982년	오마에 겐이치	기업 전략의 수립
가치사슬 분석	1985년	마이클 포터	경쟁 우위
MECE	2000년대	전 매킨지컨설턴트	문제 해결

① 목적: 경쟁 전략의 수립

–

먼저 앞 페이지의 차트 [2-1]을 보기 바란다. 차트 [2-1]에 있는 프레임워크는 사업 전략을 이끌어 나갈 때의 표준으로 대부분의 직장인이 배우고 있는데, 이런 식으로 목록을 만들어 보면 개발자의 의도를 쉽게 알 수 있다. 특히 두 가지 점에 주목하기 바란다.

첫째, 전략 수립 프레임워크가 개발된 시대를 살펴보면 1950년대부터 1970년대, 즉 공업사회의 절정기다. 상품을 만들기만 하면 눈앞에 왕성한 수요가 있었다. 이때는 쾌적한 생활에 필요한 물자가 충분하지 않아서 기업은 말 그대로 신대륙을 발견한 것이나 마찬가지였다. 시장점유율에 혈안이 되어 앞에서 말한 3C와 하버드대학교의 마이클 유진 포터 교수의 5Forces가 개발되던 때였다.[3]

실은 이 5Forces도 쿠시볼 사업에 적용하면 조금 전의 3C와 마찬가지로 미궁에 빠진다. 쿠시볼을 만들어도 어린이용 장난감 시장을 대상으로 하는 이상 풍부한 수요를 기대할 수 없고 시장점유율을 빼앗을 경쟁 상대도 없다.

수요가 없는 상황에서도 성공하는 기업은 분명히 존재한다. 고객이 원하는 물건을 계속 만들어 내는 기업이다. 막 구워진 뜨거운 파이를 둘러싸고 라이벌과 서로 고객을 빼앗는 게 아니라, 고객이 원하는 파이를 계속 만들어야 한다. 그리고 고객이 파이를 먹어 본 후에는 평생에 걸쳐 자사의 파이를 먹도록 만들어야 한다. 이제는 시장을 빼앗기 위한 '경쟁 전략'보다 시장을 만들어 내는 '수요 창조 전략'이 중요하다. 또한 라이벌의 '시장점유율'을 빼앗기보다 고객이 항상 자사를 생각하도록 만드는 '고객 마인드 점유율'을 확보해야 한다.

비즈니스 환경이 달라졌다고 해서 경쟁이 없어진 것은 아니다. 기존 시장이 있는 경우, 특히 성장기에는 지금도 경쟁이 치열해 경쟁 전략 시대의 프레임워크를 이용하여 성공 요인을 발견해야 한다. 하지만 지금 착수하는 업무가 추상적인 신규 시장을 만드는 것이라면, 경쟁 전략 시대의 프레임워크를 활용하는 이상 터널의 출구는 거의 찾을 수 없다. 현재 업무에 필요한 기술을 보충하기 위해 짬을 내 프레임워크를 공부하는 사람이 많으리라. 그런데 보다시피 애당초 방향성이 다르니 심각한 스트레스에 시달릴 것이 훤히 보이지 않는가?

② 대상: 경영자와 경영 간부

-

전략 수립에 사용되는 대표적인 프레임워크는 3C와 5Forces 말고도 차트 [2-1]에 있는 SWOT, 4P, PPM 등 여러 가지가 있다. 그런데 여기서 알아야 할 것은 애초에 이런 프레임워크를 누구를 위해서, 누가 활용하느냐 하는 점이다. 대답은 분명하다. 대부분은 경영자 또는 경영 간부를 위해서, 학자나 컨설턴트가 전략을 제안할 때 사용한다. 하지만 경영자나 경영 간부를 위한 이런 도구들을 지금은 영업이나 사내 제안에도 사용하고 있다. 개발자의 의도와 달리 계층을 초월해서 사용하는 경우에는 크게 두 가지 문제가 발생한다.

먼저 컨설팅 영업이라는 이름으로 영업 담당자가 처음 만난 상대에게 문제 해결의 프레임워크를 사용하면 역효과가 발생하기 십상이다. 심리적으로 계산된 수준 높은 프레젠테이션을 하지 않으면 구입에 대한 고객의 심리적 장벽이 높아진다. 경영자가 컨설턴트에게 돈을 주고 경영 진단을 의뢰하는 경우, 객관적인 분석은 갈채를 받는다. 그러나 우연히 명함을 주고받은 다른 회사의 영업 담당자에게 객관적인 분석을 들은 경우, 그 분석이 논리적으로 옳을수록 고객은 감정적으로 반발하게 된다. 귀와 마음을 열지 않은 사람에게 논리적 제안은 일방적인 강요일 뿐이다.

실제로 기획의 진정한 프로는 처음 만난 상대에게 기획안을 내밀지 않는다. 예전에 어느 기획의 대가한테 이렇게 물은 적이 있다.

"선생님은 영업할 때 기획안을 가져가십니까?"

그러자 상대는 1초도 생각하지 않고 즉시 대답했다.

"천만에, 그럴 리가 없지 않은가! 상대가 원하는 게 무엇인지 모르는 상태에서 어떻게 제대로 된 기획을 하겠는가?"

영업의 1단계는 고객의 말을 충분히 듣는 것이다. 고객이 원하는 것이 무엇인지 이해한 후에 제안하기 위해서다. 그 과정에서 신뢰 관계가 쌓이면 상세한 정보를 얻을 수 있고, 수준 높은 제안을 할 수 있다. 반면, 프레임워크를 표면적으로 모방해 고객의 사업을 분석하고 판단한다면 오히려 서로의 신뢰 관계를 해칠 수도 있다.

물론, 경영자나 경영 간부를 위한 프레임워크를 실무자가 사용할 때는 문제가 발생할 수 있으니 세심하게 주의를 기울여야 한다. 본래 장기 전략을 수립할 때 사용하는 프레임워크인 만큼 실무자가 사용할 기회는 거의 없을 것이다. 그러나 한번 알고 나면 사용하고 싶어지는 것이 사람의 마음이다. 그래서 실무자도 프레임워크를 사용하기 위해 자료를 분석하기 시작한다.

초보 실무자가 프레젠테이션에서 자주 사용하는 것이 차트 [2-1]에 있는 SWOT 분석이다. 이 프레임워크의 목적은 사회나 업계 전체의 장기적 추세를 파악하고, 기업의 장기적인 전략을 내다보는 것이다. 따라서 '코앞의 문제가 아니라 3년 후를 내다보면 비웃음 당한다'고 말하는 실무자가 사용해 의미 있는 결과를 내기는 상당히 어렵다.

실무자가 여러 가지 프레임워크를 배우고 나면, 그다음에 드는 전형적인 의문은 "전략 수립을 하기 위해서는 어느 프레임워크를 어떤 순서로 활용하는 게 좋은가?"라는 것이다. 마케팅의 프레임워크로 유명한 4P 한 가지만 사용해서는 전략과 전술을 끌어낼 수 없다. 목표 고객에 따라서 고려해야 할 정보가 다르기 때문이다. 다시 말해 4P는 3C 분석을 한 이후가 아니면 아무런 의미가 없다.

프레임워크는 30~40년에 걸쳐서 수많은 컨설턴트나 학자가 다양한 상황에 알맞게 개발한 도구를 집대성한 것이다. 따라서 여러 가지 프레임워크가 혼재해 있는데, 그것을 제대로 사용하는 데에는 경영 컨설턴트나 광고 회사의 기획자라도 최소한 2년이 걸린다고 한다. 일반적인 직장인이 일상 업무에서 능숙하게 사용하기 위해서는 장기간 훈련해야 한다.

③ 과정: 사실의 정리와 분석

－

전략 수립을 할 때 왜 프레임워크를 사용할까? 복잡한 정보를 정리해 본질적인 문제를 끌어내고, 근본적인 해결책을 발견하기 위해서다. 그런데 여기에서 두 가지 딜레마가 발생한다.

첫째, 정보를 쉽게 정리할 수 있는 시장은 매력이 없다. 프레임워크로 시장을 분석할 수 있다는 말은 그 시장에 이미 여러 라이벌 기업이 존재한다는 뜻이다. 즉, 라이벌과 비교되는 시장에 뛰어드는 것으로, 비교되는 위치를 노리는 것은 어리석음의 극치다(다음 장에서 자세하게 설명하겠음). 소비자는 제품을 구입하기 전에 거의 인터넷으로 정보를 검색하므로, 비슷한 제품은 가격 경쟁에 휘말리면서 이익은 한없이 제로에 가까워진다.

둘째, 프레임워크를 사용해 분석하면 자신의 발상을 종래의 틀에 끼우게 된다. 당신의 회사에서 웹사이트를 리뉴얼하기로 했다고 가정하자. 그러면 일단 3C 프레임워크를 사용해서 경쟁을 분석한다. 구체적인 방법은 업계별·분야별로 같은 업종의 웹사이트를 비교하는 것이다. 가로축에 세련도, 세로축에 신뢰성을 놓고서 차트를 만들어 업계 안에서 자사의 위치를 객관적으로 파악한다. 이후 차트를 보면서 되도록 동업자에게 지지 않는 위치로 이동하려는 전략의 방향성을 결정한다. 매우 논리적인 접근이다.

이런 식으로 자사의 위치를 객관적으로 파악하는 것은 대단히 중요한 일이다. 하지만 타사와의 비교 결과를 근거로 전략을 결정한다면, 이미 지는 싸움을 하고 있을 가능성이 있다. 타사보다 우위에 있는 웹사이트를 만들려는 발상은 타사를 뒤따르려는 추종자의 자세가 아닌가. 그 결과, 비슷한 카테고리에 뛰어들어 도토리 키 재기를 하게 된다.

고객에게 새로운 세계를 보여 준 선구자는 입에서 입으로 전해지는 브랜드로 자리 잡는다. 그러기 위해서는 지금 있는 것과는 판이하게 다른 것을 만들어 내야 한다. 라이벌에게 이기는 작은 경쟁이 아니라 고객의 마인드를 사로잡는 큰 경쟁을 해야 한다. 앞서 언급한 두 가지 딜레마를 고려하면, 프레임워크를 통해서 명쾌하게 설명하는 프레젠테이션을 들을 때 오히려 두려움을 느껴야 한다. 기존의 틀로 정리한 순간, 자기도 모르게 기존의 사고에 물들어 미래를 향해 나아가기 어렵기 때문이다.

④ 실행: 톱다운 조직

-

공업사회의 전략가들이 만든 프레임워크는 기업의 최고경영자가 전략의 결단을 내릴 때 필수적이었다. 하지만 현재의 조직에서 전략을 실행하기 위해서는 더 큰 노력을 기울여야 한다.

공업사회의 조직이 톱다운top-down형이라면, 지금의 조직은 플랫flat형이다. 톱다운형 조직의 전략 실행은 '전쟁'에 비유할 수 있다. 상관인 최고경영자의 지시를 병사인 부하직원이 실행한다. 사업 전략의 결정까지는 시간이 걸려도, 그 후에는 상관의 명령이 단숨에 조직에 침투하여 신속하게 실행할 수 있다.

하지만 지금의 플랫형 조직에서는 전략이 침투하여 실행될 때까지 답답하리만큼 시간이 오래 걸린다. 계층이 평평해지면 조직에 전략이 침투하는 것도 빨라진다고 착각할 수 있다. 분명히 IT 인프라가 정비되면서 똑같은 정보를 공유하기는 쉬워졌다. 반면 사업 추진에 관한 정보와 권한이 분산된 결과, 똑같은 비전을 공유하기가 매우 어려워졌다. 전략을 결단하는 과정뿐 아니라 침투하고 실행하는 과정에도 관계자들끼리 보조를 맞춰야 한다. 그러려면 전략의 정당성을 논리적으로 설명하는 것만으로는 충분치 않고, 실무자가 결론에 이르는 배경이나 과정을 납득해야 한다. 군대식으로 명령하거나 논리적으로 설득해도 실무자가 이해하지 않으면 원활하게 움직이지 않는 것이다.

또 다양성을 존중하는 조직 문화가 중요한데, 이것도 전략의 원활한 침투를 방해하는 한 가지 요인이다. 공업사회의 기업 간부는 대부분 남성이었다. 그리고 그런 단일 문화 속에서는 논리적 프레임워크가 사업을 추진하기 위한 이상적인 사고 모델이었다. 남성은 항목별로 쓴 내용과 검은 직선으로 그린 차트를 자연스럽게 받아들였다.

하지만 지금은 남성 우위의 조직 문화가 무너지고 있다. 지식사회의 경쟁 우위는 다양성이다. 서로 다른 시점의 상승 효과가 새로운 수요를 만들어 내는 근원이 되는 것이다. 그러기 위해서는 당연히 여성의 적극적인 참여가 필요한데, 여성은 논리적 프레임워크를 자연스럽게 받아들이지 않는다.

남녀에 따라서 우선하는 사고가 다르다는 것은 이미 알려져 있다. 뇌

파계腦波計를 사용한 생리학적 연구와 10만 명이 넘는 개인 데이터베이스를 근거로 개발된 헤르만 모델에 따르면, 남성은 계수적·논리적·분석적·진단적 사고를 우선하고 여성은 공감·인간관계·커뮤니티 형성의 사고를 우선하는 등 남녀의 사고에 현저한 차이가 있다고 한다. 물론 훈련을 통해 양쪽 능력을 키울 수 있다. 하지만 공업사회의 연장선에서 논리적인 프레임워크를 당연하게 요구하는 것은 여성 쪽에서 볼 때 자연스러운 모습은 아니라는 사실을 알아야 한다.

나는 조직 내부에서 당연시하는 프레임워크와 구성원들의 자연스러운 사고 모델이 일치하지 않는 이런 현상은 앞으로 심각한 문제를 일으킬 수 있다고 생각한다. 새로운 수요를 만들어 내기 위해서는 다양한 사람들이 내놓은 정보를 사업 모델 개발로 연결하고 끊임없이 활용해야 한다. 그러려면 인간관계에 선천적으로 탁월한 능력을 가진 여성이 자연스럽게 힘을 발휘할 수 있어야 한다.

실제로 여성은 뛰어난 인간관계 기술을 이용하여 고객 또는 사원과의 커뮤니케이션 업무에 종사하는 경우가 많다. 그곳에는 컴퓨터를 통한 자료로는 파악할 수 없는 생생한 고객의 목소리와 사원들을 둘러싼 분위기가 존재한다. 그 목소리와 분위기의 결과를 경영 간부가 사업 방향에 어떻게 반영하느냐에 따라서 새로운 시장을 영속적으로 만들어 내는 창조성 높은 조직이 될 수 있느냐 없느냐가 정해진다.

여성의 자연스러운 힘은 경영 간부와 사원, 경영 간부와 고객을 잇는 연결 고리라고 할 수 있다. 그런데 논리적인 프레임워크가 사내의 공통적인 사고 모델이 되면 여성 실무자가 제기한 중요한 힌트는 프레임 안에 들어갈 수 없고, 회의의 침묵에 흡수되면서 경영 간부에게 닿을 수 없다. 결국 경영 간부가 아무리 올바른 논리로 구체적이고 자세한 사업 계획을 발표해도 여성 실무자는 "그래서 현장은 어떻게 하면 된다는 겁니까?"라고 말하는 것이다.

정보사회에서 지식사회로 이행하는 조직에서 생기는 사고 모델의 불일치는, 경영 간부에서 현장까지의 계층이 많지 않아 깊은 지혜와 기술이 자연스럽게 전해진 일본에서는 앞으로 큰 타격이 될 것이다. 공업사회에서 개발된 프레임워크를 서양보다 30년 늦게 맹목적으로 도입하는 것은 스스로에게 무거운 족쇄를 채우는 일이다. 많은 일본 기업들이 엄청난 체력을 소모하는 와중에 공업사회의 프레임워크를 도입한 것이 성과주의 도입보다 더 큰 극약 처방이었다는 사실을 깨닫게 될 것이다.

지금까지 설명한 것처럼, 공업사회에서 개발된 프레임워크를 지금 사용하는 데에는 여러 가지 문제가 있다. 현재의 상황에서 초보자가 전략 수립 프레임워크를 효과적으로 사용하기 위해서는 '경쟁 전략'을 적용할 시장에서만 사용하는 편이 좋다. '수요 창조 전략'을 제안해야 할 경우, 공업사회의 전략 수립 프레임워크를 사용해도 나쁘지는 않지만 그때는 조직 내부에서 발생하는 여러 가지 혼란을 극복해야 한다. 경쟁 전략의 도구를 사용하면서 수요 창조 전략을 만들려는 것은 총으로 위협하면서 축제 참가자를 모으는 것이나 마찬가지가 아닐까?

사고를 체계화하는 'U 이론'

공업사회에서 개발된 전략 수립 프레임워크의 한계에도 불구하고, 일류 경영 컨설턴트나 기획 담당자들은 훌륭한 제안을 하고 있다. 똑같이 불충분한 정보를 갖고 똑같이 한계를 가진 프레임워크를 사용하는데, 눈이 휘둥그레질 만큼 그들이 새로운 시점을 제시할 수 있는 비결은 무엇일까?

그들은 차트를 통한 분석을 보여 주면서 문제 해결의 방법론을 이론적으로 설명해 준다. 그런데 그들과 함께 일을 하다 보면, 그들이 설명하는 방법과 실제로 사용하는 방법이 크게 다르다는 사실을 알 수 있다. 하나의 논리적 프레임워크를 사용하면서 프레임에서 벗어난 아이디어를 추가하기 위해 다른 프레임워크를 꺼낸다. 프레임이 있기 때문에 사고가 태어나는 게 아니라, 사고가 이미 존재하고 그 사고가 눈에 보이도록 프레임을 꺼내는 것이다. 아무래도 질 높은 사고로 가는 길에 무심코 지나쳐 버린 쇠사슬의 끊어진 고리가 있는 듯하다. 그리고 그 끊어진 고리야말로 우수한 기획과 제안의 비결이 아닐까? 그 끊어진 고리에서 일어난 사고를 사람들은 '비연속 사고', '제로 베이스 사고zero-based thinking'라고 부른다. 그리고 그 사고가 일어나는 특별한 상황을 '몰입flow'라고 부르는 사람도 있다.

지금까지의 경험을 통해서, 질 높은 사고에는 논리만으로 설명할 수 없는 영역이 있다는 사실을 알고 있었다. 하지만 어떻게 하면 그곳에 도달할 수 있는지 설명하는 명확한 체계는 없었다. 그런데 착상에서 행동을 거쳐 실현에 이르기까지 일관된 지적 과정을 단순한 형태로 표현한 프레임워크가 나타났다. MIT 슬론경영대학교의 오토 샤머 교수가 체계화한 'U 이론'이다. 이 이론은 나에게 사고 세계에서 원소의 주기율표를 발견한 듯한 엄청난 충격을 안겨 주었다. 주기율표가 물질을 체계화한 것처럼 U 이론은 사고를 체계화한 것이다.

체계화를 통해서 예전의 세계와 전혀 다르다는 사실을 실감하고 싶으면 지그소퍼즐을 떠올려 보기 바란다. 지그소퍼즐을 완성하여 전체의 모습을 본 후에는 작은 조각에서도 전체를 발견할 수 있다. '현재' 눈에 보이는 것은 극히 일부분임에도 불구하고, '미래'에 만들어지는 전체의 모습을 동시에 볼 수 있다. 즉, 전체의 모습을 이해하면 부분에는 전체를 완성하는 강렬한 에너지가 깃드는 것이다.

비즈니스에서도 마찬가지로, 전체를 파악하면 새로운 세계가 나타난다. 현재 갖고 있는 작은 깨달음이 미래에 그리는 큰 그림의 일부분이라는 것을 실감했을 때, 똑같은 현재이면서도 그 현재에는 미래에 싹틀 씨앗이 깃든다.

샤머 교수의 저서인 《본질에서 답을 찾아라Theory U: Leading from the Future as It Emerges》를 꼭 읽어 보기 바란다. 샤머 교수가 제시하는 U 이론은 사회변혁 과정에서 나타나는 사고 형태를 체계화한 것이다. 따라서 비즈니스의 아이디어를 찾는다는 실질적인 목적만을 위해서라면 고상한 U 이론을 초라하게 만들 우려가 있다. 그러나 비즈니스에서의 실천이 샤머 교수가 내다보는 미래로 이어진다고 확신하기 때문에 비판을 각오하면서 소개하기로 한다.

본질적인 문제까지의 4단계

U 이론을 이해하려면 다음 페이지에 제시된 차트 [2-2]부터 보는 것이 빠르다. 이 차트가 말하는 사실은, 현실을 깊이 인식할수록 사고를 통해 나오는 행동이 깊어진다는 것이다. 다시 말해, 내면의 사고를 깊이 할수록 실제로 취하는 행동이 강력해져 사고를 쉽게 실현할 수 있다는 것이다.

이 얘기가 철학적으로 들릴지 모르지만, 실제로 우리가 날마다 경험하는 일이다. 어떤 아이디어가 있을 때 표면적으로만 이해하면 행동으로 옮길 때도 건성으로 하게 된다. 그러면 결과에도 별로 집착하지 않고, 일할 때도 잊어버리고 또 잊어버린다. 하지만 눈앞의 현실을 깊이 파헤쳐서 그것이 자신의 인생에 중대한 고비라고 생각하면 어떻게 될까? 일거수일투족이 진지해지고 최선을 다해서 일한 결과, 상상을 초월하는 성과를 낼 수 있지 않을까? 이런 식으로 문제의 의미를 깊이 이해하면 아이디어 차원의 단순한 해결이 아닌 본질적인 변혁을 일으킬 수 있다.

샤머 교수에 따르면, 현실 인식과 문제에 대한 이해에는 네 가지 단계가 있다. 그것을 정리한 것이 차트 [2-3]이다. 이 네 가지 단계를 기준으로 깊이 파헤치면 사고의 질과 결과의 질이 높아진다. 각각의 단계를 자세하게 살펴보자.

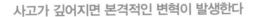

차트 2-2 깊은 인식에 이르기 위한 4단계

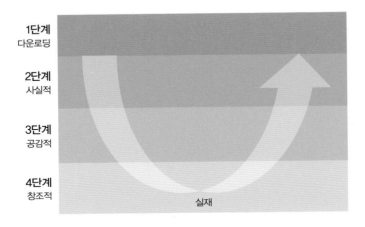

사고가 깊어지면 본격적인 변혁이 발생한다

1단계
다운로딩

2단계
사실적

3단계
공감적

4단계
창조적

실재

* 참고문헌: Scharmer, C. Otto(2009), 《*Theory U: Leading from the Future as It Emerges*》, Berrett-Koehler Publishers.

1단계: 다운로딩 down-loading

-

1단계는 과거의 선입관에서 벗어나지 못하는 단계다. 자신이 담당하는 분야의 제안을 받아도 "아, 그거라면 이미 알고 있어", "그건 예전에 해봤는데 잘 안 됐지"라는 식으로 이미 익숙한 현실 이외에는 들을 필요가 없다는 방어적인 자세를 취한다. 새로운 정보가 들어와도 예전의 선입관 안에 집어넣을 뿐, 행동 의지가 없기에 '다운로딩 단계'라고 한다.

사고 수준에는 4단계가 있다

	현실 인식 시점의 위치		전형적인 반응
1단계 I-IN-ME		시점이 자기라는 경계선 안에 있고, 과거의 정보를 다운로드하는 상태	"아아, 그거라면 이미 알고 있습니다."
2단계 I-IN-IT		시점이 자기라는 경계선 주변에 있고, 사실에 근거해서 판단하는 상태	"아하, 사실은 이렇군요."
3단계 I-IN-YOU		시점이 자기라는 경계선 밖에 있고, 감정적으로 다른 사람에게 공감할 수 있는 상태	"당신의 마음을 이해합니다."
4단계 I-IN-NOW		경계선이 열려 있고, 자유로운 시점에서 더 큰 것과 이어져 있는 듯한 느낌	"내가 체험한 것을 말로는 설명할 수 없지만 엄청나게 거대한 것과 이어져 있다는 느낌이 듭니다."

* 참고문헌: Scharmer, C. Otto(2009), 《*Theory U: Leading from the Future as It Emerges*》, Berrett-Koehler Publishers.

차트 [2-3]에서 보이듯이, 자기라는 경계선이 확실하고 자신의 시점도 자신의 영역 한가운데에 고정되어 있다. 이 사고법은 과거에 성공했던 방법을 되풀이하면 되기에 과거가 미래까지 계속 이어질 때 매우 효과적이다. 하지만 미래가 과거의 연장선에 없는 경우, 정보사회에서 지식사회로 이동하는 지금 같은 시대에는 문제를 해결할 수 없다. 오히려 파멸적 상황이 될 때까지 계속 악화된다.

2단계: 사실적 factual

—

2단계는 객관적 자료를 근거로 현재의 문제를 해결하려는 단계다. 과거의 경험에 의지하면서도 객관적 자료를 토대로 현재의 자기 위치를 판단한다. 차트 [2-3]을 보면 자신의 시점이 지금껏 익숙한 경계선 주변까지 이동하고 있다. 자신이 처한 상황을 객관적으로 바라볼 수 있는 것이다. 비즈니스로 말하면 시장의 규모와 성장률, 경쟁 분석, 그리고 목표 고객의 연봉, 속성, 거주지 등 일정한 자료를 축적하여 논리적으로 문제 해결책을 발견하려고 한다. 보통의 컨설턴트가 제안을 설명할 때 사용하는 논리적 접근이다.

사실관계를 훌륭하게 정리하는 만큼 이 단계에서 새로운 발상이 떠오르는 일도 있다. 단, 미래가 과거의 연장선에 있는 경우에는 좋은 해결책을 얻을 수 있다. 하지만 그렇지 않은 경우에는 일시적인 방책에 불과하다. 문제의 본질에 도달할 때까지 '두더지게임'의 두더지처럼 문제가 형태를 바꾸면서 계속 생겨난다. 내 경험에 따르면 일류 컨설턴트나 기획 담당자는 문제의 본질을 깊숙이 파헤치기 위해서 예외 없이 다음에 설명하는 3단계 이상까지 깊이 생각한다.

3단계: 공감적 empathetic

—

3단계에서는 커다란 변화가 찾아온다. 차트 [2-3]을 봐도 알 수 있듯이, 자신이라는 경계선이 점선으로 변하고, 자신의 시점이 경계선 바깥쪽으로 이동한다. 자신이라는 껍질을 벗기면서 상대의 처지에서 새로운 현실을 바라보는 것이다. '공감'을 중요하게 여기기 시작한 단계이기에 '공감적 단계'라고 부른다.

이것은 단지 고객의 세밀한 자료를 모았다고 해서 할 수 있는 일은 아니다. 물론 고객에 대한 설문조사나 전문가의 토론을 거쳐서 자료를 모으면 일정한 성과를 낳는다. 하지만 고객을 단지 이익을 얻는 목표로 취급하기 때문에 진정한 의미의 공감에는 이르지 못한다. 고객의 고민과 기쁨, 슬픔, 분노 등의 감정을 고객이 평소에 사용하는 말로 표현하고, 고객의 모습에서 자신의 모습을 발견할 수 있을 정도로 하나가 되어야만 진정한 공감을 얻을 수 있다. 그때야 비로소 고객과 회사는 단순한 비즈니스 관계를 뛰어넘어 감정적으로 결합하게 된다.

인터넷 환경이 정비되면서 상품 정보의 주도권이 고객에게 넘어간 결과, 공감은 다른 회사와 차별화하고 부가가치를 낳기 위한 필수조건으로 바뀌었다. 고객과 자기 자신을 깊이 이해해야만 공감을 할 수 있기에, 앞으로 안정적인 수익을 올리기 위해서는 모든 직원이 자연스럽게 3단계까지 깊이 사고하는 습관을 지녀야 한다.

4단계: 창조적 generative

–

"어떻게 표현해야 좋을지 모르겠다. 구태여 말로 표현하자면 엄청나게 큰 것과 이어져 있다는 느낌이 든다."

이런 말로밖에 표현할 수 없는 4단계는 도저히 도달할 수 없을 것 같은 철학적 단계다. 하지만 많은 직장인이 한 번은 체험한 단계이기도 하다.

평소처럼 제안서를 만들기 시작했지만 뜻밖에 고전하는 경우가 있다. 돌파구가 보이지 않고 마감 직전까지 아이디어가 떠오르지 않는다. 모든 것을 포기하려는 순간, 갑자기 아이디어가 솟구치면서 시간 가는 줄도 모르고 몰입한다. 제안에는 여기저기서 끌어모은 논리가 아니라 지금까지 쌓은 경험과 지식이 모두 반영되어 있다. 이 제안이 채택되면 고객은 물론 자신도 성장할 수 있다는 확신이 든다. 돈을 받지 않아도 좋으니까 어떻게든 이 제안을 추진하고 싶다. 사고와 행동을 떼어낼 수 없는 단계까지 밀접하게 이어져 있는 것이다. 일을 통해서 사명감을 느낀 순간임과 동시에, 비록 비즈니스라는 형태이기는 하지만 고객과의 만남에 감사를 표하고 싶은 순간이기도 하다.

4단계는 뜻밖에 자신이 상상한 이상의 미래가 나타나는 단계다. 샤머 교수는 이 순간을 '실재 presencing'라고 명명했다. 미래를 '미리 pre 느낀다 sense'는 뜻과 '존재하다 presence'는 뜻을 합쳐서 새로 만든 단어다. 한마디로 말하면 '미래가 현재에 나타나는 순간'이라고 할 수 있다. 차트 [2-3]을 보면, 이 경우에는 자기라는 경계선이 거의 없어지고 시점이 여기저기에 존재한다. 나와 고객의 거래라는 단순한 관계를 뛰어넘어서, 더 멋진 사회를 구축하는 데 영향력을 발휘할 수 있다는 확신이 느껴지는 단계이다.

지금은 4단계의 개념을 이해하기 어려울지도 모른다. 하지만 이 책의 마지막 페이지를 덮을 무렵에는 4단계에 도달하는 것이야말로 지식 사회에서 성공하는 비즈니스를 만드는 데 중요한 열쇠라는 사실을 깨닫게 될 것이다.

그런데 이 네 단계를 파악하면 비즈니스에서 어떤 차이가 벌어질까? 쿠시볼 사업에 적용하면서 문제 해결 방법이 어떻게 달라지는지 살펴보기로 하자.

1단계: "이게 뭐야? 이런 게 팔리겠어? 한때 유행했지만 이미 한물갔어."

2단계: "대체 시장의 규모를 조사하면 시장은 어느 정도 확보할 수 있어도 틈새 비즈니스밖에 안 될 거야."

3단계: "고객과의 공감이라고? 공감을 어떻게 얻지?"(4장에서 설명)

4단계: "엄청나게 큰 것과 이어진다고? 그게 무슨 뜻이지?"(8장에서 설명)

문제 인식에 네 가지 단계가 있다는 사실을 알면 현재 시점에서 깨달은 해결책이 어느 단계까지 생각한 결과인지 쉽게 알 수 있다. 또 구체적인 행동을 이끌어 내기 위해서는 어디까지 사고해야 하는지도 간단히 이해할 수 있다.

문제 해결 접근이 2단계에 머무는 한, 주위 사람을 끌어들일 만큼 가슴 두근거리는 제안을 할 수 있을 리가 만무하다. 물론 2단계에서도 관련된 정보를 착실히 수집하고 정리하면 설득력 있는 아이디어가 태어날지도 모른다. 그러나 앞에서 말한 것처럼, 본질이 경쟁 전략이라면 아무리 자료를 수집하고 정리해도 그 제안을 무리 없이 현재의 비즈니스 환경에 적용하기는 어렵다. 주위 사람이 납득해 자발적으로 행동하는 단계에 도달하려면 3~4단계까지 깊이 사고해야 한다.

2단계와 3단계 사이에는 깊은 단층이 있다. 2단계까지는 자신의 영역을 굳건히 지키고 자신의 정당성을 증명하고 외부의 비정당성을 바꾸는 식으로 접근한다. 하지만 아무리 논리가 정당해도 주위 사람이 납득하지 않으면 프로젝트는 움직이지 않는다. 한때 유행했던 사내 개혁의 방법론인 리엔지니어링 re-engineering은 사후에 조사한 결과 70%가 실패였다고 한다. 방법론이 잘못된 것이 아니라 현실을 제대로 인식하지 못한 결과, 행동으로 연결하지 못했기 때문이다.

블랙박스에서 드림박스로

지금까지 살펴본 것처럼 U 이론에 따르면, 그동안 쌓은 논리만으로는 2단계까지밖에 도달하지 못한다. 라이벌도 똑같은 프레임워크를 사용해서 제안하기 때문에 이 단계에서 차별화할 수 있는 것은 가격뿐이다. 그 결과, 가장 낮은 금액을 제시한 회사가 흔하디 흔한 일의 하나로 그 프로젝트를 진행하게 된다. 이로 인해 새로운 것을 만들어 내지 못하고 점차 이익이 줄어들면서 체력이 고갈되는 미래가 눈에 뻔히 보인다. 어떻게 하면 2단계에서 끝나지 않고 현실을 바꾸는 3단계나 4단계를 거친 제안을 할 수 있을까?

U 이론에서는 3단계에서 4단계로 가는 사이에 '떼어 놓기'라는 단계가 있다고 한다. '떼어 놓다'라는 말 그대로 기존의 모든 경험과 지식을 모조리 잊어버리는 것이다. 일류인 사람들은 누구나 예외 없이 이 '떼어 놓기'라는 감각을 맛보고 있다. 나아가 '떼어 놓는 것'을 이미 사고 과정에 집어넣은 사람도 있다. 구체적인 사례를 살펴보자.

어느 전략 컨설팅회사 사장의 초대를 받아서 그녀의 직원들과 함께 저녁 식사를 했을 때의 일이다. 그녀는 평소와 달리 차분한 목소리로 이렇게 말했다.

"지금까지 누구에게도 말한 적이 없지만 저는 프레젠테이션을 준비할 때 한 가지 방법을 사용해요. 이 방법을 사용하면 고생하지 않고 준비할 수 있지요."

"어떤 방법인가요?"

"잠들기 전에 프레젠테이션에 사용하는 프로젝터를 떠올려요. 거기에 프레젠테이션의 슬라이드를 투영하는 거예요."

"그러고요?"

"클라이언트가 고개를 끄덕이고 매우 만족해하는 이미지를 떠올리면서 잠들어요. 그리고 아침에 눈을 뜨자마자 슬라이드에 어떤 내용이 쓰여 있었는지 떠올리고, 그것을 재빨리 써서 나가지요. 그러면 프레젠테이션 내용 때문에 고생하는 일은 거의 없어요."

즉, '꿈을 이용해서 프레젠테이션을 준비'하는 것이다. 다른 컨설턴트들은 평소에 논리적인 그녀의 뜬금없는 말을 어떻게 받아들여야 좋을지 몰라서 어리둥절한 표정을 지었다.

그런데 생각해 보면, 그녀만큼 의도적이지는 않아도 판단을 '떼어 놓는 것'을 통해 아이디어를 얻은 경험은 당신도 있지 않을까? 좋은 해결책이 떠오르지 않아서 벽에 부딪혔을 때, 샤워를 하거나 산책을 하다가 갑자기 아이디어가 떠오르는 일은 누구에게나 있다. 마음을 편안히 가졌을 때 좋은 아이디어가 떠오르는 것은 많이 알려진 현상이다. 문제 해결을 위해 사고 과정의 어느 단계에서 어떻게 떼어 놓아야 하는지에 관한 신뢰할 수 있는 가이드라인이 없었을 뿐이다.

U 이론은 사고에서 행동으로 향하는 전체의 모습 안에서 '떼어 놓음'이 필요한 타이밍을 발견해 냈다. 그 결과, 일류 프로들이 아이디어를 만들어 내는 블랙박스가 분명해졌다. 전체 안에서 '눈에 보이지 않았던 것'이 어디 있는지 알아냄으로써 '눈에 보인 것'의 위치까지 밝혀낸 것이다. 전체의 모습이 눈에 들어오면 지금까지 사용한 표면적인 비즈니스 노하우가 극히 일부에 불과하다는 사실을 알 수 있다. 표면적인 비즈니스 노하우로는 현실을 깊이 통찰할 수 없고, 행동으로 연결할 수도 없다. 누구나 하는 평범한 사고로는 행동을 향해 두 주먹 불끈 쥐고 일어날 수가 없다. 사고가 사고로 끝나고, 그 앞으로 나아가지 않는다. 행동으로 이어지지 않는 제안서는 막대한 시간과 노력, 인건비를 들여서 만든 쓰레기에 불과하다. 사고와 행동은 본디 동전의 앞면과 뒷면이다.

미래를 명확히 떠올릴 수 있을 만큼 사고의 질이 높아지면 행동하지 않는 편이 더 어렵다. 그러나 비즈니스가 복잡해짐에 따라 사고하는 사람과 행동하는 사람이 특화되었다. 그 결과, 사고가 행동으로 이어지는 과정이 끊겨 버린 것이다.

부가가치를 낳기 위해서는 다양한 시점을 통합할 수 있게 깊이 인식한 뒤 행동으로 연결할 수 있는 일련의 사고 과정이 필요하다. 이때 일부 사원만이 사용할 수 있는 프레임워크를 이용해서 계층의 간격을 넓히는 것은 오히려 치명적이다. 공업사회에서 만들어진 논리적 프레임워크를 구사해 극복하려고 하면 스트레스가 쌓일 수밖에 없다. 지식사회에서는 성별과 계층을 불문하고 누구나 자연히 2단계에서 4단계로 현실 인식을 깊이 할 수 있는 사고 모델을 조직의 인프라로 만들어야 한다.

3장

알아서
고객이 모이는
절대 원칙

성공하는 회사의 신기한 특징

정보사회에서 지식사회를 향해 표류하는 지적 게 가공선. 한쪽에서 아틀라스들이 죽을힘을 다해 천공을 지탱하고 있는 반면, 다른 한쪽의 무리는 짊어진 천공이 얼마나 무거운지 자각하지도 못한다. 미친 듯 날뛰는 거친 파도에 맞서려는 배에 있는 것이라곤 금방이라도 부러질 듯한 '석기시대의 노'뿐이다. 아무리 노를 저어도 배가 앞으로 나아가기는커녕 조금씩 뒤로 밀리며,

당장이라도 바닷속으로 빨려 들어갈 것 같다. 앞도 보이지 않는 폭우 속에서 어떻게 하면 폭풍우를 가라앉히고, 어디로 가면 새로운 대륙을 발견할 수 있을까?

여기에서는 그 대답을 알 수 있는 힌트, 즉 세찬 폭풍우 속에서도 돛에 바람을 가득 품고 순항하는 것처럼 보이는 사업을 찾아보기로 하자. 두말할 필요도 없이, 고객이 없으면 기업은 수익을 창출할 수 없다.

아무리 멋진 경영전략을 갖고 있어도, 아무리 매력적인 인재 육성 계획을 하고 있어도, 고객이 모이지 않으면 기업은 적자로 전락한다. 이 단순한 원리는 빌딩을 가진 대기업이든, 아주 어려운 영세기업이든 마찬가지다.

수익의 원천인 고객을 끌어모으는 활동, 즉 마케팅에 주목했을 때 최근 비약적으로 발전한 사업에는 어떤 공통점이 있을까? 나는 문득 이런 의문을 품고 지난 몇 년 새 눈에 띄기 시작한 사업을 무작위로 생각해보았다. 구글, 파타고니아, 딘앤델루카, 키자니아, 아이폰, 프라이탁, 아베다, 도쿄마라톤. 회사만이 아니라 자주 화제에 오르는 제품과 이벤트 등을 포함해 무작위로 거론하면서 나는 기묘한 특징을 깨달았다. 그들이 눈에 띄는 영업 활동을 거의 하지 않는다는 사실이다.

내가 말하는 영업 활동이란 영업사원만이 아니라 광고나 전단지를 포함한 프로모션을 전부 포함한다. 그런데 앞에 나열한 사업에서는 적극적인 영업 활동을 찾기 힘들다.

물론 각각의 사업에는 영업을 담당하는 사람이 있으리라. 하지만 구글의 영업사원에게 "검색 광고를 싣지 않겠습니까?"라는 전화가 걸려오는 일도 없고, 판촉 메일을 받은 적도 없다. 아이폰의 광고를 떠올려보자. "아이폰 있음!"이라는 메시지가 전부로, 상점에 가도 특별한 안내문이나 팸플릿이 없다. 딘앤델루카는 점포의 수가 한정되어 있는데도, 로고가 인쇄된 토트백은 곳곳에서 눈에 띈다. 회사에서는 거의 광고를 하지 않지만, 고객 한 명 한 명이 최대의 광고탑이 되는 것이다. 이런 사례를 하나하나 떠올린 순간…… 내가 얻은 결론은 놀랍게도 자기부정

이었다. ==영업하는 기업은 이미 시대에 뒤처졌다. 영업을 해야 할 정도라면 앞날이 캄캄하다.==

이 사실을 인정하는데 나는 저항하지 않을 수 없었다. 이래 봬도 지난 10년간 영업 테크닉의 프로이자 광고·선전, 세일즈 레터sales letter의 프로였기 때문이다. 영업의 프로가 '이제 영업은 고객 엔진이 되지 않는다'라는 사실을 인정하면, 지금까지의 경험과 고생은 모두 물거품이 되지 않는가. 그러나 나 자신에게 거짓말을 할 수는 없다. 이미 깨달은 이상, 부정해 봤자 소용없다.

이렇게 결론을 내리고, 나는 왜 영업을 하지 않아도 되는지 객관적으로 분석하기 시작했다. 물론 앞에서 거론한 사업은 무작위로 선별했을 뿐, 그것으로 모든 것을 설명할 수는 없다. 사람들이 이해하기 쉽도록 소비자용 사업에 치우쳤다는 지적도 있으리라. 그래도 나는 생각했다. 왜 그런 사업은 영업이나 광고를 거의 하지 않고도 단기간에 시장에서 압도적인 위치를 확보할 수 있었는가? 더 간단히 말하자면,

"왜 영업을 하지 않아도 고객이 모이는가?"

이 질문을 돌파구로 지식사회의 새로운 고객 모집 원리를 연구했더니, 예전과는 크게 다른 다섯 가지 원칙이 눈에 들어왔다. 이 원칙만 이해하면 핵심을 포착한 본질적인 사업 전략을 쉽게 기획하고 제안할 수 있다. 다섯 가지 원칙을 쉽게 설명하기 위해서, 먼저 개인적인 에피소드를 소개하고자 한다. 당신도 비슷한 경험을 한 적이 있겠지만, 현재와

미래의 고객이 어떻게 행동하는지 알면 기업이 어디에 힘을 쏟아야 하는지 한눈에 보일 것이다.

도쿄마라톤에 출전하고 싶다는 충동

평화로운 어느날, 컴퓨터 앞에서 일하고 있던 나는 돌연 도쿄마라톤 2원칙에 나가고 싶다는 충동에 휩싸였다. 특별한 이유는 없다. 달리기를 좋아하는 것도 아니다. 뜻밖의 갑작스런 욕구 5원칙에 스스로 당황할 정도였다. 어떻게 신청하는지도 모른다. 하지만 나는 목이 마를 때 수도꼭지를 비트는 것처럼 검색창에 '도쿄마라톤'이라고 입력하고 1원칙, 온 방 안에 울려 퍼질 정도로 엔터키를 눌렀다. 초기 화면이 열린다. 나는 곧장 '신청'이라고 쓰인 부분을 클릭했다.

"아하, 추첨이긴 하지만 인터넷으로 응모 4원칙할 수 있나 보군."

나는 잠시도 망설이지 않고 신청서 양식에 글자를 입력하기 시작했다. 지난해에는 경쟁률이 8대 1이었다고 한다. 객관적으로 보면 당첨될 확률이 낮다. 하지만 나에게는 도쿄마라톤에서 뛰라는 하늘의 계시가 있었으므로 당첨될 것이 분명하다. 본디 긍정적인 나는 근거 없는 확신을 품으면서 의기양양하게 '규약에 동의하며 응모한다'라는 부분을 클릭했다.

이 일은 '도쿄마라톤'이라는 단어가 머리에 떠오른 지 불과 3분 만에 일어난 것이다. 이렇게 해서 나는 이미 42.195km를 완주한 듯한 만족감에 휩싸였는데, 이야기는 이것으로 끝이 아니다. 도쿄마라톤을 신청했다는 만족감에 누군가에게 말하고 싶어진 것5원칙이다. 그래서 즉시 몇몇 친구에게 문자를 보냈다. 물론 흥분한 나머지 한마디 덧붙인 것은 말할 필요도 없다.

"도쿄마라톤에 참가 신청했는데, 같이 뛰지 않겠어?"

그로부터 38분 후, 첫 번째 답장이 왔다. 내용은 "그러면 같이 나갈까?"가 아니었다.

"나도 신청했네!"

뒤이어 생각할 겨를도 없이 신청했다4원칙는 답장이 잇따라 도착했다. 다음 날. 당연히 나는 회사 주간 회의 시간에 도쿄마라톤 참가 신청을 했다고 다시 말했으며, 사람들을 만날 때마다 같이 나가자고 권하면서 득의양양하게 도쿄마라톤에 출전하는 의의3원칙를 늘어놓았다. 마라톤에 출전하는 이상 연습을 하지 않을 순 없다. 지난 10여 년간 조깅도한 적 없는 나에게는 마땅히 입을 옷이 없었다. 그래서 몸에 딱 달라붙는 육상선수용 팬츠와 티셔츠를 곧장 인터넷으로 구매했다. 이제 뱃살과 옆구리 군살이 없어질 것이라는 기대에 회심의 미소를 지으며 근처 공원에서 조깅을 하기 시작했다.

다음 날 퇴근길. 지방 소도시에 사는 나는 낡은 게시판에서 포스터 한 장을 발견했다. 시에서 주최하는 마라톤 대회가 있는 모양이다. 개최는 불과 2개월 후. 집에 가서 인터넷으로 대회를 검색했는데, 어디서 신청하는지 알 수 없었다. 시청 업무 시간에 전화4원칙를 걸어 봐야겠다고 생각하면서 응모를 뒤로 미루었다.

그로부터 한 달 반이 지났다. '개최일이 코앞으로 다가와서 신청하기 어렵지 않을까?'라는 생각을 하면서 나는 무거운 허리를 일으켜 시청에 전화를 걸었다. 그러자 "인터넷으로 신청하시기 바랍니다"라며 웹사이트를 가르쳐 주었다.

사이트를 찾아가 보니, 예전에 방문한 곳과 같았다. 당시 신청할 곳을 찾지 못한 것은 문의처를 클릭해도 시의 홈페이지가 나타날 뿐, 마라톤 대회의 정보가 어디에 실려 있는지 알 수 없었기 때문이다. 즉, 실재 공간뿐 아니라 가상공간에서도 이리저리 빙글빙글 돌아다닌 것이다. 가까스로 양식을 찾아서 신청을 완료할 때까지 약 10분이 걸렸지만, 나에게는 영원에 가까운 아득한 시간이었다. 다만, 이쪽 마라톤 대회에는 커다란 이점이 있었다. 추첨은커녕 개최가 코앞으로 다가와 있는데도 아직 참가자를 모집하고 있었다.

나는 이 엄청난 차이에 어이가 없었다. 마라톤 대회에서 하는 일은 똑같다. 오직 달리는 것뿐. 그런데 신청했을 때의 만족도는 전혀 달랐다. 이쪽 마라톤 대회에 신청했을 때는 아무에게도 말하지 않았다.

이 체험을 통해 깨달은 사실이 있다. 나는 마라톤 대회에 나가고 싶었던 것이 아니다.[1원칙] 마라톤 대회에 나가고 싶었다면 검색창에 '마라톤 대회'라고 입력했을 것이다. 하지만 내 머릿속에 '마라톤 대회'라는 단어는 털끝만큼도 떠오르지 않았다. 내가 나가고 싶었던 것은 오직 '도쿄마라톤'이다. 도쿄마라톤 이외에 존재하는 것은 지역 마라톤 대회가 아니라 호놀룰루마라톤(미국에서 가장 인기 있는 마라톤 대회)뿐이다.

이 시대의 사업 성공 5원칙

개인적인 에피소드를 말한 것은, 이런 사소한 일에서도 영업이 고객 모집의 엔진이 될 수 없는 시대가 되었고, 그로 인해 사업의 성패를 미리 내다볼 수 있게 되었기 때문이다. "과연 고객은 어떤 사업을 선택하고, 불황 속에서는 어떤 사업이 사라지는가?" 그 대답은 전부 밑줄 친 곳에 숨어 있다. 바로 차트 [3-1]에 있는 사업 성장의 새로운 원칙 다섯 가지다.

다섯 가지 원칙 중에는 예전의 상식이었던 경영자적 기술이 아니라

차트 3-1 사업 성공 5원칙

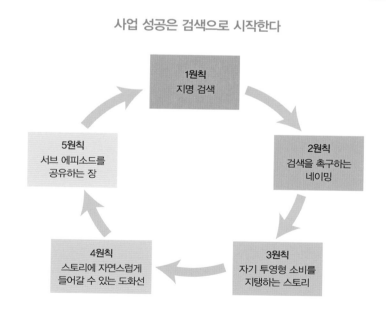

사업 성공은 검색으로 시작한다

'검색', '네이밍', '스토리'라는 전문가적 기술과 예술가적 감성이 포함되어 있다. 이 조건은 단지 눈길을 끌기 위해서 집어넣은 것이 아니다. 앞으로 자세히 설명하겠지만, 사업 성공을 위해 맨 먼저 검토해야 할 항목이다.

예전에는 부수적이었던 기술이 바야흐로 경영의 바탕을 이루는 본질적인 기술로 자리 잡고 있다. 이런 사실을 깨닫지 못한 경영자의 핸디캡은 이루 말할 수 없을 정도다. 아무리 기존의 비즈니스 기술을 사용해서 노력해도, 아무리 기존의 가치척도로 우수한 사람을 채용해도, 고객은 그 사업을 선택하기는커녕 그 사업이 존재하는 것조차 모르기 때문이다. 하지만 새로운 시대의 소비 행동에 맞는 새로운 기술을 손에 넣으면 열심히 노력하지 않아도 고수익의 신규 사업을 끊임없이 만들어 낼 수 있다. 지식사회에서 성공할 사업의 5원칙을 말하는 목적이 바로 여기에 있다.

1원칙: 지명 指名 검색

-

도쿄마라톤의 에피소드에서 '수도꼭지를 비트는 것처럼 검색'했다고 말했는데, 사태를 정확하게 표현한 말이다. 음료수가 인프라로 확보된 것을 계기로 근대사회가 시작된 것처럼 정보의 확보, 즉 '검색'이 인프라로서 갖추어졌을 때 지식사회의 본격적인 막이 오른다. 새로운 무대에서 펼쳐지는 비즈니스의 변화는 물속에서 살던 올챙이가 육지로 올라온 것에 비유할 수 있다. 올챙이 상태로 살아남으려고 하면 머지않아 바싹 말라 버리는 것이다.

다음 통계를 통해 현재의 비즈니스가 처한 상황을 살펴보면, 이제 익숙한 물속에 있는 것 자체가 불가능하다는 사실을 알 수 있다.

- 상품을 구입할 때 가장 중요시하는 정보로서 인터넷의 중요도는 비약적으로 높아졌다. TV의 2.4배, 잡지의 3.8배.
- 하루 평균 세 번 이상 검색하는 사람은 66.3%.
- 한 시간 이상 인터넷에 접속하는 사람은 74.4%. 인터넷은 TV의 71%를 넘어서 최장最長 매체로 등극했다.
- 인터넷의 등장으로 이용이 줄어든 매체 1위는 TV(29.1%), 2위는 잡지(26.1%).
- 이동 중에 자주 사용하는 매체는 '휴대전화를 이용한 정보 열람'이 22.6%로 가장 높고, '서적 열람'은 17.1%.

*참고문헌: 財団法人インターネット協會(2008),《インターネット白書2008》, インプレスR&D.

여기서 특히 주목해야 할 점은, 상품을 구입할 때 가장 참고하는 것이 TV와 잡지가 아니라 인터넷이라는 것이다. 또 검색창을 하루 세 번 이상 사용한다고 대답한 사람이 60%를 넘는다. 이러한 수치를 근거로 앞으로의 비즈니스 환경을 한마디로 요약하면, 이제 검색되지 않으면 당신의 사업은 존재하지 않는다고 할 수 있다. NHK 특집 프로그램 〈구글 혁명의 충격〉에서는 검색된 결과의 1페이지에 실리지 않으면 고객의 80%를 잃는다고 했다. 그때 검색엔진 최적화 기술의 아버지라고 불리는 브루스 클레이는 다음과 같이 말했다.

"가장 이상적인 결과는 상위 5위 이내에 검색되는 것이고, 15위 아래로 내려가면 상품이 존재하지 않는 것이나 마찬가지입니다."

그렇다고 인터넷이 전부이고, 전통적인 고객 모집 매체인 DM이나 신문의 전단지가 효과 없다는 말이 아니다. DM 시장은 아직 견고하고, 또 지역성이 중요한 건강·주택 관련 사업은 전단지 광고를 통해 비즈니스가 원만히 성립되는 것도 분명하다.

중요한 점은, 지금까지 거래한 적이 없는 회사의 제품을 구입할 때는 다른 매체를 통해서 관심을 갖기도 하지만 실제로 제품을 구입할 때는 인터넷 검색을 통해서 정보를 입수한다는 것이다. 이를테면, 치료원에서 고객을 모집할 때는 신문의 전단지가 효과적이지만 고객은 예전처럼 전단지의 정보만으로 결단을 내리지는 않는다. 기업 측의 일방적인 정보가 아니라 다면적인 정보를 입수하기 위해서 인터넷으로 '그 치료원은 믿을 수 있는가?', '나에게 잘 맞는가?' 등을 확인한 후에 최종 판단을 내리는 것이다. 즉, 진실의 순간은 '검색'에 있다.

법인 비즈니스에서는 여전히 인맥과 소개, 프레젠테이션의 수준이 중요하다는 목소리도 있다. 하지만 법인 비즈니스에서 거래처를 검토할 때, 상대의 웹사이트를 조사하지 않는 일은 이제 상상도 할 수 없다. 예전에 우리 회사의 한 직원이 검색창에 정보가 나오지 않는 회사와 거래하자고 품의했을 때 임원 전원이 맹렬히 반대했을 정도다. 거래 여부를 판단할 때 인터넷 정보를 통해서 회사의 신뢰성을 판단하는 것이다.

이 책의 주제가 아니라서 자세한 내용은 생략하지만, 소비자용·법인용 영업 과정을 자세하게 검토한 후에도 마지막 결정을 내릴 때 검색은 매우 중요한 요소다. 광고·선전이나 소개를 통해 관심을 가졌을 때는 수동적인 데 비해, 검색은 능동적으로 확인하는 첫걸음이기 때문이다. 고객이 이 상품에 관심이 있다고 의사를 표명하는 순간이 바로 '검색'인 것이다.

검색이 사업 성공의 열쇠라는 점은 의심할 여지가 없는 사실이지만, 검색보다 더 중요한 것이 있다. 바로 검색 방법이다.

신규 사업에 관련된 일을 할 때 담당자에게 이런 질문을 받았다. "이 카테고리에서 검색했을 때 상위에 오기 위해서는 어떻게 하는 것이 좋을까요?" 나는 그때 농담 반 진담 반으로 이렇게 대답했다. "유감스럽지만 당신의 사업은 이미 실패했습니다." 카테고리에서 검색한다면 이미 레드오션red ocean에 있다는 증거가 아닐까?

검색에는 두 가지 종류가 있다. 비교 검색과 지명 검색이다. 그런데 대부분의 회사는 비교 검색의 사업을 선택한다. 비교 검색은 고객이 어떤 상품에 관심을 가졌을 때 검색창에 카테고리를 입력하는 것이다. 예를 들면 다이어트, 청바지, 해외 항공권, 입시 학원 개별지도 등의 패턴이다. 카테고리로 검색하는 경우 고객이 원하는 것은 상품을 비교하고 검토하는 것이다. 다시 말해, 특정 카테고리에서 검색 상위에 오르려는 회사는 처음부터 경쟁이 치열한 사업을 선택한 것이다.

온라인의 경우 이 선택은 절대 녹록하지 않다. 오프라인에 비해서 가격탄력성이 높기 때문에, 한번 가격이 내려가면 브레이크가 걸리지 않는다. 컴퓨터 소프트웨어의 경우 발매 첫날 온라인이 5% 저렴한 것은 흔히 있는 일이다. 시간이 지나면서 오프라인에서는 가격 하락 이 일단락되지만, 온라인에서는 이익이 없어지기 직전까지 하락한다. 대부분의 고객이 가격비교 사이트를 이용하기 때문에, 자사보다 저렴한 곳이 나타난 순간 매출은 급락할 수밖에 없다. 리모컨으로 TV의 채널을 바꾸듯이 구입처를 바꾸므로, 검색엔진 최적화(SEO) 대책에 엄청난 노력과 막대한 비용이 들어간다. 또한 모든 고객은 마음이 쉽게 바뀌는 변덕쟁이라서 안정적인 비즈니스를 쌓기 어렵다.

반면에 지명 검색은 제품명이나 회사명으로 검색하는 방식이다. '마라톤 대회'라고 입력하는 게 아니라 '도쿄마라톤'이라고 입력하는 식이다. 고객은 심사숙고한 끝에 지명을 하는 게 아니다. 머리는 도쿄마라톤 이외의 마라톤 대회가 있다는 사실을 까맣게 잊고 있다. 고객의 머릿속에는 다른 마라톤 대회가 존재하지 않는 것이다.

앞에서도 말했듯이, 영업 활동을 하지 않는데도 사람들의 주목을 받는 사업의 특징은 지명 검색이다. 키자니아는 직업을 주제로 한 어린이 대상 테마파크지만, 키자니아에 갈 때는 '테마파크'라고 검색하거나 '도쿄디즈니랜드' 또는 '일본민속촌'과 비교하지 않는다. 키자니아라는 상품명이 카테고리가 된 것이다. 프라이탁은 버려진 천막이나 화물 트럭의 덮개를 가방, 지갑, 파우치 등으로 재활용하는 대표적인 업사이클 브랜드다. 손목시계인 스와치처럼 디자인이 수백 종류가 되는데, 다소 지저분하지만 하나밖에 없다는 희소성 덕분에 대단한 인기를 누리고 있다. '메신저백'이라고 불리는 가방이 인기 있는데, 고객은 '메신저백'이라고 검색하지 않고 '프라이탁'이라고 입력한다.

고객이 지명 검색을 하는 경우, 검색엔진 최적화 대책을 강구하지 않아도 항상 검색 상위 5위 안에 들어간다. 경쟁이 거의 없기에 경영자는 가격경쟁에 신경 쓸 필요가 없다. 가격을 내리기는커녕 브랜드를 유지하기 위해 유사 상품 중에서 최고가를 목표로 한다. 애초에 지명이기 때문에 고객과 장기적 관계를 쌓을 수 있고, 비즈니스는 신속하게 안정된다. 비교 검색과는 차원이 다른 우수한 비즈니스 모델이다. 그럼에도 불구하고 대부분은 지명 검색이 아니라 무턱대고 비교하는 혹독한 시장에서 비즈니스를 시작하려고 한다. 지식사회의 성공 요인을 이해하지 못하기 때문에 저지르는 어리석은 행동이다.

중요한 것은 노력이 아니다. 아무리 실력 있는 가수라도, 아무리 전국을 순회하면서 공연해도 지명을 받지 못하면 밀리언셀러를 내지 못하는 것처럼, 비즈니스 역시 지명을 받지 못하면 가을에 떨어진 낙엽처럼 겨울 눈에 파묻힐 따름이다.

2원칙: 검색을 촉구하는 네이밍

-

지명 검색을 하게 만들기 위해서는 어떻게 하는 것이 좋을까?

당신은 이미 대답을 알고 있다. 고객이 어떤 것에 관심을 가졌을 때 맨 먼저 그 이름을 떠오르게 만들 수 있느냐. 맨 먼저 떠오를 뿐 아니라,

아이폰이나 파타고니아, 키자니아, 도쿄마라톤처럼 참으로 특별해서 다른 존재를 잊어버릴 정도가 되어야 한다. 지명 검색을 하게 만드는 네이밍에는 어떤 구조가 숨어 있는가?

네이밍을 하는 전형적인 방법은 분석적 접근이다. 앞에서 설명했듯이 고객이나 경쟁을 분석해서 자사에 유리한 위치를 선택한다. 그 위치에서 목표 고객이 좋아하는 이미지를 발견하고, 수많은 언어 안에서 그 이미지를 줄 수 있는 단어를 뽑아낸다. 즉, 고객이 호감을 갖는 네이밍을 하는 것이다.

기업과 상품의 인지도만 높이면 되는 시대에는 이것으로 충분했지만, 지금은 구입의 관심이 높아진 순간 그 네이밍이 떠올라서 눈길도 돌리지 않고 검색엔진에 입력하도록 해야 한다. 첫째, 호감을 갖게 한다. 둘째, 항상 화제로 삼게 한다. 셋째, 인터넷에서 검색하게 한다. 이 세 가지를 동시에 실현하는 것이 네이밍의 목적이다. 이 경우에 가장 중요한 것은 무엇일까? 나는 다음과 같은 가설을 생각하고 있다.

지명 검색을 촉구하고 행동으로 옮길 때까지의 세 가지 열쇠

- **질문으로서의 네이밍** title
- **스토리의 문을 여는 태그라인** tagline (정곡을 찌르는 매력적인 말)
- **대답으로서의 스토리** story

쉽게 이해할 수 있도록 내용을 두 가지로 나누어서 '네이밍'과 '태그라인'은 2원칙, '스토리'는 3원칙에서 설명하기로 한다.

관심이 높아졌을 때 가장 먼저 검색되기 위해서는 네이밍이 기억에 달라붙어 있어야 한다. 그러면 광고나 신문에서 눈에 스쳤을 뿐 아니라 여러 차례 화제에 올랐을 것이다. 나는 앞에서 충동적으로 '도쿄마라톤'을 검색했다고 했지만, 곰곰이 생각해 보니 적어도 신문이나 인터넷 뉴스, 블로그 등에서 여러 번 관련 기사를 읽었고 친구들과 화제로 삼은 적이 있었다. 어떻게 해야 사람들의 화제에 오를 수 있을까? 단순하게 생각해서 화제를 모으려면 이야기하는 사람이 말하기 쉽고, 듣는 상대가 재미있게 느껴야 한다.

이야기하는 사람을 통해 정보가 널리 퍼지게 하는 영향력 있는 사람은 누구인가? 마케팅에서는 고객에게 영향력을 끼치는 사람을 '인플루언서'라고 한다. 대표적인 인물은 저명한 블로거나 유튜버, 온라인 매체의 편집자, 작가를 비롯해 인터넷에 계속 콘텐츠를 올리는 사람들이다. 유명 유튜버나 블로거의 콘텐츠가 책으로 출판되어 베스트셀러가 되고 매스컴에도 자주 등장하는 등 이들의 영향력은 입이 다물어지지 않을 정도다.

예전에는 대중매체에만 광고해도 효과가 충분했으나 지금은 광고 회사의 기획서에 반드시 인플루언서 대책이 포함된다. 인플루언서에는 일반인을 비롯해 연예인과 패션모델, 스포츠 선수 등 유명인도 포함된다. 다만 연예인의 경우 원칙적으로 소속사를 통해 문의하기 때문에, 실제로 기업이 풀뿌리식으로 접근할 수 있는 것은 블로거 등 일반인 인플루언서다.

화제성을 키우려면 인플루언서들이 이야기하기 쉬운 내용이어야 한다. 어떤 내용이 블로그나 SNS에 화제로 오를 수 있는가? 그들의 처지가 되어 상상해 보면 정답을 쉽게 알 수 있다. 문장이 좋아서 글 쓰는 데 고생하지 않을지는 몰라도, 그들은 항상 신선한 내용에 굶주려 있다. 신선한 내용을 제공하지 않으면 독자들이 금방 질리기 때문이다.

그렇다면 신선한 내용은 무엇인가? 바로 "○○를 알고 있습니까?"라는 질문이다. "너, ○○ 알아?"라는 말을 문장의 첫머리에 가져오면 단번에 상대의 마음을 사로잡을 수 있고, 그 후의 문장을 쉽게 쓸 수 있다. 단순한 테크닉처럼 보이지만, 실제로는 커뮤니케이션의 본질과 관계있다. 배경이 보이지 않는 커뮤니케이션을 위해서는 질문 형식을 취하는 것이 가장 자연스럽다. 퀴즈 프로그램이 인기 있는 것은 공통의 화제가 없는 사람들끼리 자연스럽게 커뮤니케이션을 할 수 있는 최고의 방법인 까닭이다. 초등학생이나 중학생이 "어제 ○○ 봤어?"라고 텔레비전 프로그램을 화제 삼아 커뮤니케이션을 하는 것처럼 블로거들도 본질적으로 "○○ 읽었어?", "○○ 봤어?", "○○ 알아?"라는 질문을 통해 커뮤니케이션을 시작한다. 그렇다고 그들이 이 문장을 그대로 사용하는 것은 아니다. 하지만 쓰여 있는 내용을 요약해 보면 패턴이 똑같다는 사실을 알 수 있다.

얼굴이 보이지 않는 상대의 관심을 한순간에 사로잡을 수 있도록 글을 쓰는 것은 결코 쉬운 일이 아니다. 그때 "○○ 알아?"의 '○○'를 미리 준비해 두면 글을 쉽게 쓸 수 있다. ○○ 부분에 상품명이나 기업명(네이밍)이 들어가고, 더구나 그 네이밍이 상대에게도 재미있는 스토리로 이어지면 상품과 기업의 영향력이 확대되는 것이다.

그렇다면 어떻게 해야 네이밍이라는 키워드가 재미있는 화제로 이어질 수 있을까? 이 질문에 대한 답이 지식사회에서 화제에 오를 수 있는 네이밍의 비결이다.

가장 좋은 사례는 단기간에 70만 부 이상이 팔린 혼다 나오유키의 '레버리지 시리즈'(한국에서도 《레버리지 씽킹Leverage Thinking》, 《레버리지 리딩Leverage Reading》 등으로 출판되었음)이다. 혼다 씨가 책을 기획한 당시만 해도 '레버리지leverage'라는 단어는 금융 전문용어로, 경제경영서 독자 중에도 아는 사람이 거의 없었다. 이렇게 어려운 단어를 제목(상품명)에 사용하는 것은 상식적으로도 매우 위험한 도박이기 때문에, 편집자는 처음에 상당히 난색을 표했다고 한다. 하지만 '레버리지'라는 단어를 이용해 시리즈를 만들고 싶은 혼다 씨는 자신의 주장을 굽히지 않았다.

"왜 제목에 사람들이 모르는 단어를 사용했습니까?"

내가 그렇게 물었을 때, 혼다 씨의 대답은 확신에 가득 차 있었다.

"모르는 단어의 배경을 알았을 때, 사람들 마음속에 단숨에 침투하리라고 생각했지요."

이것이 화제에 오를 수 있는 네이밍의 진수다. 한 번 듣고서 금방 이해한다면 고객은 더는 관심을 두지 않는다. 그런데 설명을 듣고 "아하, 그런 뜻이 담겨 있었구나!"라는 카타르시스를 느끼면 퀴즈처럼 사람들의 입에서 입으로 널리 퍼진다. '레버리지'는 그런 카타르시스를 느낄 수 있는 단어다. 본래 '지렛대'를 의미하는데, 최소한의 노력으로 최대의 결과를 내는 것이 얼마나 중요한지 강조하려고 일부러 그 단어를 선택한 것이다.

다만 네이밍이 너무나 짧아서 의미를 이해할 수 없는 경우도 많다. 따라서 상세 정보(스토리)로 이어지는 중간 역할로 단어의 배경을 설명하는 짧은 문장이 필요한데, 그것이 태그라인이다. 태그라인은 고객의 관심을 끌기 위해 회사명이나 상품명 뒤에 붙이는 말을 가리킨다. 가장 유명한 것은 나이키의 "JUST DO IT"으로, 몇 가지 예를 들면 다음과 같다.

- 딘앤델루카: "**Museum for Fine Food**(음식의 미술관)"
- 키자니아: "**아이들의, 아이들에 의한, 아이들을 위한 나라**"
- 도쿄마라톤: "**도쿄가 하나 되는 날**"
- 아베다: "**진정한 아름다움은 행동을 동반한다.**"(아베다의 이념에서)
- 구글: "**'최고'에 만족하지 않는다.**" (구글의 이념에서)

태그라인은 상품이나 회사의 에너지를 응축한 '말의 통조림'이라고 할 수 있다. 짧은 문장을 통해 회사나 상품의 배경을 알고 싶은 호기심에 휩싸이면, 결과적으로 검색 동기를 최대한 높일 수 있다.

이렇게까지 하지 않아도 지명 검색을 하게 만드는 좋은 방법이 있다. TV에서 흔히 볼 수 있듯이, 광고의 마지막에 상품명이 들어가 있는 검색창을 노출하는 것이다. 이 방법도 효과적이다. 통계[4]에 따르면, 검색창이 있는 광고를 본 사람 중 23.4%가 광고가 끝난 후에 실제로 검색해 보았다고 한다. 전단지나 DM의 반응에 비하면 놀라우리 만큼 뜨거운 반응이다.

하지만 이런 때에도 상품명을 검색하도록 유도한다고 해서 저절로 반응률이 높아지는 것은 아니라는 사실을 알아야 한다. 고객이 공감할 수 있는 광고 메시지가 있어야 하고, 그 메시지와 통하는 네이밍이 기억에 달라 붙어야만 나중에 검색하게 되는 것이다.

'천사의 날개'라는 이름의 초등학생용 책가방이 있다. 그 절묘한 네이밍은 15초짜리 광고에서 얻는 정보보다 더 자세히 알고 싶게 만드는 '질문'으로 작용한다. 더구나 '6년간의 다정함'이라는 교묘한 문구(태그라인)로 관심을 높임으로써 고객은 자기도 모르게 검색창에 '천사의 날개'라고 입력한다. 만약 회사명인 '주식회사 세이반'을 사용했다면 광고에서 아무리 소리 높여 외쳐도 고객이 검색하지 않았으리라.

지금까지 살펴본 내용을 정리하면, 네이밍이란 본질적으로 기업이나 상품이 가진 상세 정보를 끌어내기 위한 '질문'이다. 그리고 '질문'과 '대답' 사이에 생기는 긴장감이 태그라인을 통해 최대한 높아지면 엔진의 회전축이 움직이듯이 검색 동기가 높아진다. 목이 마르면 수도꼭지를 비트는 것처럼, 지식사회에서 상품이나 기업에 관해 알고 싶으면 고객은 맨 먼저 검색엔진이라는 수도꼭지를 비튼다. 그리고 그 갈증을 만들어 내는 세계의 시작에는 바로 네이밍이 존재한다.

효과적인 네이밍을 발견한 경우, 검색엔진의 창은 돈이 들지 않는 세상에서 가장 작은 광고창이 될 수 있다. 돈이 들지 않는 작은 광고창에 카테고리가 아닌 기업의 상품명이 들어가느냐 마느냐에 따라, 경쟁으로 피투성이가 된 레드오션에서 헤엄치느냐 블루오션에서 혼자 여유만만

하게 파도를 타느냐가 정해진다. 그리하여 사업의 전략에서 네이밍의 위치는 점점 더 높아지고 있다.

네이밍이 전략적으로 중요하다는 생각은 지금 시작된 것이 아니다. 유명 브랜드를 가진 기업은 옛날부터 그렇게 생각해 왔다. 화장품 업체나 자동차 업체에서는 신제품의 네이밍을 정할 때 수천 가지 후보를 준비한다. 네이밍에 따라서 매출과 수익률이 달라진다는 사실을 뼈저리게 알고 있기 때문이다. 또한 부자 순위가 공표되었던 시절에 해마다 세금을 제일 많이 냈던 긴자한방연구소의 사이토 히토리가 가장 중요하게 여겼던 일은, 신사와 불당을 돌아다니는 것과 상품명을 생각하는 것이었다고 한다.

지식사회에서는 이런 브랜드 기업이 해온 일을 모든 기업에게 요구하고 있다. 농담이 아니라, CEO(최고경영책임자)는 CNO(최고네이밍책임자)의 감성도 아울러 겸비해야 하는 것이다.

3원칙: 자기 투영형 소비를 지탱하는 스토리

-

네이밍은 '질문'으로, 그 '대답'을 찾기 위해 검색 동기가 높아진다는 사실은 이제 알았으리라. 이 과정에 따라 고객은 상품이나 회사에 눈길이 가는 단계에서 관심이 높아지는 단계로 넘어간다. 그런 관심을 회사나 상품에 대한 공감으로 끌어올리려면 어떻게 하는 것이 좋을까?

결론부터 말하면, 고객이 검색한 장소에 공감할 수 있는 스토리가 있어야 한다. 이렇게 말하면 "어려움을 극복한 감동적인 스토리를 만들라"와 같은 테크닉 이야기로 착각하는 사람이 많다. 음식점 간판에 최고의 맛을 추구하는 스토리를 붓글씨로 쓰거나, 특정 고객층이 좋아하는 캐릭터를 중심으로 상품을 개발하거나. 기교 면에서는 효과가 있지만, 그곳에서 진실을 느끼지 못하면 똑같은 영화를 몇 번씩 보는 것처럼 금방 질리고 만다.

영업을 하지 않아도 고객이 모이는 사업의 공통적인 특징은, 특별히 말하지도 않았는데 생생한 스토리를 느낀다는 것이다. 그것은 할리우드식 상업주의로 만든, 준비된 해피엔딩 스토리가 아니다. 커다란 세계관에 따라서 움직인 결과, 현재진행형으로 만들어지는 생동감 넘치는 스토리다.

그러한 기업의 웹사이트를 보면 실로 여러 가지 세계적 문제에 대항하고 있다는 사실을 알 수 있다. 아베다는 기후변동 대책이나 폐기물 제로 운동을 펼치는 한편, 수많은 비영리 단체에 기부하고 있다. 스타벅스는 환경과 사회·경제 분야의 책임을 담당하는 공급 업자를 우선적으로 선정해서 프리미엄 가격으로 원두를 사들인다. 파타고니아는 지구 온난화 속에서 야생동물이 살아갈 수 있도록 야생 이동 경로의 설립을 목표로 하고 있다. 키자니아는 애초에 '책임 있는 행동과 창조적 지식을 배운다'는 비전을 갖고 만든 사회적 창업으로, 취지에 공감한 수많은 기업을 후원자로 두고 있다. 이들 사업에는 어려운 문제를 해결하기 위해 리더십을 발휘하는 스토리가 기업의 이념에서 상품, 판매에 이르기까지 일관되게 흐르고 있다는 공통점이 있다.

왜 스토리가 필요한가? 그리고 왜 스토리가 기업의 본질에 뿌리를 내려야 하는가? 이유는 단 하나. 소비에 대한 동기와 자세가 크게 변하고 있기 때문이다. 이 또한 지식사회의 커다란 특징이다.

기업을 극단적으로 나누면 두 가지 유형이 될 수 있다. 하나는 이익을 내고 힘이 남으면 사회에 공헌하겠다는 유형이고, 다른 하나는 세계적 문제를 해결하고 이익은 그 전제 조건으로 하겠다는 유형이다. 도의적인 관점에서 볼 때 어느 유형이 좋은지는 분명하다. 하지만 그것은 차치하더라도 주의 깊게 지켜보아야 할 것은, 최근 몇 년 사이에 소비 동기가 크게 변한 결과로 후자의 기업에 순풍이 불고 있다는 점이다. 순수하게 마케팅 관점에서 말하면, 고객을 매료시키는 기업이 되기 위해서는 '주주를 위해서'나 '고객을 위해서'라기보다 '지구를 위해서'라고 말하는 편이 유리하다고 할 수 있다.

요즘 소비자 중에는 풍요로운 생활을 위해, 또는 나를 잘 보이기 위해 상품을 구입하는 게 아니라 진정으로 나다워지기 위해 상품을 구입하는 사람이 많다. 나는 각각의 소비 패턴을 '생활 부가가치형 소비', '자기 과시형 소비', '자기 투영형 소비'라고 부르고 있는데, 시대는 점점 더 '자기 투영형 소비'로 이동하고 있다.

각각의 차이는 일본 경제 상황에 따라 어떤 제품이 많이 팔리는지 살펴보면 금방 알 수 있다. 1970년대의 불황기에는 빨간색이나 오렌지색을 비롯한 화려한 색깔의 냉장고와 전기밥솥이 붐을 일으켰다. 1980년대 중반의 경기후퇴기에는 BMW나 남성용 할인 브랜드가 인기를 끌었고, IT 거품이 무너진 2001년에는 에르메스 긴자 지점 앞에 길게 늘어선 줄이 화제에 오를 정도였다.

불황이 계속되어도 여전히 잘 팔리는 물건이 있는데, 잘 팔리는 물건은 다음 소비 트렌드의 징조를 보여 준다. 컬러풀한 가전제품은 1980년대의 '맛있는 생활'이 상징하는 생활 부가가치형 소비의 징조이다. BMW 같은 외제차는 1980년대 후반의 자기 과시형 소비의 전기(거품 소비)이고, 2001년의 에르메스는 그 후 유명 브랜드 회사의 과열된 지점 만들기로 상징되는 자기 과시형 소비의 후기(유명인 소비)이다. 그리고 2008년부터 시작된 불황에는 10만 엔이 넘는 고급 스킨케어 화장품이 잘 팔렸다. 유명 브랜드 제품으로 자기 과시를 하는 게 아니다. 불황이 닥쳐도 내면부터 나다워지고 진정한 내가 되기 위한 투자는 아끼지 않는 것이 현실이다.

에이브러햄 매슬로의 욕구 단계 가설과 겹쳐서 생각하면 쉽게 이해할 수 있다(다음 페이지의 차트 [3-2] 참고). 생활에 필요한 물건이 충족되고, 그 후 성공한 배금주의자들의 추악한 모습을 보고 자기 과시욕이 사라진 후에 마지막으로 나타난 욕구가 자기실현이다. '나다움'을 추구하는 욕구를 기본으로 한 새로운 소비 패턴이 나타났다고 할 수 있다. 나다움을 추구하고 진정한 내가 되기 위해서는 어떻게 하는 것이 좋을까? 이때 중요하게 등장하는 것이 스토리다.

스토리는 나를 주인공에 투영하면서 주인공과 똑같은 성장을 체험할 수 있다. 영화가 끝날 때는 겁쟁이였던 청년이 악당을 물리칠 만큼 강해지거나, 촌스러웠던 소녀가 신데렐라처럼 변신해서 사랑을 쟁취한

진화하는 소비를 이해한다

욕구 단계	핵심어	소비 패턴	경기후퇴기와 그때 많이 팔린 상품
자기실현	창조성, 윤리성, 문제 해결	자기 투영형 소비 [스토리 소비]	2008년 말: 서브프라임 문제, 고급 미용 크림
자기승인	자신감, 달성, 존경	자기 과시형 소비(후기) [유명인 소비]	2000년: IT 거품 붕괴, 에르메스 긴자 지점 앞에 늘어선 기다란 줄, 유명 브랜드 회사들이 앞다퉈 지점 설립
		자기 과시형 소비(전기) [거품 소비]	1985년: 엔고円高 불황, 할인 브랜드, BMW, 모피
소속과 사랑	가족, 친구, 연애	생활 부가가치형 소비 ['맛있는 생활' 소비]	1973년: 오일쇼크, 컬러풀한 가전제품
안전	신체의 안전성, 직업의 안정성	생활충족형 소비	※ 고도성장기에 이르기까지의 소비 활동
생리적 욕구	식량, 수면, 섹스		

다. 그때 관객은 나를 주인공에 겹침으로써 현실을 살아가는 지혜와 힘을 얻는 것이다. 자기 투영형 소비는 말 그대로, 미래에 진정한 내가 되기 위해서 나를 투영할 수 있는 스토리를 가진 상품이나 기업을 응원하는 것이다. 그 상품을 구입함으로써 미래를 향한 가능성과 내일을 향한

활력을 손에 넣는다고나 할까?

물론 모든 사람이 이런 식으로 소비하는 것은 아니다. 생활을 충족해야 하는 경우도, 자기과시가 필요한 경우도 있다. 그래서 "특별 할인!", "당신도 연봉 2억!"과 같이 욕망에 호소하는 방식도 아직 효과가 있다. 그러나 시대의 트렌드를 생각하면 그런 고전적인 접근 방식으로는 일시적인 성공밖에 얻을 수 없고, 안정되고 장기적인 비즈니스 모델을 만들기 어렵다. 부유층이나 감성적인 창조 분야에서 일하는 사람들, 젊은이처럼 트렌드를 만들어 내는 사람들은 급속히 '자기 투영형 소비'로 이동하고 있다. 이제 경제와 소비의 개념이 완전히 바뀌는 것은 시간 문제다.

다음으로 중요한 질문은 "새로운 고객은 어떤 스토리에 자기 투영을 하는가?"이다. 고객은 스토리에 공감하면서 회사나 상품에 관심을 보이고는 미래의 자기에게 필요하다고 확신한 후에 구입하기 때문이다. 자기 투영을 하는 스토리의 구조는 다음 페이지의 차트 [3-3]을 보면 쉽게 이해할 수 있다. 차트 [3-3]의 내용은 매우 단순한 원칙이다. 고객이 진정한 내가 되기 위해 걸어야 할 길을 이미 기업이 걷고 있는 경우, 그곳에 공감이 태어나고 자기 투영이 시작된다.

모든 고객이 자신의 나아갈 길을 말로 설명할 수 있는 것은 아니다. 아무도 이해해 주지 않는 외톨이인 자신의 생각을 알아차리고 형태로 만들어 준 기업을 만난 순간, "그래! 바로 이런 걸 찾고 있었어!"라고 공감하는 것이다. 또한 기업이 걷고 있는 길과 지구 전체가 걸어야 할 길이 일치하면 많은 사람이 그 기업에 공감하게 된다. 고객의 가치관이 다

개인의 행복을 사회의 행복과 연결할 때 세계적 시장을 만들 수 있다

양해진 가운데 모든 사람의 지지와 응원을 받고 세계적 비전(스토리)을 외치는 기업은 국경이 없는 웹상에서 화제에 오르고, 실재 시장에서 지지자가 늘어난다.

이 삼중 구조의 원을 일치시키는 최강의 스토리 소재는 환경 관련 사업이다. 그곳에는 다양한 고객과 사원이 자기 투영을 할 수 있는 커다란 세계관이 있고, 지금 당장 해야 한다는 긴급성이 존재한다. 그 밖에 설득력 있는 스토리를 만들 수 있는 분야는 에이즈 같은 질병과 빈곤, 식량 문제를 비롯해 장애인 지원, 전통과 문화의 존중, 지역성 부활, 여성 존중 등 세상을 더 좋게 만들기 위한 모든 분야이다.

이렇게 말하면 인도적인 활동을 이익 추구의 수단으로밖에 보지 않는다고 오해할 사람도 있겠지만, 내 의도는 정반대다. 지금까지 비즈니스 세계에서 사회 공헌에 대해 말하면 유치하다고 손가락질을 받기 일쑤였다. 금융기관에서도 "높은 이념을 외치는 경영자일수록 이익을 내지 못한다"라고 하면서, 사회 공헌에 목소리 높이는 경영자를 삐딱하게 보는 일이 많았다.

내가 하고 싶은 말은, 사회 공헌으로 위장하면 마케팅 면에서 유리하다는 말이 아니다. 환경에 대한 공헌을 마케팅 메시지에 넣는 것을 '그린 노이즈green noise'라고 하면서 비호감으로 바라보는 시선이 느는 것도 사실이다. 나는 사회에 대한 기업의 자세를 설득력 있고 일관성 있는 스토리로 승화하자는 말을 하고 싶다. 체제를 가장하기만 해서는 안 된다.

중요한 점은, 유치한 이상을 진심으로 말하고 계속 실천하는 경영자가 아니면 이익을 낳기 어려운 시대가 되었다는 것이다. 지금까지 '스토리'는 비즈니스와 별개로 취급했다. 하지만 자기 투영형 소비가 고수익을 낳는 시대에는 기업 활동의 중심에 반드시 세계관을 동반한 스토리가 있어야 한다.

다시 말해, 비즈니스 자체가 세계를 무대로 한 양질의 스토리로 이루어져야 한다. 더구나 기업 활동의 모든 분야에서 일관성을 유지해야 하기 때문에 직장인에게는 지금까지와 다른 종류의 기술, 즉 시나리오 구성과 스토리텔링storytelling 기술이 필요한 것이다. 세계적인 베스트셀러 《새로운 미래가 온다A Whole New Mind》를 펴낸 다니엘 핑크는 "(미래에 필요한 인재는) 비즈니스 스쿨에서 MBA를 취득한 사람이 아니라 아트스쿨에서 MFAmaster of fine arts(예술학 석사)를 취득한 사람이다"라고 말했다. 그런 인재가 필요한 것은 미래가 아니라 바로 지금이다.

4원칙: 스토리에 자연스럽게 들어갈 수 있는 도화선

—

뛰어난 스토리에는 한 가지 공통점이 있다. 색 바랜 책을 읽는 사이에 스토리 속 등장인물이 되었다는 미하엘 엔데의《끝없는 이야기》. 새하얀 토끼를 따라가다 구멍에 떨어지는 바람에 환상의 나라로 들어간 루이스 캐럴의《이상한 나라의 앨리스》. 옷장 안으로 들어가자 눈 덮인 숲속이 나타나는 C. S. 루이스의《나니아 연대기》. 이 세 가지 뛰어난 스토리들은 주인공이 일상 세계에서 다른 차원으로 빨려 들어가 인간으로 성장함과 동시에 독자는 자신을 주인공에 겹쳐 마음으로 성장한다는 공통점이 있다. 다시 말해, 스토리에 빨려 들어가는 것이다.

이와 같은 현상은 영업을 하지 않아도 고객이 모이는 사업에서 똑같이 일어나고 있다. 네이밍에 시선이 끌리고 태그라인을 통해 관심이 높아져서 대답을 찾기 위해 검색창에 입력한 순간, 생각도 하지 못한 새로운 세계가 펼쳐지는 것이다. 여기서 중요한 것은, 즉시 스토리의 세계로 빨려 들어가는 것이다. 도쿄마라톤의 경우에는 즉시 추첨에 응모할 수 있었다. 그 결과, 친구들도 이야기에 빨려 들어가서 비일상적인 세계가 펼쳐졌다.

도쿄마라톤만이 아니다. 영업을 하지 않아도 고객이 모이는 사업은 검색한 후에도 끊임없이 새로운 세계로 이어진다. 프라이탁은 전 세계 어디서나 스위스 공장에서 수백 종류의 가방을 가져올 수 있다. 마치 스위스의 상큼한 공기까지 전해 주는 듯하다. 아이폰을 판매하는 애플사에서는 웹사이트에서 아이팟을 주문하면 고객이 원하는 글자를 새겨 준다. 또 프로덕트레드product red라는 한정 기종을 구입하면 매출의 일부를 에이즈나 결핵, 말라리아 등 난치병대책협회에 기부한다. 파타고니아는 웹에 서핑 앰배서더surfing ambassador라는 서핑계界 사람들을 몇 명 소개하여, 파타고니아의 옷을 입으면 그들과 똑같은 세계에서 살고 있다는 기분을 느끼게 한다.

이와 같이 웹은 새로운 세계의 문이 되고 있다. 새로운 세계는 경계선이 거의 없다. 화장품 회사에서 마사지 메뉴를 제공하고, 식재료 회사에서 가방과 티셔츠를 팔며, 의료품 회사에서 환경문제에 관한 강연회를 개최하는 식이다. 그 사업의 주력 상품만이 아니라 영역을 뛰어넘어서 스토리의 관련 상품으로 확대되는 것이다.

이런 스토리를 "웹사이트에서 직접 살 수 있도록 관련 상품을 갖추면 된다"라고 표면적으로 받아들이면 안 된다. 실제로 이 현상에서 깨달아야 하는 것은 매출을 올리기 위한 얄팍한 연구가 아니다.

지금 밑바닥에서 일어나는 현상은 구입 과정에서 나타나는 고객의 대변혁이다. 이 엄청난 흐름을 파악하고 지금부터 대책을 세우지 않으면 현재의 영업 체제는 머지않아 시대에 뒤처지게 된다. 지금부터는 영업 현장이 어떻게 바뀌고 있는지, 현재 진행되고 있는 상황을 간단히 소개하기로 한다.

정보의 수도꼭지가 사방을 에워싼 결과로 영업에서 가장 크게 바뀐 점은, 고객이 상품을 구입하기 직전까지 기업에 접촉하지 않는다는 것이다.

예전에는 원하는 물건이 있으면 구입 여부를 판단하기 전 기업에 접촉했다. 상품에 관한 정보를 기업이 가장 많이 갖고 있었기 때문이다. 그러나 지금은 검색 엔진의 수도꼭지만 틀면 정보가 바로 쏟아진다. 자동차의 카탈로그를 신청하지 않아도 인터넷 화면에서 PDF 파일로 즉시 볼 수 있다. 유튜브에 가면 자동차 평론가의 시승기와 전 세계 매스컴의 최신 보도 영상을 즉시 볼 수 있다. 영업사원을 만나기보다 인터넷을 이용하는 편이 더 자세한 정보를 얻을 수 있는 것이다. 그 결과, 고객은 신분을 밝힐 필요가 없고 억지로 강매를 당할 위험도 없어졌다.

기업 쪽에서 보면, 잠시 생각하고 나서 구입하는 '조만간 고객'이 없어지고 '지금 당장 고객'만 남은 것이다. 언뜻 보기에는 기업에게 유리한 것 같지만, 실제로 '지금 당장 고객'을 모으기는 대단히 어렵기 때문에 대책을 세우지 않으면 파리만 날리게 된다. 예전 같으면 카탈로그를 보내면서 영업 활동을 할 수도 있지만, 바야흐로 노력할 방법이 없어진 것이다.

마케팅 용어로 설명하면, 구입 과정이 고전적인 'AIDMA'에서 'AISAS'로 바뀌었다고 할 수 있다. AIDMA는 고객이 상품을 구입할 때까지 '주의attention, 흥미interest, 욕구desire, 기억memory, 행동action'이라는 순서를 거치는 것이다. 이 과정에서는 흥미 → 욕구 → 기억 → 행동 등 구입에 관한 대부분의 분야에서 영업사원이 노력할 수 있었다.

그런데 지금은 AISAS(주의, 흥미, 검색, 행동, 공유)로 바뀌었다. 앞에서 설명한 것처럼 구입을 판단하는 가장 중요한 순간은 검색으로, 예전에 영업사원이 역량을 발휘했던 상품 설명 부분을 검색엔진이라는 기계(로봇)가 대신하게 되었다. 이런 상황에서 매출을 높이려면 고객이 기업에 접촉하기 전의 검색 단계에서 영향력을 발휘해야 한다. 성공의 열쇠가 상품 유통전략에서 정보 유통전략으로 바뀐 것이다.

이런 상황에서 정보 유통을 자사에 유리하도록 조종하려면 어떻게 해야 할까? 맨 먼저 검토해야 할 것이 영상 콘텐츠의 유통이다. 지식사회가 본격적으로 성장하는 것은, 라디오에서 TV로 바뀌며 고도성장기가 시작된 것처럼 텍스트를 대신하여 영상이 중심이 되는 순간이다. 영상 유통은 이미 휴대 단말기와 게임 단말기를 비롯하여 여러 가지 미디어를 통해 급속히 확대되고 있다. 이때 구입 판단에 필요한 정보가 담긴 영상이 있으면 단숨에 영향력을 높일 수 있다.

한 가지 예를 들어 보자. 어느 댄스 강사가 자신의 춤추는 영상을 유튜브에 올렸다. 10분간 녹화한 간단한 영상이다. 처음에는 아무 일도 일어나지 않았다. 하지만 몇 주 후 변화가 나타났다. 지금까지 하루에 몇 명밖에 보지 않던 영상에 수백 명, 수천 명이 몰려들면서 어느새 유튜브의 추천 영상으로 자리 잡은 것이다. 방문자는 계속 증가하여 3주 만에 10만 명, 3개월 만에 50만 명, 1년 후에는 170만 명을 넘었다. 그

때까지 무명에 불과했던 댄스 강사는 1년도 되기 전에 일본보다 외국에서 먼저 유명해지고, 그녀의 공연을 보기 위해 팬들이 비행기를 타고 몰려들었다. 유튜브 신데렐라의 탄생이다.

고작 10분을 투자했는데도 영상은 확대 재생산을 거듭하면서 엄청난 고객을 끌어들였다. 영업사원들은 이런 현상을 어떻게 이용할 수 있을까? 지금까지의 제안 내용을 좀 더 양질의 콘텐츠로 높여서 세미나를 개최하고, 그 세미나를 녹화해 편집하여 자사의 홈페이지나 동영상 사이트에 올리는 것이다.

물론 그렇게 한다고 해서 금세 유튜브의 신데렐라처럼 될 수 있을 리는 만무하다. 하지만 그 과정에서 커다란 부산물이 태어난다. 지금까지 해왔던 1 대 1의 제안 영업을 1 대 100의 세미나 영업으로 바꿀 수 있는 것이다. 그리고 세미나에 모인 예상 고객의 구매욕에 따라서 개별 영업을 하거나, 뉴스레터를 보내든가 특별 이벤트를 제공하는 등 계속해서 영업 활동을 전개하면 전체의 영업 정밀도를 비약적으로 높일 수 있다. 또 세미나를 영상으로 만들면 1 대 1,000의 영업도 가능해진다. 동영상 사이트에 올려 두면 예상 고객은 언제든지 당신의 프레젠테이션을 볼 수 있지 않은가. 더구나 세미나 내용을 책으로 출판하면 '선생님'이라고 불리고, 강연회를 개최하면 수강료도 받을 수 있다. "영업사원이 어떻게 책을 내겠는가?"라고 고개를 갸웃거릴지 모른다.

하지만 서점의 경제경영서 코너에 있는 책들을 자세히 살펴보면 생각이 달라질 것이다. 시대가 바뀌면서 무명 저자의 책이 다달이 쏟아지고 있다. 소규모 파티에 가면 명함 대신 자신의 책을 주는 일도 더는 특별한 일이 아니다. 상황이 여기에 이르면서 고객 획득 비용의 개념이 바뀌고 있다. 고객을 얻기 위해 비용이 드는 게 아니라 획득 과정 자체에서 이익이 발생하므로 매우 우량한 비즈니스 모델을 구축할 수 있다. 대학 입시 학원의 강사에 비유하면 쉽게 이해할 수 있으리라. 예전에 수강생 수는 교실 크기에 한정되어 있었다. 그런데 교실이 점차 대형화되면서 지금은 전국에서 인터넷 강의를 들을 수 있게 되었다. 그 결과, 한 명의 강사가 수만 명을 가르치게 되면서 유명 강사는 연봉을 수십억 원에서 수백억 원까지 받고 있다. 일류 영업사원에게도 그와 똑같은 현상이 나타나게 된 것이다.

다음에 검토해야 할 것은 구입 판단을 위한 신뢰성과 권위 있는 정보의 제공이다. 정보 민주화가 진행된 결과, 고객은 기업에서 보내는 정보뿐 아니라 다양한 상품 정보를 손에 넣을 수 있게 되었다. 이는 자유와 부자유를 동시에 안겨 주었다. 이제 고객은 원하는 물건이 무엇인지 모르면 구입할 물건을 선택할 수 없다. 진정한 자신을 찾고 있지만 진정한 자신이 누구인지 알 수 없다. 그런 경우에는 "무엇을 사야 하는가?", "나는 누구인가?"라는 것에 관한 정보를 찾게 된다.

이렇게 명확하지 않은 상태에서 인터넷 공간을 떠돌지만, 그곳에는 너무도 다양하고 너무도 모순된 정보가 넘치고 있다. 그곳에서 신뢰할 수 있는 정보원을 구하는 방법은 두 가지다.

첫째, 전문가의 의견을 듣는 것이다. 제3자가 전문가로 인정하는 사람의 정보는 출처가 분명하지 않은 다른 정보에 비해서 읽을 만한 가치가 있다. 그런 필요성에 착안해서 만든 것이 전문가가 정보를 제공하거나 안내하는 종합 정보 웹사이트인 '올어바웃All About'이다. 광고 사업을 주축으로 발족했지만 웹사이트를 오픈한 지 5년 만에 20억 엔이 넘는 매출을 기록하면서 자스닥JASDAQ에 상장했다. 어떤 상품을 사야 할지 모르는 고객을 전문가의 추천 상품으로 직접 연결해 준다. 올어바웃의 전문가 집단은 고객이 원하는 상품을 추천하는 데 안성맞춤이다. 올어바웃 쪽에서는 2006년부터 인터넷에 '스타일스토어'를 만들어서 광고 사업과 함께 커다란 기둥이 되기를 기대하고 있다.

둘째, 전문가를 모으는 것이 아니라 전문가를 양성하는 것이다. 가장 좋은 사례는 일본 채소&과일 마이스터 협회를 들 수 있다. 이 협회는 '채소 소믈리에'로 알려진 채소&과일 마이스터 인정 제도를 만들어서 단기간에 안정적인 사업 모델을 구축했다. 수강료 약 100만 원의 강좌에 2만 명이 넘는 수강생이 몰려들었다. 식생활 정보가 범람하는 가운데 과학적으로 인정된 영양 정보를 배우는 강좌로, 그곳에 모인 2만 명의 수강생이 식생활의 '인플루언서'로 변한다. 인정 제도를 만듦으로써 단기간에 인플루언서 집단을 만든 것이다. 현재 그들의 영향력은 업계 지도를 다시 만들어야 할 정도다. 최근 협회에서는 여러 대형 식품 업체와 공동으로 상품을 개발하기 시작했다. 협회 마크를 붙이면 2만 명의 헤비 유저가 생기기 때문으로, 마케터의 관점에서 보면 수백 년 전통의 대기업이 10년도 채 안 된 단체의 신뢰성에 의지하게 되었다고 해도 과언이 아니다.

정보를 효과적으로 유통하는 지식사회에서 고객에게 강력한 영향력을 발휘하는 것은 지식을 체계화해서 전하는 힘이다. 그런 상황에서 중요한 것은 '신뢰성 높은 구입 판단 기준을 이해하기 쉽게 가르치는 학습 콘텐츠를 얼마나 훌륭하게 만들 수 있느냐'는 것이다. 양질의 콘텐츠는 어디서나 영상을 꺼낼 수 있는 새로운 시대의 바람을 타고 널리 전파된다. 민들레 씨앗이 아니라 비즈니스의 씨앗이 멀리멀리 날아가서 아름다운 꽃을 피우는 시대가 열린 것이다.

5원칙: 서브 에피소드를 공유하는 장

-

스토리 속으로 빨려 들어가서 자기 투영을 한 고객은 어디로 향할까? 고객이 자신을 스토리의 주인공으로 생각한다면, 그곳에는 관객이나 함께 연기하는 사람이 있어야 한다. 그래야만 주위 사람과 스토리를 공유할 수 있지 않은가. 도쿄마라톤의 추첨에 응모한 직후 내가 몇몇 친구에게 권한 것이 전형적인 행동이다. 고객은 상품 이용을 통해서 이번에는 자신의 개인적인 스토리를 전개한다. 그러면 메인 스토리에 관련된 고객 한 사람 한 사람의 서브 에피소드sub episode가 태어난다. 인터넷 시대에는 이것이 강력한 마케팅 테크닉이다.

서브 에피소드가 잇따라 태어난다는 것은, 그 상품에 관한 기억하기 쉬운 정보가 도처에 넘치고 사람들이 그것에 관해 말한다는 뜻이다. 혼다의 스포츠카인 NSX의 브랜딩 전략이 가장 좋은 사례다. NSX는 제조를 중단했음에도 불구하고 전 세계에 팬들이 있어서, 지금도 계간으로 뉴스레터를 발행하고 해마다 서킷circuit 이벤트를 개최하고 있다. 뉴스레터에는 부정기적이기는 하지만 NSX 주인의 서브 에피소드가 소개되곤 한다. 2008년에 발행된 10호에는 40만km를 달린 한 남성의 인터뷰가 실렸다. 좌석이 다 닳은 NSX를 앞에 두고 자신의 애차愛車와 함께한 나날들을 회상하며 말하는 남성의 눈에는 눈물이 그렁그렁 맺혀 있었다. 상품과 함께 성장한, 멋진 스토리에 나오는 주인공의 모습이다. 이런 에피소드를 읽고 감동한 다른 차주들은 각각 자신들의 에피소드를 말하기 시작한다. 그러면 수백, 수천의 에피소드가 씨실과 날실이 되어 전체적으로 커다란 '장場'이라는 천을 만든다. 그 '장'을 만난 사람들은 감동하며 '나도 언젠가 NSX를 타고 싶다'라고 생각하게 되는 것이다.

브랜드를 열렬한 팬의 숫자라고 한다면, 서브 에피소드 수집은 지식사회에서 브랜드를 구축하는 최단이자 최적의 방법이다. 그러나 메인 스토리의 질이 높지 않으면 서브 에피소드는 결코 태어나지 않는다. 애초에 NSX는 혼다의 창업자인 혼다 소이치로가 개발한 슈퍼커브를 뛰어넘는 차를 만들겠다는 꿈의 실현이다. 당시 F1에서 연전연승을 거둔 혼다가 6년의 세월을 투자해서 만든 차로, 처음 등장했을 때는 모터 저널리스트들의 간담을 서늘하게 만들었다고 한다. 전 세계 스포츠카를 역사의 뒤안길로 밀어 놓았기 때문인데, 개발 스토리가 소설로 출간되었을 정도다. 이런 식으로 메인 스토리에 확실한 축이 있으면 잇따라 서브 에피소드가 태어난다.

브랜드를 중시하는 사업들은 모두 에피소드를 모으고 있다. 나이키에서는 'NIKE+와 당신의 멋진 스토리'라는 제목으로 사용자의 체험기를 모집하고, 긴가 코겐에서는 '긴가 코겐을 만난 에피소드 대모집!'이라는 제목의 이벤트를 실시하고 있다. 또한 파타고니아에서는 "스토리가 있으면 사람들에게 영향을 끼칠 수 있고, 지역사회의 문제점을 자세하고 명확하게 보여줄 수 있다"라고 하면서 홈페이지에 환경 에세이를 싣고 있다.

자기 투영형 소비의 사회에서는 자연스러운 하나의 흐름으로 서브 에피소드의 모집이 점점 더 많아질 것이다. 그러면 온라인에서나 오프라인에서 당신의 상품과 회사에 대해서 말할 기회가 늘어난다. 그 스토리가 확대되면서 만들어진 '장'이야말로 내가 충동적으로 '도쿄마라톤'을 검색한 배경이다. 즉, 단순한 충동이 아니라, 확대된 스토리의 세계를 접함으로써 태어난 필연인 것이다.

영업하지 않아도 고객이 선택하는 사업에서 공통으로 나타나는 다섯 가지 원칙에 대해서 지금까지 살펴보았다. 이 장의 내용을 정리하면 다음 페이지의 차트 [3-4]와 같다.

1. 고객이 구입을 판단하는 진실의 순간에는 반드시 검색이 있다.
2. 수익을 올리려면 지명 검색이 되어야 한다. 그러기 위해서는 기억에 남는 네이밍이 중요하다.
3. 네이밍은 배경에 있는 스토리를 '대답'으로 끌어내는 '질문'이다.
4. 회사나 상품이 가진 스토리는 고객이 자기 투영을 할 수 있는 내용이어야 한다.
5. 기업은 자기 투영을 한 고객이 서브 에피소드를 공유하는 '장'을 마련

중요한 것은 요소가 아니라 그것을 만들어 내는 '무엇'이다

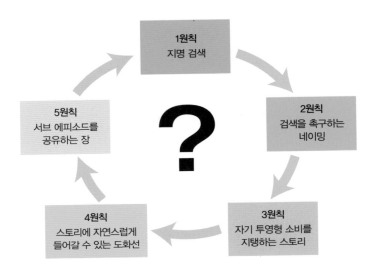

해야 한다.

6. 그 '장'에 반복적으로 접촉한 새로운 고객은 구입을 향한 시기가 성숙했을 때 충동적으로 지명 검색을 하게 된다.

위와 같이 열거해 놓고 보니 전혀 관계가 없는 요소들을 한데 묶어 놓은 것처럼 보인다. 각각 다른 내용이 서로 독립해 있는 것처럼 보이지만, 중심에 있는 본질은 필요에 따라 형태를 바꾸어 나타난다.

그러면 차트의 중심에 있는 것은 무엇인가? 그 답에 대해서는 다음 장에서 살펴보기로 하자.

4장

전뇌사고
모델

진공의 힘

사람이 모이는 중심에 있는 것은 바로 진공眞空이다. 도쿄의 중심에 왕궁이 있고 뉴욕의 중심에 센트럴파크가 있으며 런던의 중심에 하이든 파크가 있는 것처럼, 도시의 소란스러움이 소용돌이치는 한가운데에는 정적의 공간인 진공이 있다. 아무것도 없으면서도 무엇인가 가득 찬 곳. 모든 것이 빠져나가 있으면서도 모든 것을 모으는 곳. 스스로는 변하지 않으면서도 변화를 일으키는 근원. 그곳에 있는 것조차 잊었는데도 굉장한 존재감을 느끼게 하는 엄숙한 공간.

그 진공이 지식사회에서 성공하는 사업의 다섯 가지 원칙의 중심에 있다. 보이는 것은 오직 주변에 있는 구체적인 '원칙'뿐이다. 체크리스트를 채우듯 그 하나하나를 만족시키면 사업이 성공할 것 같은 생각이 든다. 하지만 주변에 있는 각각의 원칙은 전부 진공이 형태를 바꾼 것이다. 영향력은 한가운데에 있는 진공에서 뿜어 나오고 있다. 따라서 아무리 겉으로 보이는 원칙을 흉내 내도 본질을 손에 넣을 수는 없다. 그런데 깊은 생각에서 비롯된 말의 빛이 가끔 진공에 구멍을 뚫어 힘을 해방시킨다.

그 순간, 아무도 상상하지 못한 새로운 세계가 나타난다. 이를테면 "도쿄가 하나 되는 날(도쿄마라톤의 태그라인)"이라는 네 마디의 말. 이 말을 듣는 순간 사람들은 어떤 광경을 볼까? 어떤 소리를 들을까? 어떤 감정을 품을까? 그때까지 느낀 적이 없는 새로운 세계! 준비하는 사람, 응원하는 사람, 달리는 사람이 아무런 구별 없이 모인다. 도시에서 이미 사라진 일체감이 돌연 빌딩의 계곡 사이로 나타나는 것이다.

역사를 바꾼 "Yes, we can"이라는 세 마디. 오바마 대통령의 취임식에 참석하기 위해 혹한의 워싱턴 D.C.에 모인 200만 명은 어떤 광경을 보고 무슨 소리를 들었을까? 그들이 본 것은 미국 역사상 최초의 흑인 대통령이 아니고, 그들이 들은 것은 새 대통령의 취임 연설이 아니다. 그들이 그곳에서 발견한 것은 "어떤 어려움도 극복하고 계속 살아간다"라는 내적인 각오와 새로운 미국의 모습이다.

진공의 힘을 해방한 말은 삶이 불투명한 시대에 생생한 재생력을 안겨 주고, 봉인되었던 스토리를 다시 흐르게 한다. 정체된 세계를 더 멋진 세계로 성장시키고 발전시키는 말들을 어떻게 끌어낼 수 있을까?

스토리를 무기로 만드는 힘의 원천

지식사회 사업 성공의 본질, 즉 다섯 가지 원칙의 중심에 있는 진공에 구태여 이름을 붙인다면 스토리 스트리밍 콘셉트SSC, story streaming concept라고 할 수 있다. '스토리를 흘러넘치게 하는 중심'이란 뜻으로, 고객이 자기를 투영하고 살아갈 힘을 되찾는 원천이다. SSC가 있는 사업을 만나는 순간, 고객의 머릿속에서는 새로운 '나'가 되는 스토리가 시작된다. SSC를 말로 표현하는 일도 있지만, 말로만 나타낼 수는 없다. 말과 함께 소리와 빛, 색깔, 온도, 냄새, 촉감 등 모든 감각 이미지의 집합체이기 때문이다. SSC가 있는 사업은 사람의 행동을 강요하지 않고 자연스럽게 끌어낸다. 한 사람 한 사람의 머릿속에 미래를 향한 희망의 시나리오가 있어서 자연스레 행동으로 나타나는 것이다.

"진정한 아름다움은 행동을 동반한다(아베다의 태그라인)."

이 메시지를 만난 고객의 머릿속에는 상품의 이미지뿐 아니라 미래를 향한 자신의 스토리가 흘러넘친다. 그로써 아베다의 상품을 구입함과 동시에 사고와 행동이 바뀌면서 재활용하기 시작하는 것이다.

"'최고'에 만족하지 않는다(구글의 태그라인)."

이 메시지를 진심으로 만나면 구글에서 검색할 때마다 고객의 머릿속에서는 더욱 위쪽을 향하라는 메아리가 울려 퍼진다. 새로운 서비스를 경험할 때마다 가능성이 확대되면서 현재 상황을 타파하려고 한다. 키자니아의 역사에는 다음과 같은 스토리가 깃들어 있다.

"더 이상 기다릴 수 없어!"

아이들을 움직이는 생각은 한 장소만이 아니라 모든 대륙의 다양한 문화권에 사는 아이들의 마음에 깃들었습니다.

"더 좋은 세계를 만들고 싶다."

이것은 단순한 반항심이 아니라 이념과 책임감 넘치는 생각이었습니다.

"나라면 세상을 더 즐겁게 만들 수 있는데", "더 이상 기다릴 수 없어!"

그 순간, 아이들의 생각은 세계로 확대되었습니다.

이 메시지를 만나면 아이들이 주인공인 스토리가 흘러넘친다. 그 결과, 아이들은 키자니아의 공간에서 시간을 소비하는 게 아니라 마음의 토양에다 미래에 성장할 씨앗을 심게 된다.

이런 사업에서 고객은 과거의 축적을 소비하지 않고, 미래를 향한 행동과 창조에서 가치를 발견한다. 어떻게 하면 이렇듯 스토리가 흘러넘치고 적극적으로 행동하는 개념(SSC)을 만들 수 있을까?

유감스럽지만 이것은 테크닉으로 태어나는 것도, 의도적으로 그릴 수 있는 것도 아니다. '아이디어가 내려온다'는 말로 표현할 수밖에 없는, 어쩌면 인간의 영역을 초월한 것일지도 모른다. 하지만 우연과 기적이 내려오도록 미리 준비할 수는 있다. 토양을 일구어 두면 아이디어의 씨앗이 내려와 저절로 싹트고 성장하기 시작한다. 결과의 차이는 씨앗이 내려오느냐 여부가 아니라, 토양을 일구느냐 여부로 정해지는 것이다. 중요한 것은 이상적인 미래를 받아들일 수 있도록 미리 준비하는 것으로, 그때 당신을 최대한 지원하고 도와주는 것이 전뇌사고 모델이다.

SSC = 스토리가 흘러넘치는 핵심적인 메시지

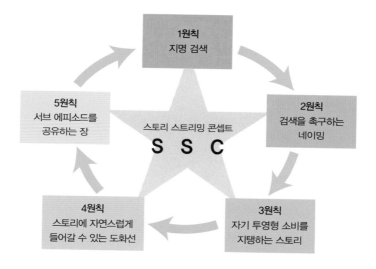

전뇌사고 모델로 할 수 있는 것

전뇌사고 모델은 매우 간단한 차트 한 장이다. 특별한 도구나 기술은 전혀 필요 없다. 종이와 펜, 그리고 머리만 있으면 행동과 결과를 낳는 양질의 사고를 시작할 수 있다. 새로운 것을 배울 때, 누구나 처음에는 어렵다고 느끼게 마련이다. 하지만 핵심을 파헤쳐서 살펴보면 초등학교 국어 시간에 배운 것과 똑같다. 만약 당신에게 초등학생 자녀가 있다면 비슷한 숙제를 집으로 가져오리라. 그만큼 단순하지만, 비즈니스에 응용한다면 엄청난 결과를 얻을 수 있다.

전뇌사고 모델을 사용할 최고의 타이밍은 쉽게 알 수 있다. 업무를 진행하다가 문득 다음과 같은 질문이 입에서 새어 나왔을 때이다.

"좋은 콘셉트가 없을까?"

"좋은 기획이 없을까?"

"좋은 해결책이 없을까?"

"좋은 네이밍이 없을까?"

이렇게 "좋은 ○○가 없을까?"라는 질문이 나오면 전뇌사고 모델이 등장할 차례다.

지식사회에서는 이런 추상적인 질문이 많아진다. 그러나 유감스럽게도 대답은 평생 얻을 수 없다. "지구를 구할 수 있는 좋은 방법이 없을까?"라는 질문처럼, 거대한 목적을 질문 하나로 해결하려는 것이나 똑같기 때문이다. 질문이 너무도 대략적일 때는 발상이 솟구칠 여지가 없다. 특히 기획과 제안이라는 창조적 과제에 대처할 때는 사고 모델, 즉무엇을 어떤 순서로 생각하느냐는 절차가 없으면 발상의 실마리를 찾기 어렵다. 오히려 "창조적인 일은 딱 질색이야"라고 좌절의 늪에 빠질 뿐이다.

전뇌사고 모델은 지난 10년간에 걸친 나의 컨설팅과 사업 경험을 토대로 수백 건의 기획을 분석하여 그중에서 성공한 패턴을 도식화한 것이다. 처음에는 나의 사고 정밀도와 효율을 높이기 위해서 개인적으로 사용했다. 특히 시간에 쫓길 때, 제안 영업의 콘셉트나 기획서의 구성안을 생각할 때, 10~15분만 있으면 커피라도 마시면서 아이디어를 만들어 낼 수 있기에 매우 소중하게 활용해 왔다.

그런데 그 이상의 효과를 실감한 것은, 클라이언트나 사원들이 "좋은 ○○가 없을까요?"라고 물어 왔을 때다. 즉시 대답을 들려주면 클라이언트나 사원들은 앞으로도 계속 혼자 생각하지 않을 것이다. 그래서 내가 개인적으로 활용해 왔던 사고 모델을 공유하기로 했다.

차트 4-2 전뇌사고 모델의 활용 사례 일부

"좋은 ○○가 없을까?"라는 말이 활용의 신호탄이다

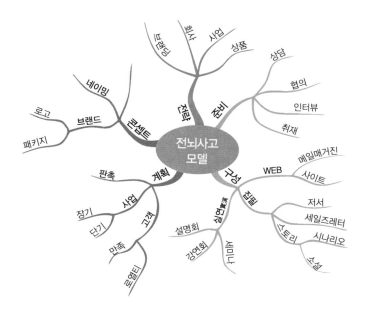

그러자 사고 모델이 있느냐, 없느냐에 따른 엄청난 차이가 생겼다. 사고 모델이 없을 때는 서로 허공을 바라보기에 이야기가 맞물리지 않는데, 모델이 있는 경우에는 서로 똑같은 차트를 바라보고 똑같은 질문에 대해 생각하고 똑같은 목표를 향해 똑같은 단계를 밟기 때문에 앞으로 나아갈 수 있게 되는 것이다.

또한 사고 모델을 활용해 회의하자, 사고 모델이 없을 때는 몰랐던 치명적인 잘못을 깨닫게 되었다. 보이지 않는 세계에서 일을 바라보면 시점이 일치하는 공통적인 대상이 없으므로, 똑같은 말을 쓰면서도 서로 다른 이미지를 떠올리는 일이 적지 않다. 예컨대, 어느 클라이언트가 유능한 디자이너에게 화장품 패키지의 디자인을 의뢰했다. 디자이너는 훌륭한 디자인을 세 가지나 제안했지만, 클라이언트는 결국 아무것도 채택하지 않았다. 담당자와 디자이너가 "에지가 있는 세련된 디자인"이라는 말을 똑같이 쓰면서도 정작 그 이미지는 전혀 다르게 떠올렸기 때문이다. 출판 현장을 예로 들면, 어느 베테랑 작가는 출판사에 보낸 원고를 전부 다시 써야 한다고 한탄했다. 작가와 젊은 편집자 사이에 책의 이미지가 전혀 달랐기 때문이다. "똑같은 말을 해도 세대가 다르면 외국인과 대화한다고 생각해야 한다"라면서, 작가는 당시 상당한 충격을 받았다고 한다.

이러한 일들은 내가 지어낸 유머가 아니라 유능한 프로들이 현장에서 되풀이하고 있는 실수다. 막대한 돈과 시간을 투자해서 디자인·책·프레젠테이션 등을 만들어도, 지식사회에서는 시점의 일치가 이루어지기 어려우므로 상대의 생각과 다른 것이 만들어지는 경우가 허다하다.

공업사회에 비유하면, 비싼 재료로 열심히 만든 제품이 불량품이 되는 것이나 마찬가지로, 품질관리가 되지 않은 상태에서 '만들면 버려지고 만들면 버려지는 사태'가 반복되는 셈이다.

대부분의 직장인은 과거의 업무 패턴을 효율적으로 반복하려고 한다. 반면에 경영자는 미래를 위해 업무 방식을 바꾸는 것이 급선무라고 생각한다. 그러다 보니 사원들이 경영자가 추진하고 싶은 방향과는 전혀 다르게 전속력으로 달려가는 현상이 발생하고 있다. 경영자는 "조금만 생각해 보면 쉽게 알 수 있잖아!"라고 어이없어하지만, 사원들 머릿속의 '사고 모델'이 경영자와 다르므로 경영자의 생각으로 귀결될 수가 없다.

지금만큼 '생각'이 필요한 시대가 없는데도 불구하고 무엇을 어떻게 생각해야 할지 아무도 모른다. 누구나 일은 열심히 하지만 생각하는 순서는 제각기 다르다. 그 결과, 의도하지 않은 분열이 일어난다. 나는 경영자로 일하면서 사원들과 관계자 전원이 사고 모델을 공유해야 한다는 것을 통감했다. 양질의 사고를 낳는 모델은 인프라로서 정착시켜야 한다. 그 이유는 첫째, 똑같은 목적지를 향하면서 의도하지 않은 분열이 일어나지 않도록 하기 위해서이고 둘째, 그들의 재능을 최대한 살리고 그들이 주인공이 되는 스토리를 만들기 위해서다.

참여하고 싶은 회의로 만드는 기술

솔직히 말해 이 책을 쓰는 또 하나의 이유는 내가 관계하고 있는 회사의 연수 자료로 사용하기 위해서다. 사고 모델을 바꾼 순간, 사원들의 사고 수준이 이전과 비교해 한두 단계 상승한 것이다.

여기에서 한 가지 사례를 소개하고자 한다.

전뇌사고에 의해 구체화된 기획
(방향성을 발견할 때까지 필요한 시간은 약 40분)

- 마인드맵 회의술 → 경험지 經驗知 를 끌어내는 마인드맵 회의술(강좌 콘셉트의 개선)

- 여성 간부를 위한 영어 회화 교실 → 당신의 미래를 함께 생각하는 배움의 파트너 '란셀주'

- 창조적 관리 연구회 → 'Creative F1'

- 출·퇴근자를 위한 포털사이트 → 사내 지식 검색, 지식 창조 플랫폼 '어안 魚眼'

- '필 굿 잉글리시' → '영어의 입버릇 매직'(서적 제목의 개선)

- '단순 논리적 사고' → '논리적인 낙서'(서적 콘셉트의 개선)

- 경영자 공개 강좌 → 브레인 스타들의 지적 교류 광장 '마이 넥스트 플라자'

사고 모델을 바꿈으로써 기획이 매우 구체적으로 변했다는 사실을 알 수 있으리라. 이해하기 어려운 내용을 이런 식으로 단시간에 형태로 만들 때 사용하는 것이 전뇌사고 모델이다.

전뇌사고 모델은 다음 페이지의 차트 [4-3]처럼 차트에 일러스트를 결합한 것이다. 일러스트를 사용하면 비즈니스 경험에 상관없이 누구나 편안하게 사고를 시작할 수 있다. 게다가 차트가 여러 장 필요한 것도 아니다. 한 장이면 기본적인 전체 이미지를 그릴 수 있다. 시점이 여기 저기로 분산되지 않고 차트 한 장에 모이므로, 사고를 시작하자마자 단숨에 집중력이 높아진다. 차트의 형태는 단순해도 내용은 상당히 깊다. 쉽게 이해할 수 있도록 지금부터는 단계별로 설명하기로 한다.

138쪽의 차트 [4-4]는 전뇌사고 모델의 체계도다. 어디까지 파 내려가느냐에 따라 퀵버전quick version과 풀버전full version으로 나뉜다. 잠시 생각을 정리하는 경우라면 퀵버전으로도 충분하다. 익숙해지면 직감적으로 요점을 알 수 있으므로, 15분에서 30분 정도로 충분히 질 높은 사고를 할 수 있다. 풀버전은 혼자가 아니라 팀을 이끌고 프레젠테이션을 해야 하는 경우, 또는 본인조차 깜짝 놀랄 만한 새로운 아이디어나 세상에 영향을 주는 기획을 만들고 싶은 경우에 커다란 효과를 발휘한다. 평균 두 시간에서 세 시간 정도 걸리는데, 시간이 언제 지났는지 잊을 만큼 즐거운 작업이 될 것이다.

또 풀버전은 전뇌사고 모델로 사용하지 않고 제각기 따로 사용해도 커다란 효과를 볼 수 있는 강력한 방법론이다. 어렵다고 생각한 이론이 실은 방을 정리하듯 자연스러운 작업이라는 것, 틀을 뛰어넘은 창조적

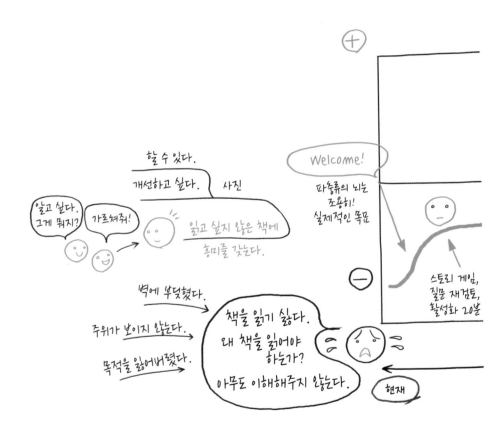

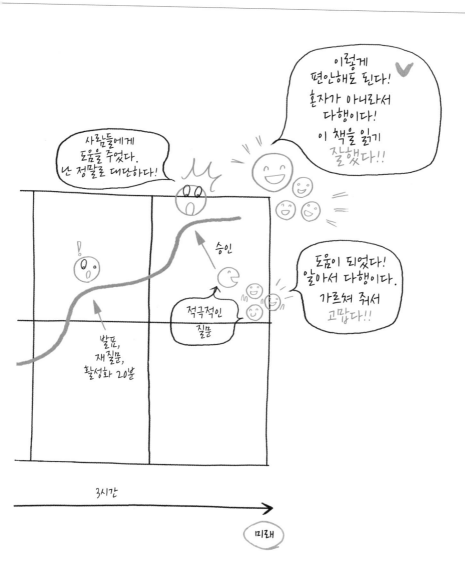

체계적으로 사용해도, 제각각 사용해도 강력한 방법론

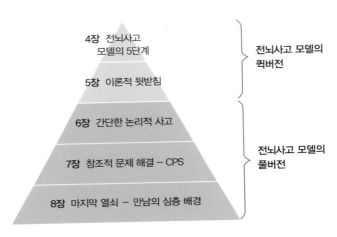

인 발상이 실은 아이들의 그림 그리기처럼 간단한 작업이라는 것, 그리고 남을 위해 일하는 것이 가장 많은 보수를 안겨 준다는 사실을 깨달을 수 있다.

전뇌사고 모델: 5단계(퀵버전)

지금부터 당신과 함께 전뇌사고 모델의 단계를 공유하고 싶다. 실천적 흐름을 이해하기 위해 2장에서 예로 든 '쿠시볼 사업 계획'에 도전해 보기로 한다. 퀵버전은 5단계다. 그렇게 정한 데에는 논리적인 배경이 있는데, 이는 다음 장에서 자세히 설명하기로 하고 지금은 흐름을 파악하기 바란다.

0단계: 준비

–

먼저 다음 페이지의 차트 [4-5]처럼 표를 그린다. 단순하게 보이는 이 표에는 비즈니스의 보편적 원칙이 포함된다. 가로축은 시간, 세로축은 상태의 변화를 나타낸다. 사업에서 당신의 업무는 다음의 변화를 완수하는 것이다.

상품이나 서비스를 통해 고객5의
'현재에 충족되지 않은 상황present negative**'을**
'미래에 충족된 상황future positive**'(120% 행복해진 상황)으로 바꿀 것**

이 원칙에는 예외가 없다. 고객은 변화를 느끼지 못하면 그 대가를 지불할 리 없다. 지금 당신이 읽고 있는 이 책도 마찬가지다. 이 책을 이틀 만에 읽었다고 하자. 여기서 내가 할 일은 이 책을 처음 들었을 당시 당신의 충족되지 않은 상황을 이틀 후 충족된 상황으로 바꾸는 것이다. 물론 당신은 이 책을 읽는다고 해서 이틀 후 비즈니스에서 큰 성공을 거두리라곤 생각하지 않으리라. 하지만 15,000원의 대가를 지불하고 이틀 후에는 '진정한 내가 되는 데 필요한 정보'를 얻고 싶을 것이다. 그

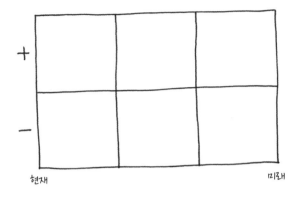

현재　　　　　　　　　　　　　　　미래

기대가 충족되지 않으면 당신은 즉시 이 책을 헌책방에 내놓아서 조금이라도 자금을 회수하고, 다시는 내 책을 쳐다보지도 않으리라.

고객이 지불하는 돈은 기대하는 변화에 대한 대가이므로, 교묘하게 기대를 끌어올려서 일시적으로 고객을 속일 수는 있다. 하지만 그런 사업은 반드시 파탄 상태에 빠지게 되어 있다. 정보가 신속하게 순환하는 지식사회에서는 고객의 불만을 숨길 수 없기에, 사업이 추락할 때까지 오랜 시간이 걸리지 않는다.

이 원칙은 누구나 실행하고 있으리라고 생각하기 쉽지만, 현실은 전혀 다르다. 사업이 복잡해질수록 까맣게 잊는 경우가 많다. 세대에 따라서는 비즈니스의 최우선순위를 사회 공헌이라고 여기는 사람도 있고, 이익이라고 여기는 사람도 있으며, 자기실현이라고 여기는 사람도 있다. 다양한 가치관이 혼재하는 가운데 사업을 원활하게 추진하기 위해서는 일을 진행하면서 이따금 보편적인 원칙으로 돌아갈 필요가 있다.

차트 [4-5]가 단순한데도 불구하고 상상 이상의 효과를 보이는 것은 가로축에 고객을 충족시키는 구체적인 기한을 설정했기 때문이다. 쿠시볼 사업을 예로 들면, 구입 후 언제까지를 '기대가 충족되지 않은 상황'으로 할지 구체적인 기한을 설정한다. 쿠시볼을 구입한 후 고객이 변화를 느낄 때까지의 합리적인 기간을 3주로 설정하면, 당신은 최종기한을 향해서 어떻게 하면 고객의 기대를 충족시킬 수 있을지 진지하게 고민하게 된다. 기한이 없는 사고는 기한이 없는 숙제처럼 실행하기 어렵다.

또한 이 차트를 활용할 때는 '미래에 충족된 상황'을 '120% 행복해진 상황'으로 바꾸는 편이 좋다. 성공하는 사업의 5원칙인 '서브 에피소드를 공유하는 장'을 만들기 위해서는 기대를 충족시킬 뿐 아니라 기대를 뛰어넘을 수 있도록 항상 신경을 써야 한다.

왜 하필 120%일까? 100% 충족은 고객이 지불한 돈과 맞교환하는 것뿐이기 때문에 감동이 태어나지 않는다. 일부러 블로그에 써넣거나 친구나 지인에게 권할 필요도 없다. 그런데 상품이나 서비스를 통해서 얻은 체험이 자신의 기대를 크게 뛰어넘었을 때, 심리학에서 말하는 반보성의 법칙(타인에게 받은 은혜를 갚아야 한다는 강박관념)에 따라 어떻게든 보답을 하려고 한다. 이런 선의의 순환이 사업을 성장시키는 원동력이 되는 것이다.

1단계: 고객의 미래

-

1단계에서는 '고객이 미래에 120% 행복해진 상황'을 자세하게 묘사한다. 작업은 크게 두 가지로 나눌 수 있다. 처음 작업은 아주 단순하다. 차트의 오른쪽 상단에 고객의 행복한 모습을 그림으로 그린다. 그림에 자신이 없으면 스마일 마크만 그려 넣어도 된다. 여기에서 중요한 것은 "나는 이 사업을 통해 누구를 기쁘게 만들고 싶은가?"라고 물으면서 그림을 그리는 것이다. 멍하니 있으면서 당신이 기쁘게 만들고 싶은 특정한 사람을 떠올린다. 상품이나 사업과 직접 관련이 없는 것처럼 보이는 사람이라도, '이 사람이 사준다면?' 하고 상상하면서 가슴 두근거리는 상대를 찾아보자. '두근두근'이라는 기분 좋은 감정에 스위치를 넣으면 의욕과 집중력이 높아지면서 창조성을 끌어낼 수 있다. 나중 작업에서 자세한 이미지를 쉽게 떠올릴 수 있도록 가능하면 구체적인 이름까지 거론하기를 바란다.

1단계에서는 추상적인 개념을 끌어내서는 안 된다. 되도록 마케팅 용어인 M2층, F2층 등은 들먹이지 않는 편이 좋다. 그 용어를 이해하려고 신경 쓰는 탓에 고객의 구체적인 이미지를 떠올릴 수 없기 때문이다. 추상적인 개념을 만드는 작업인 만큼 이 단계에서는 오히려 신체감각을 통해 느끼면서 구체적으로 생각하는 편이 좋다.

다음에 할 작업은 일러스트에 말풍선을 그려서 120% 행복해진 고객이 그 기분을 어떻게 표현할지 생각해 보는 것이다. "이걸 사용해 봤는데, ○○해서 정말 굉장해", "이런 회사가 있는데 ○○해서 감동했어"

라는 식이다. 여기에서 중요한 점은 고객의 미래 모습을 다면적으로 떠올리는 것이다. VAKFM의 관점에서 보면 지금까지 깨닫지 못한 고객의 입체적인 모습이 자연스럽게 떠오르리라.

- **V(visual, 시각):** 눈앞에 떠오르는 모습을 상상해 본다. 어디서 기뻐하는가? 그 기쁨을 누구에게 표현하는가? 그것에 대해 상대는 어떤 반응을 보이는가?

- **A(auditory, 청각):** 귀에 들리는 소리를 상상해 본다. 구체적으로 어떻게 말하는가? 목소리는 어떤 느낌을 주는가? 외침소리인가, 웃음소리인가?

- **K(kinesthetic, 감각):** 고객은 어떤 감각에 젖어 있는가? 가슴이 두근거리는가? 심장이 오그라들 만큼 감동하고 있는가? 마음이 급한가, 느긋한가?

- **F(fame, 명성):** 어떤 명성과 평판을 얻었나? 동료들이 한 수 접을 만큼인가? 매스컴의 취재를 받았나?

- **M(money, 금전):** 금전적으로 어떤 대가를 손에 넣었는지 구체적으로 상상해 본다. 부수입이나 임시수입을 얻었나? 승진했나? 연봉이 큰 폭으로 올랐나?

이런 식으로 이미지를 다면적으로 떠올리면 고객의 진정한 욕구를 온몸으로 이해할 수 있다. 쿠시볼 사업에 1단계를 적용하면 차트 [4-6] 같은 결과를 얻을 수 있다. 이 차트는 내가 개최한 전뇌사고 모델의 스

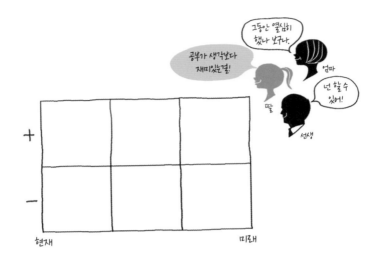

터디 클럽에서 한 여성 참가자가 실제로 써넣은 내용이다. 그녀가 기쁘게 만들기 희망했던 고객은 자신의 딸이었다. 딸은 초등학교 5학년생. 중학교 입시에 대비해서 학원에 다니기 시작했지만, 공부하는 습관이 몸에 배지 않는다. 쿠시볼을 손에 넣고 3주가 지난 후 딸이 120% 행복해진 상태란 어떤 상태인가? 그녀는 VAKFM에 따라 생각해 보았다.

V: 시험 결과가 좋아서 엄마와 함께 기뻐하고 있다.

A: "그동안 열심히 했구나"라고 엄마가 말한다. 그 말에 딸은 생글생글 웃으면서 말한다. "공부가 생각보다 재미있는걸!"

K: 자신감이 불끈불끈 솟는다. 가족 사이에 따뜻함이 퍼진다.

144

F: 학원 선생의 평가가 높아진다.

M: (어린아이라서 해당되지는 않지만 구태여 말하면) 생일에 조금 비싼 선물을 바랄 수 있지 않을까?

어떤가? 고객의 모습이 점차 입체적으로 떠오르지 않는가? 이 단계에서 중요한 점은 고객을 누구로 하느냐 하는 결정과, 미래에 120% 행복해진 고객이 '누구에게', '무엇을', '어떻게' 말하느냐는 것이다. 다만 지금 단계에서는 모든 것을 명확하게 하지 않아도 아무 문제가 없다. 전뇌사고 모델은 지그소퍼즐처럼 자신이 아는 부분부터 시작하면 되니까 신경 쓰지 말고 다음 단계로 나아가기 바란다.

2단계: 고객의 현재

-

1단계와 똑같은 작업을 이번에는 '현재'의 시점으로 한다. 1단계에서 떠올린 고객은 현재 어떠한 이유로 충족되지 않은 상태이므로, 차트의 왼쪽 하단에 고객의 표정을 그린다. 단순한 표시라도 상관없지만 표정을 세밀하게 그리면 더 재미있으리라.

'일러스트는 비즈니스와 아무 관계가 없으니 시간 들이지 않는 편이 좋다'라고 생각하는 분도 있겠지만, 실제로는 당신의 머릿속에 있는 이미지를 그리는 단계부터 고객의 내면을 파헤치는 작업이 시작된다. 따라서 일러스트를 그리면 평소에 생각하는 것보다 훨씬 깊은 깨달음을 얻을 수 있다. 고객의 현재 심경을 상상하는 작업은 설득력 있는 마케팅 계획을 세우는 데 매우 중요하다. 고객이 현재 껴안고 있는 문제점에 깊이 공감할수록 '이 사업을 통해 무엇을 해야 하는가?'라는 배경이 명확해지고 행동의 동기가 높아지기 때문이다.

이 작업도 1단계와 마찬가지로 VAKFM의 관점에서 이미지를 떠올리면서 대사를 채워 보자. 앞에 언급했던 스터디 클럽 참가자는 다음과 같이 써넣었다.

> V: 숙제가 뜻대로 되지 않는다고 짜증을 내고 있다. 어떻게 공부해야 좋을지 몰라 공책과 연필을 내던진 뒤 엄마의 잔소리에 말대꾸를 시작한다.
>
> A: 엄마가 "책상 앞에 똑바로 앉아. 마음을 가라앉히고 하나씩 하면 돼"라고 말한다. 그러자 딸은 "힘들어서 똑바로 앉을 수 없어……" 하며 울상을 짓는다.
>
> K: 긴장된 분위기. 딱딱해지는 표정.
>
> F: 학원 선생이 넌지시 "혹시 학습장애가 아닐까요?"라고 말한다.
>
> M: (어린아이라서 해당되지는 않지만 구태여 말하면) 공부 습관이 몸에 배지 않고 항상 게임만 해서 게임기를 뺏는 수밖에 없다.

0~2단계의 작업은 매우 단순하게 보이면서도 실제로는 상당한 정보를 파악하고 있다. 구체적으로 말하면 '고객을 기쁘게 만들 때까지의 합리적인 시간', '감정이입을 할 수 있는 고객', '고객이 가진 문제점', '고

객 만족을 실현하기 위한 구체적인 목표'라는 정보다. 객관적인 조사를 통해서 이만한 정보를 끌어내려면 엄청난 시간이 걸린다. 하지만 가설을 구축하는 단계에서 전뇌사고 모델을 사용하면 내부에 축적된 체험을 통해 가치 있는 정보를 이끌어 낼 수 있다. 더구나 상대의 눈으로 새로운 현실을 바라보면 일반적인 조사로는 알아내기 어려운 감정적 측면의 정보까지 파헤칠 수 있다. U 이론에서 말하는 3단계의 공감적 사고를 실현하는 것이다. 그러면 공급자의 일방적인 사업 전략이 아니라 고객과 함께 만들어 가는 뛰어난 사업 전략을 구축할 수 있다.

3단계: 클라이맥스

–

3단계에는 두 가지 작업이 있다. 먼저, 차트 [4-8]처럼 고객이 '현재에 충족되지 않는 상황'에서 '미래에 120% 행복해진 상황'에 이를 때까지의 과정을 그린다. 고객은 현재 상황에서 미래의 행복한 상황으로 일직선으로 이동하는 게 아니라 산과 계곡을 지나듯이 곡선으로 이동하는 것이 현실이다. 가치 있는 변화를 겪을 때는 반드시 마음이 흔들리며 예전의 상황으로 돌아가는 순간이 있다. 다이어트를 떠올리면 쉽게 이해할 수 있으리라. 가끔 포기하고 싶어도 괴로움을 극복하고 습관으로 만들어야 비로소 좋은 결과가 나오는 것이다.

자기 투영형 소비의 사업에서 현실적으로 생각하는 것은 매우 중요하다. 기업이 상품을 팔면 고객은 그 즉시 혜택을 받아들여 만족한 상황

에 이른다고 생각하기 쉽지만, 현실에서는 즉시 혜택을 받아들이는 것이 아니다. 생활충족형 소비나 자기 과시형 소비에서는 물건을 소유하고 있다는 만족감을 위해 돈을 사용했다. 하지만 자기 투영형 소비에서는 미래의 '나'에게 도달하기 위해 돈을 사용한다. 따라서 상품을 판매한 이후에 구매 고객의 행보까지 생각해 두지 않으면 깊이 있는 상품 가치가 태어나지 않는 것이다.

앞에서 40만km를 달린 NSX 차주의 에피소드를 소개했다. 이 사례는 상품을 구입한 시점에서 혜택이 끝나는 게 아니라 이후에 상품과 고객이 성장해 나가는 과정에서 중요한 혜택이 있다는 것을 보여 준다. 그

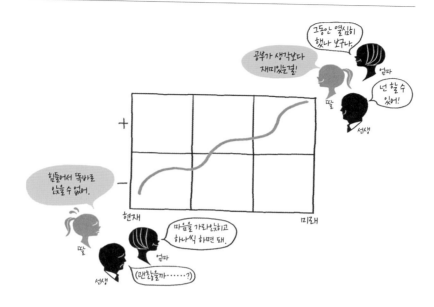

배경에는 자동차가 낡거나 고장이 나도, 새 차에 가깝게 수리해 주는 '리프레시플랜refresh plan'이라는 서비스가 있다. 수십 년에 걸쳐서 차와 차주가 함께 성장하는 스토리가 미리 설계되어 있는 것이다.

상품이 고객에게 일직선으로 혜택을 줄 수 있는 사업인 경우는 좋은 입구만 발견하면 성공할 수 있다. 반면에 산도 있고 계곡도 있는 곡선의 사업인 경우는 고객과 복수複數의 접점을 갖기 때문에 고객이 어디에 가치를 부여하는지 알아야 한다. 그런 사업에서 "좋은 입구가 없을까요?"라는 질문은 난센스라고 할 수 있다.

고객이 '현재에 충족되지 않은 상황'에서 '미래에 120% 행복해진 상황'에 이를 때까지의 과정을 그리고 나면, 드디어 클라이맥스에 접어드는 것이다. 클라이맥스란 '고객이 120% 행복해지는 직접적인 계기가 되는 사건'이다. 그때의 전형적인 반응은 "아하! ○○하기 위해서는 이렇게 하면 되는구나!"라고 이해한 후에 구체적인 행동을 검토하는 것이다. 상품 기획이라면, "바로 이런 것을 하고 싶었다!"라고 무릎을 칠 만한 상품. 사업 계획이라면, 그것만 실현하면 단숨에 최종 목적지에 도달할 수 있는 행동. 제안서라면, 그 부분만 설명하면 그 즉시 회의실 온도가 높아지는 페이지.

왜 이 단계에서 클라이맥스를 생각하는 게 중요할까? '현재'에서 '미래'를 생각하면 발상 자체가 과거의 연장이 되기 때문이다. 과거의 연속이 아니라 비연속적인 발상을 얻기 위한 최선의 방법이 클라이맥스부터 생각하는 것이다.

실제로 쿠시볼 사업에 적용해서 생각해 보자. "갑자기 클라이맥스를 어떻게 생각한단 말인가?" 어쩌면 당신은 이렇게 말하며 화를 낼지도 모른다. 하지만 클라이맥스를 생각하는 데 필요한 준비는 지금까지 충분히 해왔다. 고객 내면의 변화를 파헤친 만큼, 당신의 손에는 생각보다 많은 힌트가 쥐어 있을 것이다. "아하!" 하고 무릎 치는 장면을 상상하면서 기분 좋게 해보기를 바란다. 스터디 클럽에 참가한 사람들은 다음과 같이 생각을 전개해 나갔다.

3주 후의 미래에서는 시험 성적이 오르고, 더구나 공부를 즐기게 되었다. 그 엄청난 변화로 직접 이어지는 사건을 쿠시볼이 제공한 것이다. 시험 성적이 올랐다는 것은 집중해서 공부했다는 것이다. 똑바로 앉지 못한다고 말했는데 공부를 즐기게 되자 자세는 문제가 되지 않았다. 그렇다면 어떤 식으로든 쿠시볼을 이용해 공부했으리라. 돌이켜 보면 지금까지 책상 앞에 앉아 공부한 적이 없었던 아이가 갑자기 얌전히 공부하는 것은 매우 어려운 일이다. 그런데 쿠시볼을 이용하면 어떨까?

몸을 움직이면 뇌기능이 좋아진다고 하니까 클라이맥스에는 모녀가 서로 쿠시볼을 던지면서 퀴즈를 푸는 교재나 통신 프로그램이 있었을지도 모른다. 예를 들어, 엄마가 질문을 하고 공을 던지면 아이는 되도록 빨리 대답한다. 이것을 계속 반복하면 자세도 좋아지고 문제도 풀 수 있다.

논의하는 도중에는 우왕좌왕하기도 했지만, 마지막으로 위와 같은 아이디어가 태어났다. 스터디 클럽에서 20분간 논의한 결과, 쿠시볼 하나만을 파는 비즈니스 모델에서 쿠시볼을 사용하며 집중력과 기억력을 높이거나 공부 습관을 들이게 하는 학습용 세트의 비즈니스 모델로 탈바꿈한 것이다.

쿠시볼 하나만으로는 단가도 뻔하고 유통 경로도 제한되어 있다. 하지만 교재와 세트로 팔면 단가를 올려서 이익도 높일 수 있고 학원과 제휴할 수도 있다. 현재 일본 교육산업의 시장 규모는 약 27조 원이다. 그곳으로 들어가면 사업 성공의 가능성은 단숨에 확대된다. 돌이켜 보면 그런 성공 사례는 이미 있었다. 평범한 다이어트 기구를 엔터테인먼

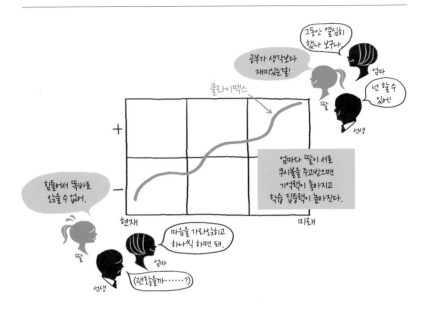

트로 끌어올린 결과 폭발적인 판매를 기록한 '빌리의 부트 캠프Billy's Boot Camp(군대식 다이어트 프로그램)'. 쿠시볼은 '빌리의 부트 캠프'의 학습 형으로, 고무공을 이용해 공부를 즐길 수 있는 에듀테인먼트 프로그램을 개발한 후 발명자의 이름을 붙여서 '스콧의 스터디 캠프'로 판매하면 되지 않을까?

이런 발상은 경쟁 전략 수립의 프레임워크에서는 거의 태어나지 않는다. 그런 프레임워크는 현재 상황부터 분석해서 시장성이 있는지 없는지 확인하는 데 시간이 오래 걸리기 때문이다. 그래서 '현재 어떤가?'라는 분석은 할 수 있지만 '앞으로 어떻게 하면 좋은가?'라는 계획은 태

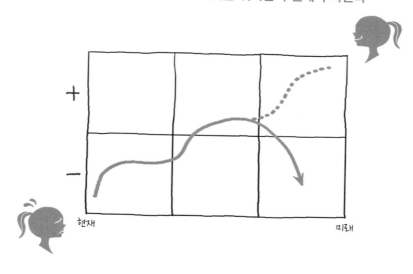

현재에서 발상하면 고객의 기대를 뛰어넘기 전에 추락한다

어나기 어렵다.

또 비즈니스 모델 자체를 바꾸는 비연속적 발상은 '클라이맥스'에서 역산해야만 나오는 법이다. 보통이라면 현재의 연장으로 생각하기 때문에 쿠시볼의 판매법을 개선하는 데에서 멈추어 버린다. 그러면 고객이 기대하는 플러스 방향의 변화가 나타나지 않은 채, 사업은 도중에 멈추거나 시기를 놓치게 된다. 그래도 계속 사업을 유지하려면 가격을 내리거나 고객의 기대치를 낮추는 수밖에 없다. 차트 [4-10]을 보면 알 수 있듯이, 가격이 합당한가 합당하지 않은가는 고객을 위해 얼마나 생각하고 행동했느냐에 따라서 정해지는 것이다.

4단계: 깨달음의 홉스텝

-

클라이맥스에 대해 아이디어를 낸 후에는 클라이맥스로 향하는 단계적인 아이디어를 낸다. 보통 세 가지면 적당하기에 '깨달음의 홉스텝hop step'이라고 부른다. 그림으로 나타내면 차트 [4-11]과 같은데, 클라이맥스를 목표로 해서 '흐음', '오호'의 단계별로 고객이 깊이 인식할 수 있는 정보나 체험을 제공하는 것이다. 각각의 단계는 차트처럼 자세하게 정의할 수 있지만 실제로는 엄격하게 적용할 필요가 없다. 오히려 정의에 끼워 맞추기보다 '흐음', '오호'라는 어감을 통해서 발상을 확대하는 편이 좋다.

'흐음', '오호' 중 어느 쪽부터 발상하는가는 당신 마음에 달려 있다. 가능하면 '아하!'로 이어지기 직전의 '오호'에서 시작하는 편이 좋지만, 만약 '흐음'이라는 아이디어가 떠오른다면 그 아이디어를 뒤로 돌릴 필요 없이 그곳에 아이디어의 조각을 끼우면 된다. 당신이 아는 조각부터 순서대로 끼우면 어느 순간에 지그소퍼즐처럼 전체의 모습이 눈에 들어온다. 그러면 쿠시볼 사업의 깨달음의 홉스텝은 어떻게 될까?

● **'오호'**: 고무줄을 묶어 놓은 것에 불과한 공이 기억력과 집중력을 높이는 데 어떤 효과가 있는지 과학적으로 설명한다. 몸을 움직이며 학습하면 집중력이 향상된다는 이론을 의사나 미국의 교육학자 등이 쓴 논문을 이용해 이해하기 쉽게 설명하면서, 실제로 집중력이나 성적이 좋아진 아이들의 사례를 영상으로 보여 준다.

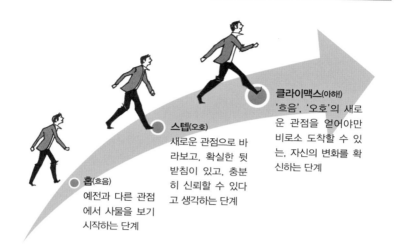

클라이맥스(아하!)
'흐음', '오호'의 새로
운 관점을 얻어야만
비로소 도착할 수 있
는, 자신의 변화를 확
신하는 단계

스텝(오호)
새로운 관점으로 바
라보고, 확실한 뒷
받침이 있고, 충분
히 신뢰할 수 있다
고 생각하는 단계

홉(흐음)
예전과 다른 관점
에서 사물을 보기
시작하는 단계

● **'흐음':** 쿠시볼이 탄생한 배경과 사용법을 설명한다. 단순한 장난
감이 아니라 가만히 앉아 공부하지 못하는 아이들에게 집중력을 높
여주는 효과가 있다고 말하고, 학습에 초점을 맞추어 설명한다.

깨달음의 홉스텝에 정답이 있지는 않다. 전뇌사고 모델을 통해서 어
떤 아이디어가 나오는지는 그 사람의 비즈니스 지식이나 인간적 성숙
도에 따라 크게 다르다. 아마 경험이 없는 사람은 과연 의미 있는 아이
디어가 나올까 불안하리라. 다른 비즈니스 방식과 마찬가지로 그런 한
계는 전뇌사고 모델에도 존재한다. 하지만 내 경험에 따르면 비즈니스
경험이 별로 없는 사람이라도 대부분 효과적인 아이디어를 만들어 낼
수 있다. 사람을 기쁘게 만들고 싶다는 마음은 비즈니스 경험의 여부와

는 관계없기 때문이다. 더구나 기쁘게 만들고 싶은 사람이 이름까지 기억할 수 있는 사람이라면 누구나 일정한 수준의 제안을 만들어 낼 수 있다.

중요한 것은 비즈니스 경험이 별로 없어도 스스로 생각해서 실행할 수 있는 아이디어를 만들어 내는 것이다. 실행할 수 없는 좋은 아이디어보다는 자기 나름대로 생각한 실현성 높은 아이디어가 좋은 결과로 이어지는 것은 당연하지 않을까?

5단계: 오프닝
-

마침내 마지막 단계인 오프닝opening에 도착했다. 고객에게 제공할 최초의 정보나 체험을 생각해야 하는 매우 중요한 단계다. 영화에서 오프닝을 보고 영화의 수준을 판단하는 것처럼, 사업에서도 선택할 길이 많은 고객은 오프닝으로 사업에 대한 관심을 둔다.

좋은 오프닝을 만드는 데는 한 가지 비결이 있다. 클라이맥스와 대응하도록 만드는 것이다. 영화에서 박진감의 클라이맥스는 살인 사건의 진상이 밝혀지는 장면이고, 오프닝은 살인이 이루어지는 장면이다. 러브스토리의 클라이맥스는 행복의 절정에서 이루어지는 키스신이고, 오프닝은 실연의 밑바닥에서 처절하게 몸부림치는 장면이다.

쿠시볼 사업으로 치면, 클라이맥스는 모녀가 서로 쿠시볼을 던지면서 즐겁게 공부하는 장면이다. 그리고 오프닝은 책상 앞에 앉아 있지만 공부에 집중하지 못하는 아이와 성적표를 보면서 걱정스러운 얼굴로 아이를 학원에 보내는 엄마의 모습이리라. 클라이맥스와 대응한 오프닝을 생각한 결과, 스터디 클럽에서는 다음과 같이 강조하면 되지 않을까 하는 이야기가 나왔다.

"아이가 공부에 집중하지 못하는 것은 아이 탓도, 당신 탓도 아닙니다. 몸을 움직이지 않고 공부하는 것 자체가 두뇌 회전 빠른 아이에게는 고통에 지나지 않습니다."

오프닝은 고객이 구체적인 체험을 하기 전에 스스로 돌아보게 만드는 메시지라고 할 수 있다. 그 메시지가 명확해지면 사업을 추진하는 '첫걸음'도 명확해진다. 첫걸음은 아이가 공부하는 습관을 갖는 자연스러운 과정을 생각할 수 있느냐, 또 아이와 부모의 커뮤니케이션이 아이의 공부 습관 형성에 도움이 되는지 조사해 보는 것일지도 모른다. 그리고 아이와 부모의 커뮤니케이션을 통한 학습은 매우 중요한데도 아직 아무도 주목하지 않은 거대 시장이라는 사실을 깨달을지도 모른다.

이상 전뇌사고 모델 퀵버전의 5단계를 쿠시볼 사업에 적용해 보았다. 고객이 120% 행복해진 상황을 예상하면 고객에게 어떤 정보를 제공하고 어떻게 행동해야 할지 보이게 된다. 흔히 "고객의 시점에서 생각하라"라고 하지만, 일반적으로 3초 후에는 기업의 시점에서 생각하게 된다. 하지만 전뇌사고 모델을 사용하면 별다른 무리 없이 일관되게 고객의 시점에서 생각할 수 있다.

전설의 카피라이터 로버트 콜리에는 이런 말을 남겼다.

"한 장의 사진은 100마디 말을 능가한다. 그리고 머릿속에서 만들어진 하나의 이미지는 100장의 사진을 능가한다."

전뇌사고 모델은 고객의 머릿속에 있는 이미지를 만들어 내는 작업이다.

소프트웨어 판매 계획 입안의 사례

이번에는 전뇌사고 모델의 전체 모습을 쉽게 이해하기 위해 실제로 그 모델을 사용해서 했던 회의를 살펴보기로 하자. 마인드맵을 그리는 소프트웨어인 아이마인드맵iMindMap의 판매 계획 회의다. 마인드맵은 영국의 교육자 토니 부잔이 개발한 것으로, 유기적인 여러 생각들을 기호·그림·색상 등을 활용해 방사형으로 펼쳐 나가는 사고 방법이자 메모 기술이다. 그리고 아이마인드맵은 토니부잔센터에서 마인드맵의 진정한 효과를 거두길 기대하면서 유일하게 공인한 소프트웨어다.

판매 계획 회의라는 이름으로 사람들을 소집했지만, 실제로는 회의의 목적조차 명확하지 않다. 우리가 아는 것이라고는 오직 프로젝트 전체의 보조가 맞지 않는다는 것뿐이다. 지금 하는 일이 어디로 이어질지 앞이 보이지 않는 것이다. 머릿속에 안개가 짙게 깔린 상황에서 회의가 시작되었다.

토요일인데도 회사에 출근했다. 회의실에는 열 명이 모여 있었다. 업무 내용과 예전에 했던 업무, 연령대를 비롯해 각자의 배경은 모두 다르다. 기획부 신입사원도 있고, 베테랑 영업사원도 있다. 대형 컴퓨터 회사의 개발 담당자도 있고, 통신판매 회사에서 메일 매거진을 쓰는 사람도 있으며, 공인회계사도 있다. 공통점은 한 가지. 머리에 짙은 안개가 끼어 있다는 것뿐이다.

해야 할 일은 알고 있다. 컴퓨터 소프트웨어를 판매하는 간단한 일이다. 하지만 뭔가가 석연치 않았다. 열심히 일하고 있지만 예기치 못한 일이 자주 발생하고, 다른 담당자들과 이야기가 엇갈린다. 발매 시기와 판매 계획, 판촉 계획, 나아가서는 디자인 방향에 이르기까지 의견이 맞지 않는다. 애당초 무엇을 위한 회의인지조차 분명하지 않은 가운데, 참가자들은 제각기 가진 문제를 보고하기 시작한다.

그 결과 비로소 깨달은 것은 우리 눈에 아무것도 보이지 않는다는 사실이다. 눈앞에 놓인 해야 할 일은 알고 있지만, 그 일이 어디로 어떻게 이어질지는 아무도 모른다. 자신의 멜로디를 연주하기에 급급해서 서로의 소리가 부딪히는 것을 외면하고 있다. 불협화음에 귀를 닫음으로써 그럭저럭 버텨 온 것이다.

나는 일단 이렇게 제안했다.

"실무는 잠시 옆으로 제쳐 두고, 아이마인드맵 사업의 5개년 계획을 생각해 보지 않겠습니까?"

회의실에 무거운 공기가 흐르고, 소리 없는 아우성이 울려 퍼진다. '확실한 장기 계획이 있으면 좋겠는데……. 회의 시간은 겨우 세 시간. 그 시간에 제대로 된 계획을 세울 수 있을 리가 만무하다…….', '이래선 결과가 나오지 않은 채 추상적인 이야기로 끝나겠군. 모처럼의 휴일을

헛되이 보내겠어.'

이런 상황에서 할 수 있는 것은 한 가지뿐. '만남에는 의미가 있다'고 이 순간을 신뢰하는 것이다. 그래서 나는 보드마커로 전뇌사고 모델의 차트를 그렸다.

먼저 0단계인 준비. 스마일 마크를 그려도 참가자들의 굳은 표정은 달라지지 않는다. 나는 회사 경력이 가장 짧은 다나카 씨에게 물었다.

"아이마인드맵을 사용해서 5년 후 120% 행복해질 수 있는 사람은 누구일까요?"

그녀는 야무지게 대답했다.

"주요 목표는 M2층이라고 생각합니다."

M2층이란 35세부터 49세의 남성이다. 최근의 젊은 사원들은 내가 모르는 전문용어를 사용한다. 상사의 위엄을 지키기 위해서 나는 아는 척하며 이야기를 진행했다.

"음, 좋은 지적입니다. 다만 지금은 구체적인 사람을 생각했으면 하는데……. 가능하면 이름을 떠올렸으면 좋겠군요. 이 사람이 아이마인드 맵을 사용하면 120% 행복해질 거라는, 머릿속에 딱 떠오르는 사람 없나요?"

침묵.

무거운 공기를 견디지 못하고 여기저기서 가벼운 기침 소리가 들려왔다. 25초 정도 지나 겨우 한 사람의 이름이 흘러나왔다.

"오니시 마스오요."

회의실에 있는 눈들이 작은 점으로 변했다. '그게 누구지?'

"대학생 시절 선배인데, 요전에 오랜만에 만났어요. 그래서인지 순간적으로 그 선배 얼굴이 떠올랐어요."

나는 차트 오른쪽 상단의 스마일 마크에 '오니시 마스오'라고 써넣었다.

"오니시 씨가 5년 후 120% 행복해졌을 때는 어떤 느낌인가요?"

내 의도를 모르는 그녀는 당황한 표정을 지었다.

이번에는 아무리 기다려도 대답이 돌아오지 않았다. 나는 질문을 바꾸어 보았다.

"그러면 회의실에 있는 사람 중 오니시 씨와 가장 비슷한 사람은 누구지요?"

그녀는 천천히 주위를 둘러보고 나서 대답했다.

"가네코 씨예요."

오니시 씨와 비슷한 40대에, 안경을 끼고 있기 때문이라고 한다.

"그러면 가네코 씨, 지금부터 상황극을 해줬으면 하는데요…… 오니시 씨 역할을 해주기 바랍니다. 상황극의 장면은 5년 후 오니시 씨가 다나카 씨를 만났을 때의 모습입니다. 그때 오니시 씨는 120% 행복한 거니까 그 기쁨을 온몸으로 표현해 주시기 바랍니다. 단, 대사는 필요 없습니다. 팬터마임이니까 말없이 기쁨을 표현해 주세요."

대사 없이 몸으로 표현하는 것을 즐기면서 가네코 씨는 본격적으로 연기하기 시작했다. 과장된 연기에 사람들의 입에서 폭소가 터져 나왔다. 점차 회의라는 것도 잊어버리는 듯했다.

나는 차트의 말풍선을 메우는 1단계 작업에 들어갔다.

"다나카 씨, 이제 오니시 씨가 뭐라고 말하는지 상상해 보십시오. 어떤 말로 기쁨을 표현하고 있지요?"

이번에는 즉시 대답이 돌아왔다.

"'됐어! 다나카, 자네 덕분이야!' 이렇게 말하는데요."

다나카 씨의 대답은 사람들의 예상과 달랐다.

'대체 무엇이 됐다는 것일까?'

"딸이 대학에 합격했어요. 지금은 중학생이지만 4년 후에는 대학생이 되니까요. 대학 입학을 기뻐하고 있습니다."

'아하, 그렇군……. 생각지도 못한 상황이야. 그런데 이 상황이 어떻게 이어질까?'

불안이 스쳤지만 내색하지 않으려 했다. 어쨌든 1단계 '고객의 미래'에 관한 작업은 끝났다.

전뇌사고 모델의 장점은, 결과를 낳는 데 필요한 질문은 전부 전뇌사고 모델 안에 들어 있어서 도중에 멀리 돌아가도 결국 목적지에 도착한다는 것이다. 그래서 나는 2단계 '고객의 현재'로 나아갔다.

"지금 오니시 씨의 고민은 무엇이지요?"

"너무너무 바쁘대요. 날마다 정신없이 일하고 있는데, 그게 무엇으로 이어질지 모른다고 하더군요. 참 좋은 사람이에요. 성실하고 능력도 있고요. 하지만 열심히 일해도 파묻힌다……고 할까요? 다시 말해, 업무 전반에 대해 고민하고 있어요."

"말풍선에 넣을 구체적인 말로 바꾸면 어떻게 되지요?"

그녀는 옆에 오니시 씨가 있는 것처럼 대답했다.

"어쨌든 피곤하다……. 날마다 이메일에 쫓기고……. 열심히 일하지만, 앞이 보이지 않는다."

오니시 씨는 그야말로 지적 게 가공선에 있는 아틀라스인 셈이다.

U자 커브의 밑바닥에서

"그러면 다음 단계로 넘어가지요."

목소리에 힘을 주었지만, 나는 못내 곤혹스러움을 감출 수 없었다. 과정이 잘못된 게 아닐까 하는 불안이 강해진 것이다. 딸의 대학 합격, 그리고 아틀라스 세대인 오니시 씨의 깊은 고민. 이 두 가지 사건을 아이마인드맵 사업 5개년 계획과 어떻게 연결할 수 있을까?

드디어 클라이맥스를 생각해야 할 3단계다. 나는 조금 전과 마찬가지로 평정을 가장하면서 작업을 진행했다. 하지만 등줄기에서는 식은땀이 흘렀다.

"그러면 오니시 씨의 딸이 대학에 합격한 직접적인 원인이 4년 후에 있었을 텐데, 그게 뭘까요?"

"……아마 딸이 입시 공부를 하면서, 오니시 씨가 사용하는 아이마인드맵에 관심을 가지고 활용하지 않았을까요? 그래서 딸의 성적이 좋아지기 시작했을 거예요. 오니시 씨가 아이마인드맵을 이용해 역사 교과 내용을 정리해 주었을지도 모르고요……."

"그래요? 하지만 그게……."

그녀는 내 말을 가로막고 덧붙였다.

"또…… 오니시 씨 역시 자신감을 가져서 하나의 사업부를 맡는 사업부장이 되었어요. 그게 분명히 클라이맥스일 거예요."

오니시 씨의 인생이 호전되기 시작하자 비록 상상에 불과한 상황일지라도 회의실은 안도하는 분위기에 휩싸였다.

나는 4단계 '깨달음의 홉스텝'으로 나아갔다. 회의실에 있는 사람들은 오니시 씨의 모습을 공유했는지, 적극적으로 의견을 말하기 시작했다. 그들의 발언을 정리하면 다음과 같다.

- **'흐음'은 1년 후. 오니시 씨는 아이마인드맵을 이용해 자신의 5개년 계획을 만들었다. 그 결과로 시간을 잘 관리해서 일에 쫓기지 않을뿐더러 자신의 공부 시간을 만들었다.**
- **'오호'는 2년 6개월 후. 아이마인드맵을 이용해 프레젠테이션을 했는데, 회사에서 그 기획을 채택했다.**

여기까지 차트를 완성(차트 [4-12] 참고)하면서 나는 다시 당황하지 않을 수 없었다. 처음의 과제는 아이마인드맵 사업의 5개년 계획이었다. 그런데 우리 앞에 나타난 것은 오니시 마스오 씨의 인생 5개년 계획이었던 것이다. 즐겁기는 했지만 시간 낭비였을지도 모른다. 불안감이 싹트는 것은 당연하다. 하지만 회의실 분위기는 그렇지 않았다. 우리는 아주 중요한 것을 눈앞에 두고 있다는 느낌을 받았다.

그때 회의실 한쪽 구석에서 이렇게 말하는 사람이 있었다.

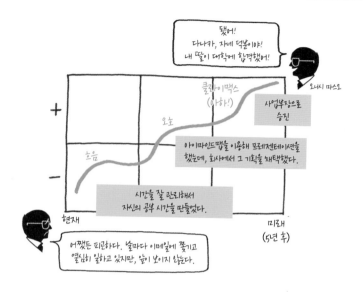

"이다음에 아이마인드맵 사업의 성장이 있다고 생각하면 되지 않을까요?"

또 침묵이 찾아왔지만, 이번엔 무관심의 침묵이 아니라 동의의 침묵이었다.

"그러면 4년 후, 오니시 씨가 사업부장이 되었을 때 아이마인드맵의 영향력은 어느 정도일까요?"

이렇게 질문한 후에는 듣기만 하면 되었다. 그 자리에 있는 사람들은 두근거리는 마음을 억제하지 못하고 앞다투어 말했기 때문이다. 회의실에서 뜨거운 김이 뿜어 나오는 듯했다.

"비즈니스에서는 이미 표준으로 사용하고 있을 겁니다. 즉, 중요한 비즈니스용 컴퓨터에 기본 프로그램으로 설치되어 있는 게 클라이맥스 겠지요."

"3년 후에는 일부 컴퓨터에 기본 프로그램화되어 있을 겁니다. 특히 이 소프트웨어는 손으로도 쓸 수 있으니까 태블릿PC 효과를 끌어내는 소프트웨어로는 가장 이상적이라고 생각합니다."

"1년 후에 오니시 씨가 인생 계획을 세운다고 가정하면, 우리는 소프트웨어를 계속 파는 게 아니라 그동안 축적된 노하우를 사용자에게 피드백하고 있지 않을까요? 아니면, 그러기 위한 이벤트를 개최하든지요. 소프트웨어를 파는 게 아니라 지식 창조의 돌파구를 제공하는 거예요."

'지식 창조의 돌파구 제공'이라는 말을 듣는 순간, 머리에서 소용돌이치던 뿌연 안개가 걷혔다. 지금까지 해온 일이 헛되지 않고 미래로 이어져 있다는 사실을 회의실에 있는 모든 사람이 느끼기 시작했다. 사람들의 말이 일단락되자 일본 쪽 개발 책임자가 조용히 입을 열었다.

"……그러고 보니 개발자인 크리스 씨가 이런 말을 했습니다. '컴퓨터는 편리하긴 하지만 위험하다. 인간의 자유로운 사고를 컴퓨터 소프트웨어에 억지로 집어넣은 탓에 기계의 제한을 받고 있다'라고 말이지요. 그는 천재 프로그래머입니다. 그런 그가 현재의 컴퓨터를 위험하다고 말하다니! 솔직히 말해서 깜짝 놀랐습니다. 그는 가정 형편상 고등학생 때부터 프로그램을 만들어서 직접 학비를 벌고 회사를 상장시키기에 이르렀습니다. 하지만 아이를 키우는 사이 현재의 컴퓨터에 회의를 느꼈습니다. 결국 자신이 주인이었던 회사를 내놓고 사비를 털어 만든 소프트웨어가 이 아이마인드맵이지요."

한 사람 한 사람이 그의 말을 곱씹었다.

"다시 말해…… 미래의 아이들을 위한 위험하지 않은 IT사회를 만드는 데 필요하다고 할까요?"

그러자 아이가 있는 사람이 말했다.

"이제야 이미지에 오니시 씨의 딸이 나온 이유를 알겠군요."

사람들 모두 기도하는 것처럼 조용한 시간이 흘렀다. 그동안 우리는 커다란 흐름 속에 빨려 들어가는 것 같은 느낌에 휩싸였다. 회의실은 불과 몇 시간 전과는 완전히 다른 공간으로 바뀌었다.

"클라이맥스 사건은 4년 후인데, 5년 후의 목표는 어떻게 하면 될까요?"

모든 사람이 한 가지 악기를 연주하듯 이 질문이 회의실 전체에 울려 퍼졌다.

"그렇게 되면 그다음은 급속히 확대될 겁니다."

"아마 PC나 휴대전화만 아니라 다른 전자기기에서도 사용자 인터페이스로 아이마인드맵을 사용하지 않을까요? 마인드맵은 일람성이 있고, 검색성도 뛰어나지요. 지도를 손으로 들추는 듯한 유기적인 검색을 하는 데에는 최적의 인터페이스입니다."

"결국 모든 디지털 디바이스digital device에 아이마인드맵이 깔리는 거죠."

"그게 가능할까요?"

'어렵다'는 대답이 나오리라고 예상했다. 하지만 돌아온 것은 확신에 가득 찬 목소리였다.

"얼마든지 가능합니다. 이미 일부 업체와는 상담에 들어갔고……."

모든 참가자의 얼굴에서 자신감을 느꼈을 때 나는 장난처럼 화제를 바꾸었다.

"그래요? 그러면 지금부터 프로젝트 명칭을 생각합시다."

쓴웃음이 새어 나왔지만, 그것은 그 자리를 즐기는 신호였다.

"'모든 디지털 디바이스에 아이마인드맵을'이란 뜻을 담으면 어떨까요?"

"영어로 하면 'iMindMap in All Digital Devices'?"

"머리글자를 따면 IMMADD인데, 이건 너무 발음하기 어렵고요."

"all이라는 뜻이라면 omni라는 단어가 있어요. 라틴어일 겁니다."

"프로젝트 OMNI라……?"

"OMNI는 '오니시 마스오에게 아이마인드맵을'의 약자가 아닌가요?"

그 말이 끝나자 초등학교 교실처럼 투명한 웃음소리가 울려 퍼졌다.

"이제 첫걸음은 정해졌군요. 오니시 씨에게 아이마인드맵을 선물하는 겁니다. 다나카 씨, 부탁합니다."

순간, 그 자리에 있는 사람들은 작은 톱니바퀴가 돌기 시작하는 소리를 들었다. 그리고 작은 톱니바퀴가 엄청나게 큰 무엇인가를 움직이는 광경을 보았다.

그 후 우리는 계획의 숫자를 채우는 작업에 돌입했지만, 그 숫자는 예전의 숫자와 전혀 달랐다. 생명이 없는 딱딱한 존재가 아니라 피가 도는 존재가 된 것이다. 사업 계획의 숫자는 이익을 달성하는 숫자 게임이 아니라 가까운 사람을 기쁘게 만들기 위한 것이고, 가치 있는 스토리를 만들어 내는 것이라는 사실을 전원이 깨달았다.

이런 식으로 전뇌사고 모델을 사용하면 주관적인 대화를 통해서 객관성이 높은, 그리고 누구나 자신의 것이라고 느끼는 비즈니스 계획을 만들어 낼 수 있다. 더구나 회의의 중심이 된 사람은 비즈니스 경험이 별로 없는 신입사원이고, 회의 시간은 고작해야 세 시간이었다. 그 세 시간 동안 5년 후의 미래를 그리는 사업 계획, 그리고 가장 하기 어려운 비전의 통일과 공유까지 이루어냈다.

어떻게 일상적인 대화에서 이런 창조적이며 현실성 높은 아이디어가 태어날 수 있을까? 실은 이 평범한 차트에는 여러 가지 연구가 담겨 있다. 틀을 뛰어넘은, 더구나 실현 가능한 아이디어가 우연이 아니라 필연으로 나타나도록 설계되어 있는 것이다. 이 차트 한 장에 어떤 구조가 숨어 있는가? 다음 장에서는 결과와 행동을 낳는 전뇌사고 모델의 세 가지 원칙을 설명하기로 한다.

5장

성공을 만드는
스토리 법칙

논리 + 스토리 = ∞

비즈니스를 추진하는 데에는 두 가지 방법이 있다. 하나는 연구에 연구를 거듭한 끝에 만들어 많은 사람이 분명하다고 믿는 것이고, 또 다른 하나는 비즈니스와는 별로 상관없다고 여겨 최근까지도 연구자가 거의 없는 것이다. 이 두 가지를 쿠시볼 사업의 프레젠테이션에 적용하면 다음과 같다.

A: "쿠시볼의 사업 전략을 설명하겠습니다. 먼저 시장 및 경쟁을 분석해 명확해진 당사의 목표 고객 및 위치를 말씀드리겠습니다. 그리고 장래에 경쟁력을 확보하기 위해서 SWOT 분석을 하고, 거기서 나온 KSF를 말씀드리겠습니다……."

B: "저희 아이는 중학생인데, 아직도 책상 앞에 5분도 앉아 있지 못합니다. 쉽게 집중하지 못하는 겁니다. 그런데 쿠시볼을 주었더

니, 제가 시키지도 않았는데 스스로 숙제를 하기 시작하더군요. 처음에는 무슨 일이 일어난 건지 영문을 알 수 없었습니다. 알아보니 쿠시볼을 교육적인 장난감으로 사용하는 사람들이 있더군요. 현재 자녀의 공부 습관 때문에 고민하는 부모들은 드러나지 않은 경우까지 포함하면 상당히 많을 겁니다. 쿠시볼을 교재의 부록으로 함께 제공하면 아이들이 본래 가진 능력을 발휘할 수 있지 않을까요?"

A는 비즈니스 스쿨에서 배운 전략 수립 프레임워크를 사용한 모범적인 프레젠테이션이다. 반면에 B는 비즈니스 초보자가 제 생각을 말하는 것처럼 보인다. 그러면 A와 B 중에 비즈니스를 추진시키는 효과가 큰 것은 어느 쪽일까? 응원하고 싶다는 점에서는 B의 손을 들어 주고 싶지만…….

정답은 양쪽 모두다. 분석을 사용한 A의 접근, 그리고 스토리를 사용한 B의 접근 중 어느 한쪽이 더 효과가 있는 게 아니라, 분석과 스토리 양쪽을 전부 받아들인 접근이 비즈니스에 활기찬 생명력을 심어 준다. 다음과 같이 말이다.

개인적인 일이라서 송구하지만, 먼저 이번 사업을 제안하게 된 배경을 말씀드리겠습니다. 실은 저희 아이는 중학생인데 아직도 책상 앞에 5분도 앉아 있지 못합니다. 쉽게 집중하지 못하는 겁니다. 그런데 쿠시볼을 주었더니, 제가 시키지도 않았는데 스스로 숙제를 하기 시작했습니다. 처음에는 무슨 일이 일어난 건지 영문을 알 수 없었습니다. 알아보니 쿠시볼을 교육적인 장난감으로 사용하는 사람들이 있더군요. 자녀의 공부 습관 때문에 고민하는 부모들은 드러나지 않은 경우까지 포함하면 상당히 많을 겁니다. 쿠시볼을 교재의 부록으로 함께 제공하면 많은 아이가 본래 가지고 있는 능력을 발휘할 수 있지 않을까요?

그래서 저는 쿠시볼의 사업성을 객관적으로 조사해 보았습니다. 오늘 프레젠테이션은 그것을 분석한 겁니다. 먼저 시장 및 경쟁을 분석해 명확해진 당사의 목표 고객 및 위치를 말씀드리겠습니다. 그리고 장래에 경쟁력을 확보하기 위해서 SWOT 분석을 하고, 거기서 나온 KSF를 말씀드리겠습니다. 마지막으로 쿠시볼 사업에 참여한 경우의 수익성 시뮬레이션에 대해 설명하겠습니다.

두 가지 접근을 합치면 프레젠테이션의 효과가 매우 커진다는 것을 알 수 있으리라. 비즈니스에 끼치는 영향력이 거대함에도 불구하고 지금까지 개인적인 체험담, 즉 스토리를 진지하게 검토한 사람은 거의 없었다. 하지만 지식사회에서는 비즈니스에 스토리를 활용하지 않으면 상당한 핸디캡을 떠안게 된다. 일의 가치관이 다양해지는 가운데, 아무리 논리적으로 올바른 전략이라도 요즘의 사원들은 상사의 명령만으론 움직이지 않는다. 올바른 전략과 함께 배경에 멋진 스토리가 없으면 전략이 침투하지 않는 것이다.

또 지식사회 비즈니스의 특징적 개념(눈에 보이지 않는다, 만져지지 않는다, 느껴지지 않는다)을 고객에게 쉽게 전하기 위해서는 사실을 나열하는 것으론 부족하다. 고객이 자신을 겹칠 수 있는 캐릭터나 직감적으로 이해할 수 있는 스토리를 만들어야만 메시지를 전할 수 있다. 따라서 고객의 응원을 받기 위해서는 고객 자신의 인생을 투영할 수 있는 스토리를 계속 제공해야 한다.

지식사회에서 고객의 지명을 받는 매력적인 사업을 운영하기 위해서는 올바른 전략만으론 충분하지 않다. 최고경영자에서 현장의 사원에 이르기까지 모든 사람이 새로운 스토리를 만들고, 말하는 기술을 가져야 한다. 전뇌사고 모델은 그 기술을 단기간에 손에 넣을 수 있는 사고법이며, 스토리를 공유할 수 있는 지적 플랫폼이다.

전략 수립 프레임워크 vs. 전뇌사고 모델

지금까지 나온 전략 수립 프레임워크와 비교해 보면 전뇌사고 모델을 더 쉽게 이해하고 활용할 수 있으리라. 전략 수립 프레임워크가 사실의 축적과 분석을 통해 확실한 과제 해결책을 발견하는 것에 비해, 전뇌사고 모델은 얻고 싶은 결과에서 역산하여 창조적인 과제 해결책과 해결에 이르는 행동 시나리오를 끌어내는 것이다. 전략 수립 프레임워크가 만들어 내는 것이 논리적으로 올바른 모습을 비추는 스냅사진이라면, 전뇌사고 모델이 만들어 내는 것은 이상적인 비전을 향해 자신과 주위 사람의 행동에 동기를 부여하는 이야기다.

분석인가? 아니면 행복인가?

	전략수립 프레임워크	전뇌사고 모델(퀵버전)
전체의 모습	주로 흑백의 직선으로 나타낸다.	직선과 함께 곡선이나 일러스트를 사용한다. 또 여러 가지 색깔을 사용해서 발상을 풍요롭게 한다.
문제 해결에 대한 접근	과거에서 미래로 분석한다. 과거의 자료를 분석해서 성공의 열쇠를 발견하고 미래에 적용한다.	미래에서 현재로 상상한다. 고객이 기뻐하는 사건을 상상하고, 그 사건이 무엇이었는지 역산한다.
목표 고객	시장·경쟁 분석을 토대로 구입 가능성이 가장 높은 목표 고객을 설정한다.	사업·상품을 통해 가장 기뻐할 것 같은 구체적인 고객의 이름을 상정한다.
아웃풋	누구에게나 설득력 있는 논리	누구나 참여하고 싶어지는 가슴 두근거리는 스토리
U 이론에 대응하는 단계	**2단계:** 시장 전체를 상세하고 정확하게 이해함으로써 결론을 내린다.	**3단계:** 한 사람에 대한 깊은 이해와 공감을 계기로 사고를 확대한다.
장점	신뢰성이 높다. 객관적이다. 정확하다.	신속하다. 즐겁다. 용이하다. 등등
단점	목적에 따라서 프레임워크가 다르기 때문에 올바르게 사용할 때까지 시간이 걸린다.	주관을 통해 발상을 확대해 나가므로 어디까지나 가설의 단계다.

전략 수립 프레임워크를 통해 얻은 전략은 논리적으로 올바르지만, 앞에서 말했듯이 유감스럽게도 지식사회에서는 조직 내부에 침투하기 어렵다. 하버드 비즈니스 스쿨의 데이비드 J. 콜리스 교수는 마이클 E. 포터 교수의 기업 경영전략에 관해 언급하면서 "전략의 설명에 관해 설

명하지 않았다"라고 말했다. 즉, '더 근본적인 문제(전략의 설명)에 대한 언급을 잊어버린 것'이다. 이것은 포터 교수의 전략론뿐 아니라 경쟁사회에서 만들어진 모든 전략 수립 프레임워크에 해당하는 지적이다.

반면에 전뇌사고 모델은 한 사람 한 사람의 눈앞에 과제가 놓여 있을 때, 일단 행동할 수 있는 시나리오를 만든다. "좋은 아이디어 없어?", "좋은 콘셉트 없어?", "좋은 입구 없어?"라는 의문이 생겼을 때 개인이나 집단이 스스로 답을 찾기 위한 프레임워크다. 먼저, 얻고 싶은 결과를 실현하기 위해서 가설을 설정한다. 그 후 가설의 논리적 측면을 확인하면서 조금씩 수정한다. 그리고 실행 결과 처음에 상정한 시나리오와 현실이 어떻게 다른지 검증한다. 비즈니스에서는 가설과 검증을 반복하는 것이 상식으로, 그러기 위한 일관된 사고 과정이 바로 전뇌사고 모델이다.

물론 전뇌사고 모델에 단점이 없다고는 할 수 없다. 지금까지 나온 전략 수립 프레임워크에 익숙한 사람이라면 앞에서 설명한 퀵버전에 다음과 같은 문제점이 있다는 사실을 알아차렸을 것이다.

- **직감적으로 찾아낸 목표 고객(120% 행복하게 만들 고객)을 객관적인 자료를 토대로 조사하면 최선의 고객이 아닐 가능성이 크다.**
- **전뇌사고 모델은 주관적 판단으로 사고를 진행하기 때문에 사용하는 사람의 지식과 경험에 따라 아웃풋의 질이 크게 달라진다.**
- **언뜻 보기에는 간단한 것 같지만 스토리를 만든 적이 없는 직장인은 현실적으로 실행하기 어렵다.**

아무리 가설을 구축하기 위해서라고 해도 직감적이며 주관적인 판단으로 결론이 한쪽으로 치우치면 잘못된 행동을 취할 수 있다. 그 결과, 책임을 어떻게 질 것이냐 하는 어려운 문제가 발생한다.

분명히 기업에서 경영전략을 수립하는 전사적全社的 결정의 프레임워크로 전뇌사고 모델만을 사용하는 것은 적절하지 않을 것이다. 하지만 빈도가 높은 일상 업무에서는 앞에서 거론한 문제가 거의 발생하지 않는다. 실제로 이 모델을 사용한 기획 담당자들은 다음과 같은 성과가 있다고 말했다.

"전뇌사고 모델을 이용해 아이디어를 생각한 지 한 달밖에 되지 않았다고는 도저히 생각할 수 없습니다. 할 일이 끊임없이 눈에 보이고, 프로젝트 진행 속도가 너무나 빨라져서 저 자신도 놀라고 있습니다."

"제가 생각한 아이디어가 지금까지 상상했던 아이디어와 너무도 달라서 처음에는 어안이 벙벙했지만, 시간이 지나면서 아이디어의 질을 실감하게 되자 지금은 이것이 최선의 방향이라고 확신하고 있습니다."

"새로운 국면을 맞았습니다. 밑져야 본전이라는 생각으로 기획안을 보여 줬더니 방송국 담당자가 함께 일하지 않겠냐고 하더군요. 앞으로도 회의 내용을 생각할 때 전뇌사고 모델을 이용하려고 합니다."

이것만 보아도 전뇌사고 모델이 행동으로 이어지는 사고라는 사실을 알 수 있으리라. 일반적으로 깊이 사고하면 지식과 행동 사이에 갭이 생기지만, 전뇌사고 모델은 생각하면서 행동하고 행동하면서 생각하기에 지식과 행동의 갭이 작을 수밖에 없다. 전뇌사고 모델을 이용하면 기존의 사고 범위를 뛰어넘는 아이디어가 생겨나서 처음에는 다소 당황스러울 수 있다. 그러나 하나의 행동이 다음 행동의 문을 열면서 사고 전개가 빨라지는 것에 이내 놀라움과 기쁨을 동시에 느끼게 된다. 또한, '고객을 120% 행복하게 만든다'라는 행동부터 시작하기 때문에, 잘못된 판단으로 회사나 조직을 혼란에 빠뜨릴 우려가 적다. 전뇌사고 모델을 이용하면 왜 이렇게 좋은 효과가 나타나는가?

- 대체 무엇이 '발상'을 만들어 내는가?
- 대체 무엇이 '행동'에 동기부여를 하는가?
- 대체 무엇이 '결과'를 확실하게 하는가?

이 질문에 대답하려면 비즈니스에서 친숙한 영역으로부터 과감하게 뛰어나가야 한다. 전뇌사고 모델은 한 가지 영역의 지식을 토대로 만든 방법론이 아니라 마케팅, 매니지먼트, 행동경제학, 뇌과학, 신경언어 프로그래밍, 결과 사고, 스토리 구축이라는, 내가 지난 10년간 비즈니스 과제에 도전하는 데 필요했던 수많은 지식을 통합한 뒤에 그 핵심을 아주 단순한 차트로 만든 것이다.

따라서 전뇌사고 모델의 배경에 있는 구조를 이해하려면 분야에서 분야로 점프하는 지적 도전을 경험하게 된다. 어쩌면 롤러코스터를 탄 것처럼 눈이 핑핑 돌지도 모른다. 하지만 이 도전은 달콤한 열매를 안겨 줄 것이다. 전뇌사고 모델의 구조를 이해하면 '발상 → 행동 → 결과'라는, 지금 모든 직장인에게 요구되는 일련의 기술을 종합적으로 높일 수 있다. 그 결과, 전뇌사고 모델의 활용과 상관없이 업무에 즉시 응용할 수 있는 힌트를 얻을 수 있다. 그러면 여기서 다시 중요한 질문을 하고자 한다. 전뇌사고 모델은 왜 '발상 → 행동 → 결과'라는, 비즈니스에서 가장 중요한 일련의 흐름을 추진할 수 있을까? 먼저 '발상'을 가져오는 구조부터 살펴보기로 하자.

제1구조 [발상]
: 즐거움으로 뇌를 활성화시켜라

전뇌사고 모델의 시작은 고객의 행복한 상태를 이미지로 떠올리는 것이다. 뇌기능 차원에서 생각하면 대단히 이치에 맞는 방법이다. 지금부터 자세히 설명하겠지만, 좋아하는 대상을 생각하는 것이 뇌의 활성화에 중요하다는 것은 익히 알려져 있다. 가슴을 두근거리게 하는 사람부터 생각하는 것이 뇌에는 가장 이상적인 워밍업인 셈이다.

반면에 갑자기 분석부터 시작하는 것은—대상에 이미 흥미가 있는 경우는 차치하고—뇌의 활성화에 있어서 자연스러운 과정이 아니다. 상황에 따라서는 사고 자체가 굳어지는 일도 있는데, 의견이 나오지 않는 회의가 그런 상황이다. 지식 창조가 중요해지는 비즈니스 환경에서 뇌의 활성화 구조를 알면 상상 이상으로 많은 도움이 된다. 사고의 질을 최대한 높일 수 있으며, 상대방의 흥미를 끌면서 귀 기울이게 하는 제안을 마련할 수 있다.

전뇌사고 모델은 뇌가 활성화되는 데 이상적인 순서로 질문을 하는 것인데, 나는 딱히 뇌기능 연구를 통해 이 모델을 만들어 낸 것이 아니다. 앞에서도 말했듯이, 내가 지난 10년간 마케터로 실적을 쌓는 과정에서 성공 사례들의 콘셉트를 분석한 결과 그 속에 공통적인 사고 패턴이 존재했고, 그 패턴이 뇌가 활성화되는 순서와 대단히 비슷하다는 판단에 따라 '전뇌사고 모델'이라는 이름의 사고 모델을 도출한 것이다. 전뇌사고 모델이 만들어진 배경과 뇌의 활성화 구조를 알면, 전뇌사고 모델을 더 깊이 이해할 수 있고 더욱 유연하게 활용할 수 있다. 그러면 지금부터 뇌가 발상을 만들어 내는 과정을 설명하기로 한다.

비즈니스를 위한 뇌기능 설명
-

지금부터 할 이야기는 비즈니스에 활용하기 위한 뇌기능에 대해 가장 이해하기 쉽게 쓴 설명이다. 기네스북에 오르지는 못하겠지만, 184쪽의 차트 [5-2]와 같이 표현한 뇌의 활성화 구조를 이해하면 업무에서 발상하는 데 가장 중요한 것이 무엇인지 쉽게 깨달을 수 있을 것이다. 다만 설명 전에 미리 언급하고 싶은 말이 있다.

설명의 기본이 되는 것은 의학박사 폴 매클린의 '뇌 삼위일체설'이다. 너무나 고전적인 모델이라서 최근의 연구에 비춰 볼 때 일부 수정이 필요하기는 하다. 그래도 이 설을 기본으로 하는 데에는 이유가 있다. 뇌에 관해 정확하게 설명하려면 의학적 설명, 뉴런neuron이 발화하고 결합할 때의 디지털적 구조, 그리고 체내 신경전달물질이나 호르몬을 경유해서 일어나는 아날로그적 구조 등 복잡한 메커니즘에 대해서 언급해야 한다. 즉, 정확성을 기하려면 설명이 복잡해져서 실제의 비즈니스에 어떻게 응용해야 좋을지 모르는 것이다. 그래서 직장인이 뇌기능을 직감적으로 이해할 수 있는 최선의 방법이 무엇인지 찾아보았다.

내가 내린 결론은 은유를 이용한 일러스트다. 매클린 박사의 '뇌 삼위일체설'은 나의 설명 의도에 안성맞춤이므로, 여기에 근거하여 비즈니스에서 활용할 수 있는 이상적인 뇌 사용법을 설명하기로 한다. 목적은 어디까지나 정확한 과학적 설명이 아니라, 비즈니스에서 좋은 발상을 얻기 위한 뇌 사용법이다.

차트 [5-2]를 보기 바란다. 우리의 뇌 속에는 세 종류의 동물이 살고 있다. 인간은 자신의 뇌가 파충류나 포유류의 뇌와 비교되지 않을 만큼 고도로 진화했다고 믿어 의심치 않는다. 하지만 인간의 뇌는 실제로 이 세 종류의 뇌가 포개진 것처럼 되어 있다. 진화의 순서에 따라서 맨 안쪽에 파충류의 뇌(뇌간·시상하부)가 있고, 그것을 감싸듯 포유류의 뇌(대뇌변연계)가 있으며, 그다음에 인간의 뇌(대뇌피질)가 자리하고 있다. 각각의 뇌는 서로 다른 역할을 담당한다.

파충류의 뇌는 '살아가기 위한 뇌'로, 심박·호흡·체온·혈압 등을 조절하는 생명 유지 기능을 관장한다. 포유류의 뇌는 '느끼기 위한 뇌'로, 종족 보존을 위한 본능적인 감정과 호불호의 판단을 관장한다. 인간의 뇌는 '생각하기 위한 뇌'로, 논리·학습·언어·창조 등 지적인 능력을 관장한다.

비즈니스를 할 때는 고도의 사고력을 발휘하는 인간의 뇌를 사용하

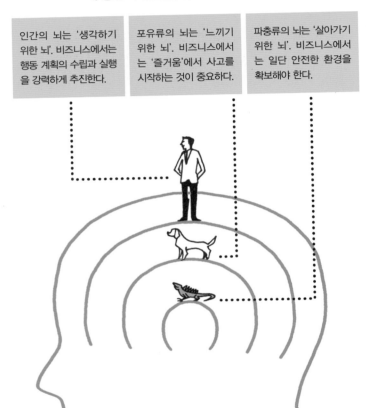

세 종류의 동물을 알면 발상이 넘친다

인간의 뇌는 '생각하기 위한 뇌'. 비즈니스에서는 행동 계획의 수립과 실행을 강력하게 추진한다.

포유류의 뇌는 '느끼기 위한 뇌'. 비즈니스에서는 '즐거움'에서 사고를 시작하는 것이 중요하다.

파충류의 뇌는 '살아가기 위한 뇌'. 비즈니스에서는 일단 안전한 환경을 확보해야 한다.

고 싶겠지만, 인간의 뇌만을 사용할 수는 없다. 사고의 질을 높이기 위해서는 세 종류 뇌가 일치단결하거나 서로 협조해야 한다. 생각해 보면 당연하지 않은가? 너무 춥거나 너무 덥거나, 공기가 전혀 없거나, 생명이 위험한 환경에서는 생각 타령을 할 겨를이 없다. 가장 먼저 해야 할 행동은 파충류처럼 그 자리에서 도망치는 것이다. 또 감정적으로 불쾌한 환경에서는 포유류처럼 일단 물어뜯어서 꺼림칙한 것을 쫓아내야 한다. 인간의 뇌가 활약할 수 있는 것은 파충류의 뇌와 포유류의 뇌가 만족한 다음이다.

비즈니스에 적용해 보면 쉽게 이해할 수 있을 것이다. 생명이 위험한 상황이란 구조조정이 발생하거나 작은 실수라도 저지르면 승진할 수 없는 환경으로, 사원은 파충류처럼 도망치든지 눈에 띄지 않도록 꼼짝하지 않는다. 감정적으로 불쾌한 환경이란 나다움을 인정받지 못하거나 나의 의견을 말하기 어려운 환경으로, 사원은 어떤 방침에도 반발하면서 자신의 몸을 지키려고 한다. 이런 환경에서는 유감스럽게도 수준 높은 인간의 뇌는 활성화되지 않는다. 세 종류의 뇌가 서로 협조하는 과정은 매우 재미있으므로, 비즈니스에 적용하면서 좀 더 자세하게 살펴보기로 하자.

일단 포유류의 뇌는 '생각하기 위한 뇌'인 인간의 뇌로부터 명령을 받는다. "이 문제를 해결하라"라고 인간의 뇌가 명령하면 포유류의 뇌는 그것이 '좋은지, 싫은지'를 확인한다. 그 답은 호불호를 판단하는 편도핵, 기억을 관장하는 해마에 묻는다. 과거에 똑같은 활동을 했을 때 '호'라고 판단한 기억이 있다는 답을 편도핵과 해마로부터 얻으면 '좋다'고 확인하면서 문제 해결에 착수하는 것이다.

좋다고 판단한 경우, 파충류의 뇌에 근접한 측좌핵 영역에서 의욕을 일으키는 일명 '의욕 호르몬'인 갑상선자극호르몬방출호르몬TRH이 나온다. 갑상선자극호르몬방출호르몬은 뇌의 여러 영역에까지 작용해서 뇌 전체를 각성시킨다. 특히 인간의 뇌, 그중에서도 행동 계획의 입안과 실행을 판단하는 전두연합야를 자극한다. 그러면 뇌 속에서는 말 그대로 불꽃이 튀는 것처럼 뉴런과 뉴런이 결합한다. 상상과 연상이 끊임없이 확대되고 새로운 깨달음을 만드는 것이다. 요컨대, 인간의 뇌가 과제 해결을 명령하면 포유류의 뇌는 그것을 '좋다·싫다'로 판단하며, '좋다'로 판단하면 파충류의 뇌는 본능적인 욕구에 따라 행동을 향해서 맹렬히 돌진한다.

이런 과정이 발상을 얼마나 풍요롭게 하는지는 좋아하는 사람에게 선물할 때를 떠올리면 쉽게 이해할 수 있다. 평소에 선물을 해본 적 없는 사람이라도 누군가를 좋아한 순간, 사랑하는 사람을 기쁘게 하고 싶다는 목적을 향해서 최고의 시나리오를 생각하는 법이다. 그때는 시간을 잊어버릴 만큼 집중해서 이상적인 선물에 대한 정보를 검색한다. 아마 정보처리 속도도 평소의 몇 배는 빠를 것이다. 나아가 직감도 예민해져서 가게에 들어선 순간, 마치 눈앞까지 튀어나온 것 같은 이상적인 선물을 발견하리라.

이같이 뇌기능의 차원에서 보면 고객의 행복을 만들어 내는—'즐거움'에 대해 생각하는—전뇌사고 모델은 이치에 맞다. 한편, 뇌 안의 물리적 위치 관계를 생각하면 '좋다·싫다'를 판단하는 편도핵은 뇌 전체를 활성화하는 중심에 자리 잡고 있다. 논리적 분석보다 가슴 두근거림으로 사고를 시작하는 편이 집중력을 높이고 뇌 전체를 활성화하며 사고의 질을 높이는 데 유리하다. 그리하여 비즈니스 경험이 별로 없는 사람이라도 놀라우리만큼 풍부한 발상을 얻을 수 있다.

186

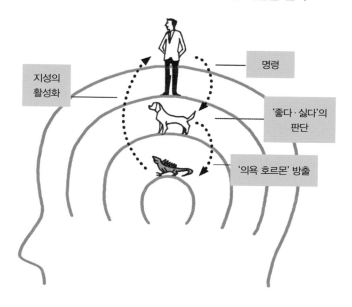

'의욕 호르몬'은 지성을 자극하는 윤활유 역할을 한다

명령

지성의
활성화

'좋다·싫다'의
판단

'의욕 호르몬' 방출

그런데 아무리 생각해도 가슴 두근거리는 고객을 찾을 수 없는 경우에는 어떻게 할까? 뇌에 중요한 것은 고객이 아니라 가슴 두근거림이기 때문에 고객은 누구라도 상관없다. 스터디 클럽에 참가한 어떤 사람에게 "누구를 기쁘게 하고 싶은가요?"라고 물었더니 '문부과학장관'이라고 대답했다. 그 직감에 따라서 장관을 120% 행복하게 하는 제안을 생각했더니, 지금까지 상상도 한 적 없는 높은 시점의 구체적인 아이디어가 쏟아지기 시작했다.

가슴 두근거리게 할 대상이 고객이 아니라 본인이라도 상관없다.

120% 행복한 자신을 생각하는 것이 가장 가슴 두근거린다면, 전뇌사고 모델 차트의 우측 상단에 자신의 웃는 얼굴을 그리면 된다. 그 이유는 8장에서 자세히 설명하겠지만, 자기 투영형 소비의 경우에는 고객과 함께 기업도 성장해서 자신이 120% 행복해지면 고객도 120% 행복해질 가능성이 있다. 본인이 즐겁지 않으면 고객도 즐겁지 않다는 것이 미래 소비사회의 특징인 것이다.

왜 한 사람의 행복이 중요한가?

-

가슴 두근거리는 생각이 뇌를 활성화한다는 사실을 이제 알았으리라. 그런데 여기서 커다란 의구심을 품은 물음이 태어난다.

"직감적으로 선택한 행복 대상이 정말로 비즈니스 전략을 구축하기 위한 고객이 되는가?"

"우연히 선택한 사람을 중심으로 생각해서 정말로 의미 있는 결과를 가져올 수 있는가?"

상식적인 대답은 당연히 "말도 안 돼! 당치도 않은 일이야!"이다. 객관성이 중요한 비즈니스에서 주관적으로 판단하는 것은 가장 피해야 할 일이므로.

주관적인 판단이 잘못으로 이어지는 것은 행동경제학에서도 허위합의 효과false-consensus effect라고 말할 정도다. 스탠퍼드 대학교 사회심리학자인 리 로스가 진행한 다음 실험은 주관적 판단에 대해 이해하는

데 매우 유명하다.

　로스 박사는 학생들 일부를 모집해 각자에게 기묘한 일을 부탁했다. "조스 샌드위치 먹자"라고 쓴 포스터를 샌드위치맨처럼 등에 붙이고 캠퍼스 안을 30분 정도 돌아다니는 일이다. 대가는 '도움이 될 만한 것을 얻을 수 있을 것'이라는 모호한 것으로, 학생들은 그의 부탁을 쉽게 거절할 수도 있었다.

　일이 끝나고 학생들에게 설문조사를 실시한 결과, 일을 실제로 맡아 했던 학생들은 "학생 중 62%가 이 일을 맡았을 것이다"라고 대답했다. 한편, 일을 거절한 학생들은 "학생 중 33%가 이 일을 맡았을 것이다"라고 대답했다. 사실 정답은 50%이다. 이 실험을 통해 밝혀진 것은 "다른 사람도 나와 똑같이 생각할 것이다"라는 착각 혹은 선입견이 존재한다는 것이다.

　이런 식으로 자신의 판단을 과도하게 믿는 심리적 상태를 허위 합의 효과라고 한다. 허위 합의 효과를 전뇌사고 모델에 적용하면 이 모델의 약점이 분명해진다. 아무리 고객이 120% 행복해지는 상황을 상상했다고 해도 그것만으로는 절대로 행복해질 수 없다. 주위를 둘러보면 주관에 따른 판단 실수는 일상다반사처럼 일어난다. 아내를 기쁘게 해주려고 고른 생일 선물이 아내의 취향에 맞지 않아서 당황한 사람은 비단 나만이 아니리라. 자신의 판단을 지나치게 믿을 수는 없는 것이다.

　물론 선입견에 따른 문제점이 있지만, 그래도 가설 구축의 실마리를 잡는 방법으로 전뇌사고 모델은 매우 실용적이라고 할 수 있다. 로스 박사의 실험 결과 통계를 보자. 여기서 주목해야 할 점은 정답에서 빗나간

비율이 12~17%라는 것이 아니라, 그 정도 오차 범위 안에서 오히려 다른 사람의 행동을 상상했다는 사실이다. 전뇌사고 모델은 선입견을 전제로 행동하고 그 결과에 따라 적절한 과제 해결책을 찾아 나가는 것이다. 실제로 뇌에는 '기대한 이미지'와 '발생한 현실'이 달랐을 때 자연스럽게 활성화되는 전방대상회피질이라는 부위가 존재한다. 정답을 목표로 하기보다 가설과 검증에 따른 시행착오를 반복하는 편이 더 정확하고 응용력 있게 사고할 수 있는 것이다.

컨설턴트나 광고 회사처럼 고객에게 신뢰성 높은 자료를 제공해야 할 때는 정확한 조사와 분석이 필수이다. 그 중요성을 무시하라는 뜻이 아니다. 이미 회사 내부에 고객과의 접점을 통해서 막대한 정보가 존재한다면, 무턱대고 외부의 분석 자료를 모으기보다 체감에 따른 내부 정보를 모으는 편이 신속하고 현실적인 가설을 구축할 수 있지 않겠냐는 말이다. 전뇌사고 모델이 가설 구축의 방법론이라는 본질을 이해하고 검증을 전제로 활용하면, 주관적 사고라는 약점을 극복하고 실무에서 뛰어난 발상을 만드는 효과적인 도구로 사용할 수 있다.

전뇌사고 모델을 통해서 얻어지는 주관적 사고에는 객관적 사고로 얻을 수 없는 커다란 장점이 있다. 바로 '결속력'이다. 전뇌사고 모델은 고객 한 명을 깊이 이해함으로써 발상을 확대해 나가는 방법이다. 실제로 사용해 보면 고객 한 명에게 진심으로 공감할 때 상상 이상의 강력한 효과가 나타난다. 시장 전체를 자료로 분석하고 이해하는 것과 다른 각도에서, 많은 사람을 끌어들이는 힘을 발휘하는 것이다.

위의 장점을 뒷받침하는 가장 좋은 사례는 앤 닉슨 쿠퍼. 다름 아닌,

버락 오바마 대통령이 시카고에 모인 약 20만 명의 군중에게 소개한 인물이다. 2008년 11월 4일 밤, 오바마 대통령은 연설의 클라이맥스에서 그녀에 관해 말하기 시작했다. 좀 길긴 하지만, 배움의 보물창고이므로 그 부분을 인용한다.

이번 선거에서는 최초로 기록될 이야기도 많고, 다음 세대에 들려줄 이야기도 태어났습니다. 하지만 오늘 밤 내 마음속에서 가장 크게 떠오르는 것은 애틀랜타에서 투표권을 행사한 한 여인, 앤 닉슨 쿠퍼에 관한 이야기입니다. 그녀는 이번 선거에서 자신의 목소리를 내기 위해 길게 줄을 선 수백만의 투표자들과 다를 바가 없습니다. 딱 한 가지, 나이가 106세란 점만 빼고 말이죠.

쿠퍼 씨는 노예제도가 종식된 바로 다음 세대에 태어났습니다. 길에 자동차도 없고, 하늘에 비행기도 없던 시절입니다. 그 시대에 그녀 같은 사람들은 두 가지 이유로 투표를 할 수 없었습니다. 첫째, 여자이기 때문에, 둘째 피부색 때문에…….

오늘 밤, 저는 그녀가 한 세기를 살아오면서 미국에서 본 모든 것들에 대해서 생각해 봅니다. 고통과 희망, 투쟁과 진보! 우리는 할 수 없다는 말을 들었던 시절과, 미국인이라는 신념으로 가득 차 오직 앞으로 나아갔던 사람들을…….

예, 우리는 할 수 있습니다.

(중략)

그리고 올해, 이번 선거에서 그녀는 스크린에 손을 대고 투표를 했습니다. 지난 106년 동안 살아오면서, 미국에 희망이 넘쳤던 최고의 시간과 가장 어두웠던 최악의 시간을 모두 목격했던 그녀는 미국이라는 나라가 변화할 수 있다는 사실을 누구보다 잘 알고 있었기 때문입니다. 예, 우리는 할 수 있습니다.

미국이여, 우리는 너무도 먼 길을 걸어왔습니다. 우리는 너무도 많은 것을 보아 왔습니다. 하지만 앞으로 해야 할 일들이 훨씬 더 많습니다. 그러니 오늘 밤, 우리 스스로에게 물어봅시다. 만약 우리 자녀들이 살아서 다음 세기를 보게 된다면, 만약 제 딸이 쿠퍼 씨만큼 오래 사는 행운을 누릴 수 있다면, 그들은 과연 어떤 변화를 보게 될까요? 우리는 어떤 진보를 이루었을까요? 이제 그 질문에 우리가 대답할 차례입니다. 지금이야말로 우리의 순간입니다.

오바마 대통령은 '106세의 앤 닉슨 쿠퍼'라는 한 사람을 깊이 이해했다. 그리고 106년간을 거슬러 올라가서 '과거'와 '현재', 그리고 106년 후의 '미래'를 언어의 힘을 빌려 하나로 연결시켰다. 그 순간, 그 자리는 흥분의 도가니로 바뀌었다. 20만여 명은 쿠퍼 씨를 계기로 하나의 이미지를 공유하고, 행동을 향해 단결했다.

하지만 그곳에 있는 20만여 명 중에 쿠퍼 씨를 아는 사람은 아무도 없다. 만난 적도 없고, 들은 적도 없다. 실제로 있는지 없는지도 분명하지 않다. 그래도 '앤 닉슨 쿠퍼'라는 이름을 듣는 순간, 모든 사람은 그녀의 이미지를 명쾌하게 떠올렸으리라. 어떤 사람은 동그란 안경을 끼고 아름다운 주름과 미소를 머금은 할머니를 떠올리고, 또 어떤 사람은 꽃

무늬 블라우스를 입고 올림머리를 한 체구 작은 여성을 떠올렸으리라. 마음속의 이미지를 통해서 자신들이 살아갈 미래를 상상하고 희망을 품은 것이다.

"앤 닉슨 쿠퍼!"라고 한 사람을 지목하지 않고 "앞으로 100년 후의 미국을 위해 지금 우리가 어떻게 해야 할지 생각해 보십시오"라는 과제를 제시했다면, 어디부터 생각해야 할지 막막할 것이다. 이 과제를 논리적으로 분석하면 인구피라미드나 사망률, 경제 상황을 근거로 유추할 수도 있으리라. 그러나 그 결과를 갖고 비전을 위한 건설적 행동을 향해서 수십만 명을 움직이는 것은 불가능하다.

여기서 알 수 있듯이, 우리는 대단히 풍부한 상상력을 갖고 있으며 한 사람을 지목함으로써—비록 그 사람을 아무도 모를지라도—내부의 지성에서 막대한 정보를 끌어낼 수 있다. 가설을 구축하는 데 특정 인물을 입구로 사용하는 방법은 단순하면서도 대단히 강력하다.

제2구조 [행동]
:스토리에 빨려 들어가게 하라

지금까지 전뇌사고 모델이 어떻게 새로운 발상을 탄생시키는지 살펴보았다. 그 구조를 정리하면 다음과 같다.

- **가슴 두근거리는 고객을 떠올리면 사고가 활성화된다.**

- 주관적인 판단으로 고객을 선정해도 가설과 검증을 전제로 하면 올바른 과제 해결책에 신속하게 도착한다.
- 한 사람 한 사람에 대한 깊은 공감이나 이해는 때때로 수많은 사람을 끌어들일 정도의 강력한 힘을 발휘한다.

이제 별생각 없어 보이는 사고도 빈틈없는 발상으로 이어진다는 사실을 알았으리라. 지금부터 살펴볼 내용은 전뇌사고 모델을 활용하면 왜 쉽게 행동으로 향하느냐는 것이다. 대답은 다음 문장에서 발견할 수 있다. 잭 웰치는 '당신의 가장 큰 특징이 무엇이냐'는 질문에 이렇게 대답했다.

"나는 아일랜드 사람이라서 이야기하는 방법을 알고 있습니다."[6]

앞에서도 말했듯이, 많은 사람이 비즈니스와 스토리는 아무런 관계가 없다고 생각했다. 그런데 천하의 이름난 경영자는 이야기하는 방법, 즉 스토리텔링을 자신의 최대 강점이라고 단언했다. 스토리텔링이 어떻게 CEO의 가치를 높일까? 잠시 생각해 보자.

CEO의 주요 업무는 주가를 올리는 것으로, 주가는 미래의 현금 흐름으로 결정된다. 투자가가 성장을 확신했을 때 주식을 매입하면 주가가 올라가는 것이다. 그런 확신의 결정적 수단이 회사의 비전에 대한 CEO의 대담하면서도 현실성 있는 스토리다. 물론 회사의 비전은 경영계획에 들어가 있지만, 유감스럽게도 숫자나 자료의 계획은 거의 기억에 남지 않는다. 따라서 관심은 가져도 주식을 사고 싶다는 욕구에는 이르지 못한다.

회사의 비전에 대한 CEO의 스토리를 믿느냐 믿지 못하느냐에 따라 행동이 달라지는 사람은 투자가만이 아니다. 더 중요한 것은 회사의 직원이다. CEO의 스토리를 믿으면 회사에 희망을 품고, 자진해서 그 스토리를 추진하는 수레바퀴가 되기로 결심한다. 그러는 사이 대담해 보이는 스토리가 당연해지고, 비전을 실현하는 강력한 추진력이 태어난다. 단지 비즈니스의 지식이나 경험만을 비교한다면 잭 웰치 정도의 경영자는 흔히 찾아볼 수 있으리라. 하지만 그를 일인자로 만든 것은 다른 이들이 깨닫지 못한 스토리의 중요성을 알아채고 스토리텔링을 할 수 있는 능력이다.

사실 경영과 스토리에는 공통점이 대단히 많다. 나는 경영서 이외에 소설도 몇 권 썼는데, 소설가의 경험과 경영자의 경험을 통해서 깨달은 것이 있다. 회사의 비전과 스토리를 만드는 것이 똑같다는 사실이다. 양쪽 모두 "과연 현실에서 이런 일이 일어날까?"라는 비일상을 그리면서도 고객이나 독자가 "그래, 일어날지도 몰라"라고 여기는 가설에 현실성을 차곡차곡 채워 나가는 작업이다. 소설가가 감동적인 결말을 향해 독자를 끌고 가는 과정과 영업자가 고객의 행복을 위해 고객을 끌어들이는 과정은 마음속의 비전을 눈앞에 실현하기 위해 사실을 논리적으로 쌓는다는 의미에서는 완벽하게 일치한다.

이러한 관점에서 새삼 비즈니스 세계를 바라보면, 스토리를 활용해 막대한 가치를 창조할 수 있는 곳은 도처에 널려 있다.《스토리텔링으로 성공하라》의 저자인 스티븐 데닝은 "GNP의 28%가 설득과 관련이 있고 그중 3분의 2가 현명한 스토리라면, 실로 20%가량이 스토리와 연관되는 것이다"라고 단언했다.

지금까지 비즈니스에서 스토리만큼 중요하면서도 과소평가된 분야는 없으리라. 특히 업무가 추상화되는 지식사회에 접어들수록 스토리의 구조를 배우는 것은 직장인의 능력을 끌어올리는 최대 지렛대가 된다고 나는 확신한다. 스토리의 구조를 알면 제안 능력과 커뮤니케이션 능력이 향상되고, 관리자로서 신뢰받으며, 나아가 조직 변혁에서 리더십을 발휘할 수 있는 밑바탕을 정비할 수 있기 때문이다. 지식사회에서 스토리는 사업을 성장시키는 핵심이다. 하지만 직장인이 프로 작가처럼 스토리를 구축하는 법을 배우는 것은 시간 낭비에 불과하다. 작가에게 배우는 것은 중요하지만 작가가 될 필요는 없다. 중요한 핵심만 받아들이면 되는 것이다.

전뇌사고 모델은 스토리의 구조를 별로 의식하지 않고 자연스럽게 활용할 수 있게 되어 있다. 시나리오처럼 행동 계획을 세우고, 스토리를 진행하듯 계획을 실행할 수 있다. 이 과정에서 스토리에 대한 지식이 거의 없어도 결과가 좋아지도록 되어 있다. 하지만 최소한 스토리의 구조를 알아 두면 비즈니스의 시각이 본질에 가까워지고, 리더의 자질을 한층 진화시킬 수 있다. 지금부터는 전뇌사고 모델을 활용하기 위한 전제 지식으로, 다음의 세 가지 사항에 관해서 자세히 설명하고자 한다.

① **스토리란 무엇인가?**
② **비즈니스에 스토리를 활용함으로써 얻을 수 있는 효과는 무엇인가?**
③ **왜 스토리가 비즈니스의 성공에 효과적인가?**

196

① 스토리란 무엇인가?

-

스토리에 대한 정의는 인간에 대한 정의와 마찬가지로 설명할수록 더 혼란스러워진다. 그래서 여기에서는 차트를 이용하기로 한다. 다음 페이지의 차트 [5-4]를 보라. 이것이 스토리의 구조다. 할리우드에서는 이미 상식인, 최고 히트작을 만들어 내는 시나리오의 샘플이다.

독자나 관객이 시간을 잊고 빠져드는 스토리……. 천차만별인 것처럼 보이지만 거기에는 어이없을 만큼 단순한 공통 패턴이 있다. 말로 표현하면 '평범한 일상 → 비일상 → 새로운 일상'이다. 여행에 비유하여 '출발 → 비일상을 향한 여행 → 귀환'이라고 표현하기도 한다. 이런 말에 익숙해질 때까지 위화감이 들겠지만, 결코 어려운 이야기는 아니다. 요즘은 초등학생도 배우는 것이므로 직장인이라면 단시간에 배울 수 있을 것이다.

스토리는 먼저 '평범한 일상'에서 시작한다. 그런데 갑자기 사건이 발생한다. 살인사건이 발생하거나 애인이 떠나거나 전쟁에 소집되거나 수다쟁이가 옆집으로 이사 오거나……. 이것이 '비일상'의 시작이다. 평온한 일상이 무너진 주인공은 처음에 저항하다가 자기도 모르는 새 사건에 휘말린다. 비일상의 세계에서 갈등을 거듭할 때마다 자신의 내면을 바라보면서 조금씩 능력을 연마한 끝에 자기 손으로 사건을 해결한다. 그 결과, 대단원의 해피엔딩을 맞으며 자신의 본래 모습을 되찾는다. 그것이 '새로운 일상'이 되는 것이다.

일상의 세계에서 비일상의 세계를 통과하면서 주인공이 성장하고

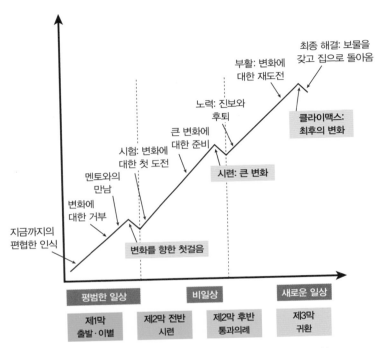

최고 히트작의 패턴은 한 가지다?

* 참고문헌: Christopher Vogler(2007), 《*The Writers Journey: Mythic Structure for Writers*》, Michael Wiese Productions.

다시 일상의 세계로 돌아오는 것이 스토리의 전형적인 패턴이다. 이른바 '영웅의 모험'이라고 하는 잘 만들어진 스토리는 거의 이 패턴을 답습한다. 해마다 드라마나 영화로 엄청난 양의 스토리가 만들어지는데 장르, 주제, 배경, 등장인물만 다를 뿐 밑바닥에 흐르는 시나리오 패턴은 똑같다 해도 과언이 아니다.

이 패턴을 발견한 사람이 신화학자 조셉 캠벨이다. 그는 전 세계의 신화를 연구한 결과, 공통적인 패턴이 있다는 사실을 밝혀냈다. 이는 인류가 동굴에 벽화를 그리던 시절부터 반복된 전승의 패턴이며 인류의 무의식에 새겨져 있는 시나리오라고 할 수 있다. 영화가 중요한 투자 사업인 할리우드에는 확실한 수익을 만들어 주는 '시나리오 컨설턴트'라는 직업이 있다. 스토리에 대한 투자가 '수익을 낳느냐, 못 낳느냐'의 관점에서 시나리오를 분석하여 주식 애널리스트처럼 투자 적격 판단을 내리는 직업으로, 관객을 많이 동원할 수 있는 심금을 울리는 시나리오냐, 아니냐를 논리적으로 분석하는 것이다.

성공하는 기업이 일급비밀로 해야 할 것 중 하나는 스토리의 패턴이다. 고객은 자신의 내면에 흐르는 스토리와 기업이 그리는 스토리가 일치한 순간, 기업의 스토리 속으로 빨려 들어가서 스토리의 등장인물에 자신을 겹치기 시작한다. 미하엘 엔데가 지은 《끝없는 이야기》의 주인공인 바스티안처럼, 처음에는 독자였는데 정신을 차리고 나니 등장인물이 되는 것이다. 기업의 스토리에 끌려 들어간 사람은 그곳의 상품을 소비할 뿐 아니라 그곳 상품의 전도사로 바뀐다. 영웅의 모험은 할리우드가 관객을 모으는 방식임과 동시에 자기 투영형 소비사회에서 기업이 고객을 모으는 방정식이기도 한 것이다.

최근의 관객은 단순히 영웅의 모험으로는 더는 리얼리티를 느끼지 않으므로 영화 제작 시 여러 가지 계산이 이루어진다. 예컨대, 영화 〈타이타닉〉은 거액의 투자금을 회수하기 위해 관객을 100가지 이상의 유형으로 분류하여 모든 관객이 등장인물의 누군가에게 공감할 수 있게 만들었다. 또 사회현상으로까지 자리 잡았던 TV 드라마 〈섹스 앤 더 시티〉에서는 주인공을 한 명이 아니라 캐리, 샬롯, 미란다, 사만다라는 개성 풍부한 네 명의 여성으로 설정했다. 그 결과 "나에게도 이런 면이 있어!"라고, 드라마를 본 여성은 누구나 확실히 한 사람에게 자기 투영을 할 수 있었다고 한다.

양질의 스토리를 접한 관객은 스토리라는 허구의 세계에 머물지 않는다. 해당 세계관을 현실에서 체험하기 위해 스토리의 세계관을 반영하는 상품을 구입하는 것이다. 스토리와 관련 있는 여행은 기본으로, 최근에는 스토리에 협찬 기업의 상품을 담는 PPL product placement이 상투적인 수단이 되고 전문 광고 회사도 다수 존재한다. 〈섹스 앤 더 시티〉에서 등장인물이 사용한 패션 제품에는 사람들의 줄이 끊이지 않는다. 캐리가 쇼핑하기 위해 맨해튼에서 운전한 차는 '벤츠 GLK'라는 콤팩트 SUV로, 이 차는 발매 당시 자동차 저널리스트에게 "보기만 해도 도망치고 싶은 디자인"이라는 혹평을 받았다. 하지만 캐리가 운전한 순간, 도시에서 가장 세련된 SUV로 탈바꿈했다.

이렇듯 비즈니스에 등장하는 스토리는 PPL이 도덕적이냐, 아니냐를 토론할 만큼 막강한 영향력을 갖고 있다. 스토리에 대한 엔터테인먼트 세계의 오랜 연구에서 비롯된 지식을 비즈니스에 적용하면 자기 투영형 소비사회에 무서우리만큼 강력한 효과가 나타난다는 사실을 쉽게 상상할 수 있다.

② 비즈니스에서 스토리의 9가지 효과

–

비즈니스에서 스토리를 활용하는 것이 어떤 효과를 불러오는지 살펴보기로 하자. 스토리의 엄청난 효과를 두 가지로 집약하면, '기억하기 쉽다'는 것과 '전하기 쉽다'는 것이다. 양질의 스토리는 사람들의 기억에 달라붙어서 전염력을 갖는다. 그 결과 마케팅에서 매니지먼트, 브랜딩, 리더십에 이르는 전 영역에서 여러 가지 효과가 생겨난다. 그 효과를 정리하면 다음과 같다.

1. 상품을 기억하게 하는 최고의 방법은 의문의 여지 없이 스토리를 활용하는 것이다. 모든 기억 방법의 본질을 파고들면 이미지끼리 연결하는 작업인 스토리로 귀착한다. 사실이나 자료의 나열은 기억하기 어렵지만 사실이나 자료가 스토리 문맥으로 제시된 경우에는 기억하기 쉽다. 따라서 상품이나 기업을 알리는 메시지에 스토리를 넣은 경우에는 잊으려야 잊을 수 없다.
2. 궁극적으로 네이밍이나 회사명은 그 상품이나 회사의 배경에 있는 스토리의 제목이다. 스토리가 매력적인 네이밍이나 회사명은 쉽게 기억해서 지명 검색하게 된다.
3. 스토리가 없는 업무는 사원에게 기계적인 지시나 명령에 불과해서 기억을 하기도, 의미를 이해하기도 어렵다. 그러면 의욕을 지속적으로 내기 힘들고, 항상 피로감과 스트레스에 시달리게 된다. 한편, 스토리가 있는 경우에는 자신의 업무가 무엇인지 상기하면서

업무에 의미 부여를 한다. 그러면 업무에 임하는 태도에서 표정부터 밝게 변하기 시작해 결국에는 업무를 명확히 해내면서 자신의 자리를 안정적으로 확보하게 된다. 업무에 깃든 스토리를 자발적으로 이어가는 것이다.

4. 스토리가 없는 상품은 고객의 기억에 머물지 않으므로 절실하지 않은 이상 구입하지 않고, 구입하더라도 최대의 판단 기준은 가격이다. 반면에 스토리가 있는 상품은 절실하지 않아도 상품이 가진 세계관을 체험하기 위해서 구입하며, 다른 상품과 비교할 수 없으므로 가격의 영향을 거의 받지 않는다. 또한 상품에 깃든 세계관이 고객 인생의 일부가 되기 때문에 카테고리에 상관없이 관련된 여러 가지 상품을 구입한다.

5. 스토리는 같은 세계관을 가진 사람들을 끌어들인다. 사원과 고객 모두 스토리에 자신을 겹치면서, 방관자가 아니라 기업이 그린 스토리를 추진하는 등장인물로 바뀐다.

6. 스토리는 쉽게 기억되기 때문에 주위 사람에게 쉽게 전파할 수 있다. 또 자기를 투영하면 스토리가 자기 인생의 일부가 되므로, 그 스토리를 전하는 데 기쁨을 느끼게 된다. 그리하여 사원이나 고객은 인센티브 없이도 회사나 상품을 열심히 전파하게 된다.

7. 브랜드란 본질적으로 열렬한 팬들의 숫자다. 기업이나 상품의 스토리에 공감하는 사람들의 커뮤니티가 태어났을 때 브랜드가 만들어지는 것이다(아마 조만간 브랜드 매니지먼트가 아니라 스토리 매니지먼트라고 불릴 것이다).

8. 양질의 스토리는 그 스토리에 공감한 사람들 사이에서 서브 에피소드를 만들어 낸다. 각자 체험한 비슷한 스토리를 만들어 내는 것이다. 이렇게 스토리의 장場이 확대되면 상품과 기업은 전설이 된다.

9. 사람들의 세계관을 상징하는 스토리를 만들고 그 스토리를 말하는 것이 리더십의 본질이다.

기업이 스스로를 투영할 수 있는 스토리를 만들어 내면 사원이나 고객 모두 삶의 의미를 발견할 수 있을 만큼 막대한 영향력을 갖게 된다. 스토리의 창작은 상상 속의 놀이처럼 보이지만 실은 현실을 형태로 만드는 것뿐이다. 반면에 스토리를 잃어버리는 것은 현실을 잃어버리는 것이다. 고도성장기의 일본은 물건의 소유가 곧 행복이라는 가치 안에서, 아무 생각을 하지 않아도 본인이나 회사의 비전에 관한 스토리를 가질 수 있었다. 그런데 지금은 그 스토리가 무너졌다.

사회에 스토리가 존재하는 것을 당연시하는 사람은 스토리가 존재하지 않는 상태를 쉽게 상상할 수 없다. 아마 물속에 있는 것이 당연했던 물고기가 물을 잃어버리는 것이나 마찬가지 아닐까? 그 괴로움에 가장 가까운 것은 실연 상태라고 할 수 있으리라. 상대를 사랑하는 동안은 상대에게 자신의 장래를 겹치며 살아간다. 그런데 상대가 있는 것이 당연했던 상태에서 별안간 이별을 통보받으면 어떻게 될까? 그러면 자신을 투영하는 것을 갑자기 잃어버리게 된다. 마음에 커다란 구멍이 뚫렸다는 표현을 하는데, 그것은 곧 자신을 잃어버렸다는 뜻이다.

	내부(사원)에 끼치는 영향	외부(고객)에 끼치는 영향
사실	• 작은 사실, 지시에 따르는 업무. • 업무의 의미를 찾을 수 없다. 의욕이 솟구치지 않는다.	• 상품의 특징을 나열한다. • 필요해서 어쩔 수 없이 산다. 구입의 판단 기준은 저렴한 가격이다.
기억	• 사실과 사실의 연관성을 이해한다. 목적지를 이해한다. • 업무의 의미를 알 수 있다. 정보가 달라진다.	• 기억에 남는다. 상품의 의미를 이해한다. • 다른 상품과 비교해서 스토리가 있는 상품에 호감을 가진다.
투영	• 목적지를 자신의 것으로 받아들인다. • 업무상 자기 나름대로 연구하기 시작한다. 집중력이 늘어난다. 발언하기 시작한다.	• 상품의 배경에 있는 세계관에 공감한다. • "이런 상품을 가지고 싶었다"라고 미처 느껴 보지 못한 욕구를 깨닫는다.
행동	• 장애 극복이나 도전을 자기 힘으로 하려고 한다. • 자기 의견을 말한다. 필요한 것을 배우려고 한다.	• 구입한 상품을 더 잘 이해하려고 노력한다. • 구입하려고 노력한다.
전파	• 업무가 인생의 일부가 된다. • 자신을 초월한, 더 가치 있는 것을 위해 일하게 된다.	• 상품과 그 상품을 제공한 회사가 자기 인생의 일부가 된다. • 배경에 있는 세계관을 적극적으로 실천하여 자기 주위에 전파한다.

아틀라스 세대가 업무에서 보람을 찾을 수 없다고 한탄하는 것도, 나아가 기업 안에서 우울증을 비롯한 정신 질환이 늘고 있는 것도, 기존에 당연시했던 스토리를 잃어버리고 그것을 대신할 새로운 스토리를 그릴 수 없기 때문이 아닐까? 그렇다면 지식사회에서 리얼리티가 있는 대담한 스토리를 그리는 기업은 강해지고, 그런 스토리를 만들어야 할 책임은 참으로 막중해지리라.

제3구조 [결과]
: 곡선을 통해 피드백하라

"울트라맨은 지구에 3분밖에 있을 수 없으면서 왜 컬러타이머가 깜빡일 때까지 스페슘 광선을 쓰지 않을까?"

"영화 속 주인공은 왜 악당을 바로 처치하지 않고 꼭 뜸을 들이다가 외려 공격당할까?"

흔히 말하는 이런 유머를 들으면 직장인은 도저히 웃을 수 없다. 하루하루 업무에서 반복되는 행동과 똑같기 때문이다. 이 웃음의 배경에 있는 구조를 아는 순간, 당신은 업무의 결과를 내기 위한 중요한 열쇠를 손에 넣게 된다. 전뇌사고 모델에서는 그 구조를 곡선으로 표현한다. '현재의 고객'과 '미래의 고객'을 연결하는 평범한 곡선. 하지만 산도 있고 계곡도 있는 이 곡선이 비즈니스에서는 압도적인 차이를 만든다.

그런데 왜 직선이 아니라 곡선인가?

현실은 곡선으로 만들어진다

-

비즈니스에서 올바른 전략을 발견하면 목적지를 향해 일직선으로 성공할 수 있다고 생각한다. "사실에 근거해 올바르게 분석하면 반드시 성공한다"라고 여기는 것이다. 그런데 아무리 올바른 전략을 발견해도 현실에서는 제안서 내용처럼 일직선으로 성공할 수 없다. 스토리의 등장인물이 갈등을 극복하지 않는 이상 해피엔딩이 찾아오지 않는 것처럼, 비즈니스의 등장인물 역시 업무상 여러 가지 갈등을 경험하지 않고서 목적지에 들어가는 일은 있을 수 없다.

왜 머리를 짜내서 생각한 훌륭한 전략을 실행해도 일직선으로 성공하지 않을까? 무의식 차원에서는 오히려 갈등을 원하고 있기 때문이다. 갈등 없는 영화를 보는 사람이 없는 것처럼, 현실에서도 갈등 없는 인생을 걸어가는 사람은 없다. 업무에 사람이 모이고 프로젝트가 시작되면 무의식중에 우여곡절이 많은 드라마를 만든다. 우리는 쉽게 성공하기보다 산도 있고 계곡도 있는 경험을 원한다. 갈등을 만들어 내는 것은 우리 자신이다.

이 무의식의 패턴을 확인하고자 내가 고안한 재미있는 게임을 소개한다. 방법은 매우 간단하다.

1. 팀은 모두 여섯 명으로, 한 명은 감독이 된다.
2. 어떤 프로젝트라도 좋으니 시작부터 결과가 나올 때까지의 과정을 여섯 명이 상황극으로 표현한다.
3. 대사는 하지 않고 100까지의 숫자를 순서대로 말한다. 한 사람이 "1, 2"라고 말하면 다음 사람은 "3, 4, 5"라고 말한다. 세 번째 사람은 "6, 7", 네 번째 사람은 "8, 9, 10, 11"이라고 말하는 식이다. 숫자를 몇 개 말하는가는 자유이지만, 상황극이니까 감정을 넣어서 숫자를 말한다.
4. 감독에게는 비밀 미션이 주어진다. 상황극을 관찰하면서 목소리 톤이 높아지는 곳은 전부 몇 군데인지, 어떤 숫자를 말할 때인지 기록한다.

결과는 어떨까? 목소리 톤이 높아지는 곳은 모두 네 군데다. 평균적으로 보면 33 부근, 50 부근, 66 부근, 그리고 85~90 부근이다.

이러한 배분은 할리우드 영화의 방정식, 즉 신화에 근거한 '영웅의 모험'을 따른다. 다시 말해, 프로젝트를 진행하는 과정에서 우리는 무의식중에 드라마의 등장인물처럼 신화의 패턴에 근거해 행동한다고 할 수 있다. 신화를 무의식의 지도라고 말하는 이유가 바로 여기에 있다. 처음에 자신의 행동은 모두 자신의 의식이 결정하고 있다고 믿어 의심치 않았던 나는, 무의식중에 내 의식이 신화의 영향을 받고 있다고 받아들이기 어려웠다. 하지만 생각해 보니 이상한 일도 아니었다. 한번 자전거를 타면 몇 년을 타지 않아도 다시 탈 수 있는 것처럼, 동굴에 살던 시절부터 몇 세대에 걸쳐 끊임없이 들어온 스토리의 패턴은 특별히 의식하지 않아도 자신의 행동에 반영되기 때문이다.

내 행동은 내가 결정한다는 믿음을 버리는 순간, 우리는 중요한 기술을 손에 넣게 된다. 한 단계 위에서 무대를 바라보는 것처럼 사고의 수준을 높일 수 있는 것이다. 본인이 연기하면서도 한 단계 위인 감독의 처지에서 무대를 바라보는 것은 뛰어난 리더의 시점과 똑같지 않은가. 우수한 리더의 자질 중에는 프로젝트를 진행하면서 영향력 있는 사건을 미리 파악하고 적절한 타이밍에 키를 조종하는 능력이 있다. 앞에서 말한 무의식의 행동 패턴을 알아 두면 프로젝트의 진행 과정에서 문제가 생기는 타이밍을 예측할 수 있다. 사전에 대책을 세울 수 있기 때문에 위험이나 손해를 최소한으로 줄일 수 있다.

프로젝트 전체를 209쪽의 차트 [5-6]처럼 곡선으로 그려 보자. 그리고 프로젝트의 시작을 1, 끝을 100으로 쳐서 프로젝트 진행 단계별로 100개의 눈금을 그린다. 그리고 문제가 발생한 타이밍에 해당하는 숫자가 몇인지 살핀다. 만약 33이라면 프로젝트 진행 시 직면하는 첫 번째 문제다. 그러면 두 번째, 세 번째 문제는 각각 50, 66 부근에서 일어나리라고 예측할 수 있다. 다른 사람들은 볼 수 없는 것을 볼 수 있으므로 적절히 상황을 조종할 수 있다. 프로젝트 리더로 신뢰성을 얻을 수 있는 중요한 능력이다.

나는 프로젝트의 전체 모습을 높은 시점에서 바라보아 문제 발생을 예측하고 사전에 대책을 취하는 사고 방법을 '시나리오 사고'라고 부른다. 물론 절대적인 판단이 아니라 단순한 두뇌 체조 정도로 받아들이기를 바라지만, 실제로 실행해 보면 예언자처럼 문제를 예측할 수 있다. 평소에는 별로 의식하는 일이 없어서 고개를 갸웃거릴 수도 있지만, "두 번 있는 일은 세 번도 있다"라는 말이 있듯이 지금까지 경험에서 나온 일들을 응용한 것뿐이다.

스토리뿐만 아니라 현실의 비즈니스에서도 갑자기 해피엔딩이 되지 않는 것은, 갈등을 통해 한 사람 한 사람이 자신의 내면을 바라보고 인간으로서 성장해야 하기 때문이다. 갈등의 배경에서는 자신을 성장시키기 위한 스토리가 움직이고 있다.

이를 뒷받침할 증거로, 개인적 갈등이 주로 비슷한 사람들 사이에서 일어나는 현상을 들 수 있다. 프로젝트를 진행하는 도중에 의견이 다르고 서로 부딪히는 사람들을 옆에서 지켜보면, 똑같은 성격에 똑같은 개선 과제를 껴안고 있는 사람들인 경우가 대다수다. 그런데 그들을 향해

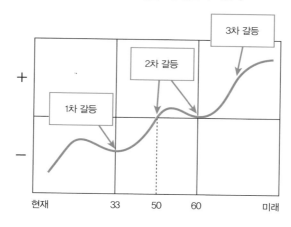

예언자처럼 문제를 예측할 수 있다

* 시나리오 작법에서는 갈등이 드라마의 중간에 생기는 센트럴크라이시스central crisis, 후반에 생기는 딜레이드크라이시스delayed crisis로 두 가지 패턴을 쓴다. 현실에 응용할 때도 이 두 가지 패턴을 준비하는 것이 중요하다.

서로 똑같다고 말하면 "나와 저 사람을 똑같이 취급하지 마!"라고 불같이 화를 낸다. 두 사람은 서로 부딪히면서 서로 성장한다는 무의식적 계약을 맺고 있다. 그런데 그 계약 내용은 자신의 내면을 바라보지 않으면 알 수 없다. 두 사람은 문제問題가 발생함으로써 제題, thema를 묻는問, 즉 눈앞의 문제가 자신의 성장에 어떤 의미가 있느냐는 질문에 대답해야 한다. 상대와 부딪히는 의미를 생각하고 그 드라마의 제를 이해한 후 자신을 성장하게 만들면 똑같은 문제는 일어나지 않는다. 하지만 문제의 의미를 알려 하지 않고 원인을 다른 사람에게 돌리면, 아무리 오랜 시간이 지나도 인간적으로 성장하지 않는다. 결국 다람쥐 쳇바퀴 돌듯이 똑같은 문제를 반복하게 되는 것이다.

여기에서 알 수 있듯이, 업무는 결과만 내면 되는 것이 아니라 한 사람 한 사람의 인간적 성장이 시험에 오르는 심오한 장이다. 사람이 업무를 통해 성장한다는 배경을 알면, 프로젝트가 성공하는 과정에서 문제 발생이 불가피하다는 사실을 깨달으리라. 오히려 문제를 회피하는 것은 자신의 성장 기회를 놓치는 것이다. 이는 장기적으로 볼 때 기업이나 조직의 성장을 멈추는 계기로 작용한다.

프로젝트는 직선이 아니라 곡선으로 목적지를 향한다. 이 과정에서 고차원의 현실적인 시각을 지닌 리더는 위기에서도 여유롭게 대처할 수 있고, 프로젝트 구성원들의 신뢰를 얻으며 강력한 통솔력을 발휘해 끊임없이 이어지는 문제를 뛰어넘을 수 있다.

TEFCAS를 사용한 단계별 과제 해결

–

프로젝트가 곡선으로 나아간다는 것을 전제로, 성과를 확실히 내기 위해서는 어떻게 하는 것이 좋을까? 다시 말해, 벽에 부딪혔을 때는 어떻게 극복하는 것이 좋을까? 여기에는 두 가지 비결이 있다.

첫 번째 비결은 기대와 현실의 차이가 클 때 기대를 높이 유지하는 것이다. 차트 [5-7]을 참고하기 바란다. 앞에서도 말했듯이, 제안이나 기획을 할 때는 최종 목적지를 직선으로 예상하는 것이 대부분이다. 그런데 현실은 차트 [5-7]처럼 곡선으로 나타난다. 처음에는 곡선으로

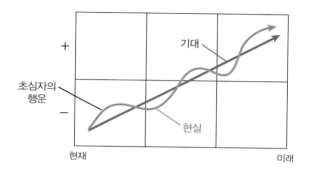

현실이 직선으로 나아간다고 생각하면
기대와의 괴리가 생기므로 쉽게 좌절한다

그리는 '현실'이 직선으로 그리는 '기대'를 웃도는 일이 있다. 초심자의
행운beginner's luck이라는 현상이다. 그런데 이후에 현실이 기대를 밑도는
일이 많다. 여기가 중요한 국면이다.

　현실이 기대를 밑도는 상황이 계속되면 사기가 떨어진다. 본래 기대
를 밑도는 것은 당연한 일이지만, 그 상황을 전체의 시나리오 안에서 파
악하지 못하면 영원히 침체가 계속된다고 생각한다. 그러면 프로젝트
구성원들은 이윽고 실패하는 이유를 생각하는 데 에너지를 쏟기 시작
하고, 결국 기대를 낮추어서 낮은 결과에 안착하든지 프로젝트 자체를
포기한다.

　전뇌사고 모델에서는 현실이 기대대로 되지 않는 상황을 곡선 그리
는 시점에서 이미 상정한다. 따라서 일이 잘되지 않아도 감정적으로 당

황하지 않고 적극적으로 대처한다. 벽에 부딪혔을 때는 '예상한 일이 일어났을 뿐'이라고 가볍게 받아넘기며 기대를 높이 유지하는 것이 목적을 실현할 수 있는 비결이다.

두 번째 비결은 프로젝트 진행 과정에서 문제가 발생했을 때 어떤 대책을 취할지 미리 예상해 놓는 것이다. 프로젝트에서 발생할 수 있는 전형적인 문제와 그 문제를 극복하는 패턴을 알고 있으면 도중에 좌절하지 않고 목적의 실현 가능성을 높일 수 있다. 그 패턴에서 활용할 수 있는 가장 적합한 방법이 TEFCAS[7]이다.

TEFCAS는 토니 부잔이 제창한 방법으로, 목적 실현을 위한 과정을 관리하는 사이클이다. 본래 뇌의 자연스러운 작용을 최대한 활용하는 것이 특징이다. 우리가 목적을 명확히 이미지화하면 뇌는 목적 달성을 향한 작용을 계속하도록 구조화된다. 앞에서 말했듯이 뇌에는 이미지와

차트 5-8 전뇌사고 모델과 TEFCAS

TEFCAS는 전뇌사고 모델과 서로 보완한다

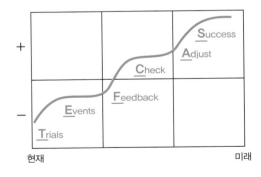

현실의 차이를 발견한 경우에 활성화되는 부위가 있다. 또한 뇌에는 시행착오를 통해 배워 나가는 효과적인 학습 구조가 갖추어져 있다는 사실은 이미 널리 알려져 있다. 성공을 향해 계속 학습해 가는 뇌기능을 프로젝트 추진에 응용하면 놀라우리만큼 단숨에 목적지에 도착하게 된다. TEFCAS는 차트 [5-8]처럼 전뇌사고 모델과 서로 보완하면서 사용할 수 있다. TEFCAS의 단계를 설명하면 다음과 같다.

- **Success**(성공) TEFCAS의 최초 단계는 놀랍게도 최종 단계에서 시작된다. 뇌는 '성공'을 명확하게 이미지화하면 성공의 실현을 향해 24시간 끊임없이 작동하기 때문이다. 여기서 한 가지 주의할 점이 있다. 뇌는 스스로 가치를 판단할 수 없기에 목적지가 긍정적이냐, 부정적이냐를 불문하고 실현을 향해서 달려 나간다는 것이다. 따라서 목적이 정말로 자신과 주위 사람에게 도움이 되는지 미리 확인해야 한다.

- **Trials**(시도) 가설을 시도하는 단계다. 100% 완벽히 할 때까지 고민하지 말고, 머릿속에 생각이 떠오르는 즉시 시도해 보기 바란다. "이거다!"라고 느낀 것은 작은 것이라도 전부 체험해 보겠다는 마음가짐이 중요하다. 그러면 체험으로밖에 얻을 수 없는 방대한 정보가 손에 들어온다. 결국 작은 실험을 많이 시도하는 사람이 일찍 성공할 수밖에 없다. 그래서 'Trials' 대신 'Try-All'로 나타내는 경우도 있는데, '모든 것을 시도한다'

는 도전 정신을 강조하려는 것이다.

- **Events**(사건) 실험의 결과 발생하는 사건을 객관적으로 관찰한다. '결과'가 아니라 '사건'이라고 하는 데에는 이유가 있다. 첫 번째 실험의 결과가 좋고 나쁨에 상관없이 어디까지나 첫걸음에 불과하기 때문이다. 결과에 일희일비하지 말고 단순한 사건으로 받아들이는 것이 중요하다.

- **Feedback**(피드백) 실험을 한 결과 발생한 사건에서 피드백을 얻는다. 표면상 부정적이어도, 결과에 그만큼 가까이 다가가는 정보나 경험이라고 긍정적으로 해석한다. 잘되지 않아도 실패로 여기지 말고, 성공에 이르는 드라마의 한 가지 에피소드로 포착한다. 피드백을 어떻게 받아들이느냐에 따라 결과에 중요한 영향을 끼친다. 성공하기 위한 중요한 생명선이다.

- **Check**(확인) 피드백이 명확한 자료에 근거한 신뢰성이 있는지 확인한다. 부정확하고 불완전한 피드백은 성공에 위험하기에, 이 단계에서는 선입견을 버리고 자신이 처한 상황을 객관적이고 논리적으로 바라본다.

- **Adjust**(조정) 목적을 실현하기 위한 조정 단계로, 최종 마무리를 장식하기 위한 구체적인 방책을 취한다. 여기까지 오면

체험을 통해 현실을 깊이 이해하고 있으므로, 목적의 정의 자체를 수정하거나 더 좋은 가설을 떠올리는 일도 있다. 이때는 필요에 따라 TEFCAS를 '실험'부터 반복한다. 이미 경험을 쌓았기에 실험부터 시작해도 프로젝트를 원만하게 진행할 수 있을 것이다.

- **Success**(성공) 당신이 선명하게 이미지화했던 성공을 거둔다. 성공한 사람들이 말하기를, 최종의 성공은 최초의 이미지를 아득히 뛰어넘는다고 한다. 프로젝트가 끝난 단계에서는 처음의 이미지 이상으로 성공하지 않았다고 여길지 모르겠지만, 시간이 지나 되돌아보면 자신의 행동이 엄청난 결과로 이어진 것에 깜짝 놀랄 것이다. 또 프로젝트가 끝나면 축하하는 것이 중요하다. 앞에서도 말했듯이, 포유류의 뇌는 기억에 따라 의욕을 낼지 말지 판단한다. 앞으로 결과를 향해 더 의욕을 내기 위해서는 목적을 달성했을 때 진심으로 기뻐하며 축하하는 것이 좋다.

전뇌사고 모델의 곡선은 뇌의 성공지향 기능을 토대로 개발한 TEFCAS를 시각화한 것이라고 할 수 있다. 성공의 이미지를 떠올리는 사고 단계에서 현실과 일치하는 곡선을 시각적으로 볼 수 있는 사람은 반드시 좋은 결과를 얻을 수 있다. 프로젝트를 추진하는 과정의 행동과 결과를 성공이나 실패로 판단하는 게 아니라 단순한 정보로 활용하도록 에너지를 쏟을 수 있기 때문이다. 잠시 생각해 보기 바란다. '잘되었다, 잘되지 않았다'로 일희일비하는 사람과, '잘되지 않았다'라는 것까지 성공을 위한 하나의 정보로 활용하는 사람 중 누가 더 빨리 목적을 실현할까? 그 답은 말하지 않아도 알 수 있으리라.

예전에 어떤 축구 명장이 이런 말을 했다.

"시합 도중에 관객은 절망적인 마음으로 야유하기도 하는데, 그때 나는 전혀 신경 쓰지 않습니다. 부정적인 사건이 일어나도 '어? 왜 저러지?'라고 생각할 따름이죠. '승리는 이미 정해져 있는데, 내가 시나리오를 잘못 읽었나?'라고 생각하며 이길 때까지 시나리오를 조정하는 겁니다."

명장은 미래의 승리로부터 역산해 현재 일어나는 사건의 의미를 스스로에게 묻는다. 반면에 평범한 사람은 현재 일어나는 승패의 연장으로 미래를 조정한다. 전뇌사고 모델이 좋은 결과로 이어지는 것은, 목적을 실현할 때까지 일어나는 변화를 '성공과 실패'가 아닌 하나의 정보로 삼아 개선책을 발견하는 명장처럼 자연스레 사고할 수 있기 때문이다.

지금까지 전뇌사고 모델이 왜 발상·행동·결과를 쉽게 만드는지, 그 배경에 있는 구조를 설명했다. 이 방법론의 특징은 정보 탐색과 동기 부여에 있어서 기존의 전략 수립 프레임워크가 외부를 향하는 것과는 달리 내부를 향한다는 점이다. 다시 말해, 내부적인 지성을 최대한 활용하는 방법이라고 할 수 있다.

기존의 전략 수립 프레임워크와 명확한 차이를 보이는 전뇌사고 모델은 사실상 전략 수립 프레임워크와 경쟁하기는커녕 오히려 그것을 보완한다. 전략 수립 프레임워크의 목적이 논리적으로 올바른 결론을 이끌어 내는 것이라면, 전뇌사고 모델의 목적은 행동하면서 검증해가는 가설을 발견하는 것이다. 올바른 결론을 추구하는 게 아니라 끝까지 가설을 찾아내고 행동을 촉구한다. 그리고 행동을 통해서 이상적인 비전을 선택한다. 완벽주의 방관자가 아니라 현실주의 실행자를 지원하는 사고법인 것이다. 사실 '전뇌사고 모델'이라는 이름을 붙여 새로운 사고법인 것처럼 설명하고는 있지만, 뛰어난 직장인들은 지금도 당연하게 실행하는 사고법이다.

사원 3만 명의 기업에서 400명의 부하직원을 두고 있는 한 관리자에게 전뇌사고 모델을 시도했을 때의 일이다. 그녀는 처음에 좀처럼 '미래의 고객' 이미지를 떠올리지 못하고, 이 방법은 자기에게 맞지 않는다며 불안해했다. 그런데 계속 생각을 파헤쳐 내려가더니 불과 두 시간 만에 자신의 라이프워크lifework가 될 수 있는 비즈니스 콘셉트를 얻었다. 그 후 나는 전뇌사고 모델의 이면에 있는 구조를 그녀에게 설명했다. 그녀는 몇 초간 멍하니 앉아 있더니 혼잣말로 중얼거렸다.

"생각해 보니…… 지금까지 이것과 똑같은 일을…… 계속 해왔어."

그리고 이내 확신에 가득 찬 목소리로 덧붙였다.

"난 또 뭐라고! 내가 어릴 때부터 해온 것처럼 하면 되잖아!"

그렇다. 양질의 사고는 새로 복잡한 훈련을 거쳐야만 얻을 수 있는 게 아니라, 이미 가지고 있는 것을 어떻게 살리느냐에 달려 있다.

6장

실행을 부르는
논리적 사고

생각은 피곤할까?

사람들의 의견은 정확히 두 가지로 나누어진다.

어느 대형 금융기관의 인재 육성 담당자가 자사의 기획 담당자 몇 명에게 전뇌사고 모델을 소개하고 의견을 구했을 때였다. 약 과반수의 기획 담당자는 "이거 괜찮은데요"라고 가능성을 높게 평가했다. 그러나 나머지의 의견은 부정적이었다. 전뇌사고 모델의 의의와 효과에 의문을 가졌기 때문이 아니다.

"좌뇌를 사용하기도 힘든데, 우뇌까지 사용하려면 너무 힘들지 않을까요?"

'음…… 우뇌를 사용하는 게 그렇게 피곤한 일인가……?'

나는 그들의 의견을 듣고는, 토니 부잔이 좌뇌뿐 아니라 우뇌도 사용해야 한다고 강조하기 위해 냈던 퀴즈를 떠올렸다.

"달리기할 때, 두 발로 뛰는 것에 비해 한쪽 발을 묶고 뛰면 힘이 얼마나 줄어들까요? 50%? 20%? 아니면 5%?"

'힘이 줄어드는 정도가 아니라 마이너스가 된다'가 정답이다. 그렇지 않은가. 두 발이 자유로우니 뛸 수 있지, 한 발에 족쇄가 채워진 상태에서는 결과를 기대하는 것은 고사하고 달릴 의욕조차 잃어버리지 않을까?

뇌도 마찬가지다. 한쪽 뇌밖에 사용하지 못한다는 것은 뇌 한쪽에 족쇄가 채워진 것이나 똑같지 않은가. 좌뇌만으로 생각해 실적을 내라고 요구하면 어떻게 될까? 생각할수록 지치고 피곤해서 생각할 의욕을 잃어버릴 것이다. 더 슬픈 것은 족쇄에 익숙해지면서 족쇄를 풀 기력조차 없어진다는 점이다. 생각이 가치를 낳는 지식사회에서 최악의 상태라고 할 수 있다. 뛰어난 능력을 발휘하는 인재를 육성하기는커녕 의욕 없는 인재를 양산하게 되는 것이다.

언제부터 이렇게 생각하는 것이 힘들어졌을까? 어떻게 하면 뇌의 족쇄를 풀 수 있을까? 생각하면 피곤하다고 느끼기 시작한 것은 최근 몇 년 사이의 일이다. 경영서에서 경영 컨설턴트들이 개발한 논리적·분석적 사고법을 왕성하게 소개한 다음부터다. 지식사회로 이행하는 과정에서 비즈니스가 점차 추상화되면서 차트나 일러스트를 이용해 복잡한 상황을 멋지게 해결하는 경영 컨설팅 방식은 더욱 필요해졌다. 이러한 논리적·분석적 사고법은 처음에 경영 컨설턴트들이 경영 간부에게 프레젠테이션을 할 때만 사용했다. 그런데 이후 중간관리자가 사업 전략이나 방침을 판단하고 결정할 때, 또 젊은 사원이 보고할 때도 사용하기 시작했다.

이런 식으로 여기저기서 논리적·분석적 사고를 하게 되자 폐해가 나타나기 시작했다. 전문적으로 공부한 적이 없는 사람이 자신감 상실의 소용돌이에 빠지는 것이다. 모처럼 좋은 아이디어를 떠올렸는데도, 논리적으로 올바르게 설명할 수 있다는 자신감을 가질 수 없다. 회의시간에 과감하게 제안했지만, 나약한 모습이 상대에게 전해져서 논리적으로 취약한 부분을 지적당한다. 반론의 근거가 눈앞에 뻔히 있는 데도 큰 소리로 말하지 못한다. 이래서는 안 된다고 생각해서 이런저런 프레임워크를 배우려고 하지만, 아무리 책을 들여다봐도 어려운 말만 잔뜩 쓰여 있다. 가까스로 끝까지 읽지만, 알 것도 같고 모를 것도 같고……

유능한 경영 컨설턴트처럼 논리적·분석적 프레임워크를 자유자재로 활용하려면 2년간 집중 훈련을 받아야 한다. 그렇지 않아도 처리해야 할 정보량이 늘어나는 가운데 "좌뇌를 쓰는 것도 이미 한계에 이르렀다!"라는 소리가 쏟아지는 것도 당연하다.

목적과 도구가 불일치할 때

이러한 괴로움 속에서 발버둥 치게 되는 이유는 오해와 혼란 때문이다. 목적과 도구가 맞지 않아서 필요 이상으로 어려움을 겪는 것이다. 애초에 논리적·분석적 사고법은 경영 컨설턴트가 클라이언트 기업의 상황을 진단하고 해결책을 제시하기 위해 사용해 왔다. 다시 말해, '진단과 해결'을 목적으로 개발된 것이다. 의사가 환자를 진단하고 치료 방침을 결정하듯이, 시행착오는 허용되지 않는다. 설명 책임이 따르는 만큼 사실에 근거하여 최대한 확실한 결론을 이끌어 내야 한다. 반면에 직장인이 업무를 추진하는 경우에는 어떠한가? 비즈니스에는 설명 책임보다 행동과 결과에 대한 책임이 필요하다. 업무 성과를 올리기 위해 생각해 낸 가설을 행동으로 옮겨 결과를 내는 것, 즉 가장 중요한 목적은 '가설과 행동'이다. 이 경우에는 행동을 통해 얻어지는 정보가 많으므로, 시행착오는 불가피하다. 다만 이때 중요한 것은, 무턱대고 시행착오를 하는 게 아니라 가설 단계에서 분석적 사고를 하여 전제 조건에 선입견이나 편협함이 없도록 하는 것이다.

차트 [6-1]을 보면 알 수 있듯이, 경영 컨설턴트와 일반 직장인은 처지가 다르기 때문에 필요한 사고법도 달라야 한다. 구태여 비유하자면, 환자를 진단하고 치료하는 의사와 체력 증진을 위해 운동하는 건강한 사람의 처지 같다고나 할까? 전자는 잘못이 있어서는 안 되기 때문에 머리에 쥐가 날 정도로 공부를 해야 하고, 후자는 신속하게 결단하고 실행하기만 하면 된다. 이렇게 엄청난 차이가 있음에도 불구하고 현재 너나 할 것 없이 논리적·분석적 사고법을 활용하고 있다. 직장인이 아무리 열심히 배워도 자신의 업무에 필요한 행동이나 결과로 어떻게 이어지는지 모를 공산이 크다. 생각하는 것이 힘들어진 현상은 바로 여기에서 비롯된다.

물론 경영 컨설턴트가 클라이언트 기업을 위해 사용하는 사고법은 직장인이 사고력을 훈련하는 데 아주 큰 도움이 된다. 실제로 경영 컨설턴트의 사고법에서 '가설과 행동'을 목적으로 하는 도구들이 점점 느는 추세다. 다만 중요한 사실은, 어떤 목적으로 개발되었는지 파악하지도

생각할수록 피곤한 것은 목적과 도구의 불일치 때문이다

	경영 컨설턴트에게 필요한 사고법	지식사회 현장에서 필요한 사고법
목적	**진단과 해결**: 정확한 사실에 근거한 엄밀한 논리 구축을 통해, 되도록 정확한 결론을 이끌어 낸다.	**가설과 행동**: 업무를 더 잘 해내기 위해 가설을 세우고 실행한다.
과정	시행착오는 허용되지 않는다.	현명한 시행착오, 즉 작은 문제를 차곡차곡 쌓는 것이 중요하다.
책임	설명 책임	행동 책임, 결과 책임
평가 요소	정확	신속
공부 수준	여러 가지 논리적·분석적 사고법을 익히고 경험을 쌓으면, 문제에 따라 필요한 사고법을 선택할 수 있다. 사고법을 자유자재로 활용하려면 최소한 2년이 걸린다.	가설의 실행을 통해 발생하는 위험을 최소화하기 위한 논리 구축 방법과 주위 사람의 이해 및 응원을 받기 위한 커뮤니케이션 방법으로 축소해 배우면 된다.

않은 채 살아남기 위해 배워야 한다는 절박한 심정으로 무턱대고 배우면 시간 낭비라는 것이다. 아무리 열심히 배워도 응용력을 발휘하지 않으면 당장 눈앞의 일에 전혀 도움이 되지 않는다. '진단과 해결'을 목적으로 하는 경영 컨설턴트의 사고법을 일상 업무에 적용하는 것이 얼마나 난센스인지 다음의 일화를 보면 알 수 있다.

한 양치기가 있었다. 어느 날 멋진 양복을 차려입고 최고급 자동차를 탄 남자가 양치기를 찾아왔다. 그러고는 한 가지 제안을 했다.

"이 목장에 있는 양이 몇 마리인지 정확히 맞히면 선물로 양 한 마리를 주지 않겠소?"

양치기는 대답했다.

"나도 한 가지 조건이 있소. 만약 내가 당신의 직업을 맞히면 그 차를 나에게 주지 않겠소?"

'양치기가 처음 본 나의 직업을 어떻게 맞히겠나.'

남자는 회심의 미소를 지으며 양치기의 조건을 받아들였다.

"양은 모두 126마리요!"

남자는 그렇게 말한 뒤 승리를 거머쥔 사람처럼 주위가 떠나가라 웃음을 터뜨렸다. 그러자 양치기가 설레설레 고개를 저으며 귀찮은 듯이 대답했다.

"당신의 직업은 경영 컨설턴트지 않소?"

그 순간 남자는 비명을 지르며 새파랗게 질린 얼굴로 대꾸했다.

"그, 그걸 어떻게 알았소?"

양치기가 대답했다.

"내가 뻔히 알고 있는 것을 일부러 가르쳐 주고, 더구나 그것을 이용해 돈을 받으니 경영 컨설턴트지."

여기서 내가 하고 싶은 말은, 경영 컨설턴트에게 의뢰해 분석을 받지 않아도 업무를 제대로 하는 사람은 본인에게 필요한 것이 무엇인지 알고 있다는 것이다. 양치기는 이미 양이 126마리 있다는 사실을 알고 있으므로, 그는 모든 양이 순조롭게 성장하는 비전을 그리면 된다. 좋은 아이디어가 떠오르면 현상을 진단하거나 분석할 필요 없이 모든 에너지를 실행에 쏟으면 되는 것이다. 비전을 향한 행동에 초점을 맞추면 업무의 에너지를 크게 절약할 수 있다.

　쿠시볼 사업을 예로 들면, 전뇌사고 모델을 통해 '공부 습관을 들이게 하는 교재로 제공한다'라는 아이디어가 태어났다. 이런 가설에 도착하는 데 '진단과 해결' 프레임워크를 사용할 수도 있다. 혼란스러운 정보를 정리하는 사이에 문제의 본질이 보이고, 그 해결책으로 뛰어난 가설을 발견하는 일도 적지 않다. 그리고 그 가설은 올바를지도 모른다. 하지만 당신 자신의 사업을 생각한다면 일부러 그 단계를 밟지 않아도 가설, 더구나 가슴 두근거리는 가설을 발견할 수 있다. "재미있다!"라고 가슴 두근거리는 가설을 발견한 순간, 돌연 사업에 피가 돌기 시작한다. 사업이 비전을 향해 스스로 움직인다는 느낌을 얻을 수 있는 것이다.

가설 실행 과정의 요점

　가설을 발견한 후에 해야 할 일은 가설을 실행하는 것이다. 그러기 위해서는 어떤 작업이 필요할까? 이것이 이 장의 주제이자, '실행을 부르는 논리적 사고'의 요점이다. 결론부터 말하면, 가설의 실행 과정에서 중요한 점은 다음의 세 가지다.

　① 이해하게 한다.
　② 납득하게 한다.
　③ 응원하게 한다.

세 가지 모두 매우 중요하고 당연하다. 하지만 지금 상태에서는 구체적으로 무엇을 어떻게 해야 할지 알 수 없다. 지금부터 이 세 가지를 충족시키기 위한 방법론과 도구를 하나씩 소개하고자 한다. '이해'와 '납득', 이 두 가지는 논리적 사고의 기본 내용으로 여러 경영서에 자세히 설명되어 있다. 그래서 여기에서는 모든 기술을 망라하지 않고 즉시 효과가 나타나는 기술을 콕 집어 소개하기로 한다. 그 기술은 내가 여러 가지 논리적·분석적 사고법을 배워 종합한 것으로, 새로운 기획과 제안을 할 때마다 활용하고 있다. 패턴은 하나지만 좋은 결과가 나오므로 당신도 분명히 좋아할 것이다.

한편, '응원'에 관한 설명은 지금까지 논리적 사고 분야에 거의 등장하지 않았다. 논리적으로 올바른 제안이라면 누구나 응원해 준다는 것이 암묵의 전제 사항이기 때문이다. 하지만 현실은 그렇지 않다는 사실을 우리는 너무도 잘 알고 있다. 논리적으로 올바른 것일수록 응원하기는커녕 변화에 대한 공포를 느끼는 사람이 적지 않다. 사람들의 이런 행동 원리를 아는 것은 가설 실행에서 피할 수 없는 중요한 점이므로, 논리적 사고의 일환으로 설명해 두기로 한다.

논리적 사고를 싫어하는 사람이 이 부분을 읽으면 '논리적 사고가 이렇게 간단하고 즐겁다니!'라고 깨달을 수 있다. 자연스럽게 다음 프레젠테이션은 자신감과 여유를 갖고 임할 수 있을 것이다. 이미 여러 가지 프레임워크를 배운 사람에게도 엄청난 도약이 준비되어 있다. 흔하디흔한 프레임워크에 억지로 정보를 적용하는 단계를 졸업하고, 단기간에 독자적인 프레임워크를 만들 수 있는 것이다. 자신이 고안한 프레임워크를 사용해서 설명하는 것만큼 설득력 있는 것은 없다. 그것은 지식사회에서 커다란 가치를 낳는 지적 자산이 되고, 당신의 가치를 높이는 소중한 보물이 될 것이다.

그러면 올바른 논리가 아닌 행동하는 논리란 무엇인가? 지금부터 주위 사람들이 당신의 업무를 이해하고 납득하며 응원해 주는 실용적인 세 가지 방법을 공개하기로 한다.

행동하는 논리적 사고 ②
: 납득하게 한다

행동하는 논리적 사고 ①이 아니라 ②라고 되어 있어서 깜짝 놀랐을지도 모르겠다. 인쇄가 잘못된 것이 아니다. '이해하게 한다'라는 1단계에 앞서 2단계부터 설명하려고 한다. 일부러 순서를 바꾼 것은 주위 사람이 당신의 제안을 이해하기 전에 당신 스스로 납득해야 하기 때문이다. 스스로 납득하는 방법을 알면 주위 사람을 납득하게 하는 법도 알수 있지 않을까?

자신이 먼저 납득하기 위해서는 어떻게 하는 것이 좋을까? 물건을 사러 갔을 때, 당신이 어떤 상황에서 납득하게 되는지 생각해 보면 그답을 알 수 있으리라. 옷가게에 들어선 순간 첫눈에 마음에 든 재킷이 있다고 하자. 그래도 대부분은 즉시 신용카드를 꺼내지 않고 다른 재킷을 보여 달라고 한다. 그리고 몇 벌을 비교하고 검토한 후 처음에 본 재킷이 제일 마음에 든다고 판단했을 때 그 재킷을 구매한다. 즉, 스스로 납득하기 위해서는 객관적으로 비교하고 검토하는 과정이 필요하다.

머릿속에 아이디어를 떠올릴 때도 물건을 살 때와 똑같은 일이 발생한다. 앞에서 설명했듯이, 자신의 마음에 든 아이디어는 상대의 마음에도 들 것이라고 생각하기 쉽다. 이런 선입견에 휩싸여서 프레젠테이션을 하면 어떻게 될까?

쿠시볼 사업을 예로 들겠다. "공부 습관을 들이게 하는 교재로 제공한다"라는 가설이 태어났다. 그 가설을 생각해 낸 순간 가슴이 두근거렸을지도 모른다. 하지만 그 상태에서 제안했는데 당신의 동료는 교육에 털끝만큼도 관심을 보이지 않는다. 나아가 당신의 의향과 정반대 입장으로, 쿠시볼을 "스트레스 해소 상품으로 팔고 싶다"라고 말하는 동료가 있을지도 모른다. 이 경우 프레젠테이션에서 학습시장만을 거론하면 동료는 자신의 존재를 배려받지 못했다는 인상을 받게 된다. 그 결과, 아무리 올바른 제안이라도 동료가 납득할 수 없게 된다. 동료가 납득할 수 없는 것에서 그치는 것이 아니다. 당신 자신도 납득할 수 없게 된다. 첫눈에 마음에 든 재킷을 그대로 계산대로 가져가는 것이나 마찬가지기 때문이다.

상대가 납득하기 위해서는 자신의 머릿속에 떠오른 가설을 다른 가능성과 비교하고 검토해야 한다. 먼저 가슴 두근거리는 가설을 객관적으로 바라봄으로써 그 열기를 식혀야 한다.

당신의 가설을 객관적으로 바라보기 위해서는 어떻게 하는 것이 좋을까? 이때 많은 도움이 되는 것이 다음의 2×2 매트릭스다(차트 [6-2]

참고). 당신에게만 말하는 비밀인데, 이 매트릭스는 경영 컨설턴트들이 사용하는 최강의 무기다. 혼란스러운 의견을 수습하는 경우의 대부분은 단순한 매트릭스로 충분하다. 지금부터 그 이유를 설명하겠다.

쿠시볼 사업의 전체 시장 속에서 '공부 습관을 들이게 하는 교재'라는 분야의 위치를 객관적으로 파악하기 위해 2×2 매트릭스를 그렸다. 어디까지나 이미지이기 때문에 아직 가로축과 세로축을 무엇으로 할지 정하지 않았다. 나중에 함께 생각하면서 매트릭스를 완성하고 싶지만, 미완성 매트릭스에도 나름대로 의미가 있다.

당신의 프레젠테이션에 이런 매트릭스를 한 장 추가하면 사람들은 어떤 느낌을 받을까? 이것만으로 경영 컨설턴트처럼 제안할 수는 없겠지만, 매트릭스가 없는 것에 비하면 '열심히 생각한 제안'이라는 느낌을

차트 6-2 2×2 매트릭스

사각의 도형은 의견을 수습하고 안정시키는 속성을 가진다

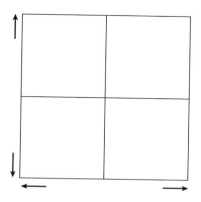

안겨 줄 것이다. 어쩌면 주위 사람들이 "논리적 사고를 공부했군!" 하고 감탄할지도 모른다. 정말로 논리적으로 생각했는지는 차치하고, 그때까지 회의적이었던 사람들이 매트릭스를 통해 전체 모습을 볼 수 있게 되면 그 즉시 프레젠테이션에 관심을 갖게 된다. 사각의 도형이 보는 사람에게 안정감을 안겨 주는 속성을 갖고 있기 때문이다.

농담이라고 여길지 모르지만, 사각의 도형은 그것만으로 사람들에게 '논리적이다'는 인상을 안겨 준다.[8] 그리고 그것은 인상에만 머물지 않는다. 논리적 사고의 결과로 매트릭스가 태어나는 게 아니라 매트릭스를 그림으로써 양질의 논리적 사고가 시작되는 것이다. 따라서 논리적으로 생각하고 싶다면 일단 사각의 도형을 그리는 편이 좋다.

실제로 새하얀 종이 앞에서 펜을 들고 사각의 도형을 그리면 시야가 더 커지면서 객관적으로 볼 수 있기에, 선입견이나 첫눈에 반할 위험을 줄일 수 있다. 그 사이 간과했던 점이나 새로운 가능성을 알아차리는 경우도 많다. 그러다 보니 시시한 가설에서 시작해도 눈 깜짝할 사이 세련되게 변한다. 우연히 생각난 가설이라도 그 가설이 당신 가슴을 두근거리게 한다면, 도형을 그리며 빠르고 원활하게 더구나 즐겁게 사실에 다가갈 수 있다.

이렇게 만든 매트릭스는 프레젠테이션에서 대단히 큰 설득력을 발휘한다. 매트릭스를 만드는 과정에서 스스로 '아하!' 하고 깨달은 내용을 말할 때는 자연히 온몸에 힘이 들어간다. 그러면 다른 사람도 뭔가 신선함을 느껴서 집중해 귀를 기울이며 '아하!' 하고 깨닫게 된다. 깨달음이 전염되는 것이다.

이처럼 도형이 본래 가진 힘을 활용한 순간, 논리적 사고는 즐거움으로 바뀐다. 이익을 낳는 도구라기보다 넓은 세계를 보는 도구다. 그러면 지금부터 세상에서 가장 즐거운 작업으로 들어가자. 자기만의 매트릭스를 만드는 것이다.

논리적 사고는 유치원에서 배웠다

—

논리적 사고의 기본은 방 정리와 똑같다. 다른 점은 대상이 장난감이냐, 정보냐 하는 것뿐이다. 방 안의 장난감을 정리하는 방법을 이용하면 머릿속에서 엉망으로 뒤엉켜 있는 정보를 정리할 수 있다. 이런 사실을 깨달으면 신기하게도 매트릭스를 그릴 수 있다. 머릿속을 자유자재로 정리하기 위해, 먼저 장난감이 엉망진창으로 흩어져 있는 방을 다섯 단계로 정리해 보자.

- **[1단계] 전체를 파악한다** 가장 먼저 해야 할 일은 전체를 파악하는 것이다(다음 페이지의 차트 [6-3] 참고). 엉망진창이라면, 엉망진창인 현실을 바라보는 것에서 정리가 시작된다.

- **[2단계] 친구를 찾는다** 유치원에 다닐 때 했던 '친구 찾기 게임'의 요령이다. "□는 □, ○는 ○, △는 △로 구분하세요"라는 선생님의 말을 떠올려 보자. 그런 요령으로 비슷한 성격을

차트 6–3 1단계 전체를 파악한다

차트 6–4 2단계 친구를 찾는다

가진 친구를 찾는 것이다. 친구끼리 묶으면 차트 [6-4]처럼 몇 개의 그룹이 만들어진다.

- **[3단계] 상자를 가져와 가로 방향으로 칸을 나눈다** 장난감을 수납할 상자를 가져온다. 그리고 가로 방향으로 칸을 나눈다. 칸을 어떻게 나눌지는 2단계에서 발견한 그룹을 보면서 더 큰 그룹을 찾아본다. 예를 들면 '큰 장난감, 작은 장난감', '짙은 색 장난감, 옅은 색 장난감'으로 분류할 수 있다.

    당신은 가능하면 의미 있게 정리하고 싶어질 것이다. 정리를 시작하기 전에는 단지 '방을 깨끗하게 하고 싶다'라고 생각했지만, 정리를 시작하면 '다음에 놀고 싶을 때 즉시 장난감을 발견할 수 있도록 하고 싶다'라고 목적이 구체적으로 바뀌는 경우가 많다. 그러면 좀 전에 떠올린 '크기'나 '색깔'로 나누는 방법은 도움이 되지 않는다는 사실을 깨닫게 된다. 그때 떠오르는 것이 '혼자 노는 장난감, 친구들과 같이 노는 장난감'이라는 기준으로 칸을 나누는 아이디어다(다음 페이지의 차트 [6-5] 참고).

- **[4단계] 세로 방향으로도 칸을 나눈다** 지금까지의 작업만으로도 방은 상당히 깨끗해졌다. 하지만 상자를 들여다보니 아직 위아래에 공간이 남아 있다. 그 공간을 잘 이용하면 장난감을 더 쉽게 찾을 수 있을 것이다. 그래서 세로 방향으로도 칸을 나

혼자 노는 장난감   친구들과 같이 노는 장난감

전원
필요

전원
불필요

혼자 노는 장난감   친구들과 같이 노는 장난감

236

누기로 한다. 2단계에서 발견한 그룹을 다시 찬찬히 살펴보면서, 더 큰 그룹을 만들 수 있는지 생각해 본다. 그때 '전원이 필요한 장난감, 전원이 필요하지 않은 장난감'이라는 그룹이 떠오른다. 그러면 좀 전의 상자를 다시 나눌 수 있다(차트 [6-6] 참고).

그런데 여기서 한 가지 문제가 발생한다. 정리한 상자를 보고 있자 왠지 기분이 찜찜한 것이다. 이유를 생각해 보니 '다음에 놀 때 장난감을 즉시 발견할 수 있다'는 목적에 맞지 않는 것 같다. 전원 콘센트가 없는 곳으로 여행을 갈 때는 이 정리법이 대단히 편리하리라. 하지만 그런 곳으로 여행을 가는 경우는 그렇게 많지 않다. 이런 상태에서는 모처럼 정리한 상자를 제대로 활용할 수 없다.

- **[5단계] 칸을 다시 생각한다** 한 번 실패한 후 다시 좀 전의 그룹을 바라보자 다른 방법이 떠오른다. '집 안에서 노는 장난감, 집 밖에서 노는 장난감'을 기준으로 구분하면 어떻게 될까(다음 페이지의 차트 [6-7] 참고)? 완성된 상자를 들여다보니 좀 전과 딴판으로 바뀌어서 기분 좋고 속이 후련하다. 그리고 그런 상자를 보고 있으니 생각지도 못한 효과가 나타난다. '밖에서 놀까? 아니면 집에서 놀까?', '친구를 부를까? 아니면 혼자 놀까?'라는 식으로 놀이의 선택까지 떠오르는 것이다. 제대로 정리된 정보는 새로운 아이디어까지 안겨 준다.

집 밖에서
노는
장난감

집 안에서
노는
장난감

혼자 노는 장난감   친구들과 같이 노는 장난감

　이렇게 할 수 있으면 이미 논리적 사고의 중요한 기술을 배운 것이나 마찬가지다. 모든 요소를 겹치지 않게 빠짐없이 정리하는 기술을 논리적 사고에서는 MECE mutually exclusive and collectively exhaustive라고 한다. 방 안에 흩어져 있는 모든 장난감을 상자 안에 넣은 것은 빠짐없이 정리한 상태(ME)이다. 그리고 하나의 칸막이 안에 똑같은 장난감이 두 개 이상 없는 것은 겹치지 않고 정리한 상태(CE)이다. 물론 장난감은 겹쳐서 정리되는 일이 있을 수 없지만, 정보의 경우에는 이중으로 들어가는 일도 있으므로 이런 식으로 정리해야 한다. 시점을 조금만 바꾸었더니 유치원에서 배운 내용이 사업에도 도움이 되는 것이다.

엉망진창인 머릿속을 정리하는 방법

–

장난감 정리 방법은 머릿속의 정보를 정리할 때도 그대로 활용할 수 있다. 그러면 지금 당장 쿠시볼 사업에 적용해 보자. 목표 고객을 어떻게 분류하고 정리할 수 있을까?

- **[1단계] 전체를 파악한다** 엉망진창인 방을 바라보듯 엉망진창인 머릿속을 바라보자. 그런데 머릿속은 물리적으로 보이는 것이 아니므로 종이 위에 써서 바라보자. '브레인 덤프brain dump' 라는 매우 간단한 방법이 있다. 흰 종이를 펼치고 머릿속에 떠오른 말을 연달아 써나간다. 요컨대 뇌(brain)에 있는 내용물을 전부 쏟아낸다(dump). 엉망진창인 정보를 엉망진창인 상태로 쏟아내면 되는 것이다. 그때 가급적 머리로 생각하지 않고 손으로 생각한다. 손이 움직이는 대로 신속하게 단어를 써나가면 된다(다음 페이지의 차트 [6-8] 참고).

- **[2단계] 친구를 찾는다** 장난감의 경우와 마찬가지로 친구를 찾아서 그룹을 만든다. 장난감은 물리적으로 위치를 바꾸지만 정보는 다양한 색깔의 펜을 사용하여 친구끼리 묶으면 된다 (다음 페이지의 차트 [6-9] 참고).

- **[3단계] 상자를 가져와 가로 방향으로 칸을 나눈다** 장난감을

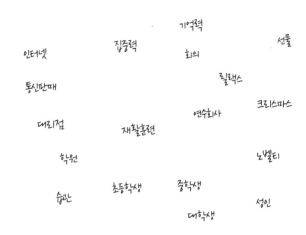

* 노벨티novelty: 효과적인 광고를 위해 고객에게 무료로 제공하는 물건

차트 6-9 **2단계 친구를 찾는다**

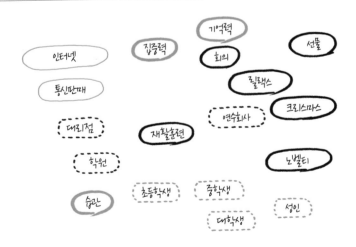

정리할 때처럼 네모난 상자를 준비하는데, 정보를 정리할 때는 빈 종이에 네모난 상자를 그리면 된다. 손을 직접 움직이면서 2단계에서 발견한 그룹보다 더 큰 그룹을 찾는다. 그러자 '학습, 생활, 업무'라는 세 가지 그룹이 떠오른다. 이제 상자의 칸을 가로 방향으로 나누어 세 가지 그룹을 정해 보자. 브레인 덤프를 이용해 쓴 정보를 각 칸에 넣으면 된다(다음 페이지의 차트 [6-10] 참고).

● **[4단계] 세로 방향으로도 칸을 나눈다** 상자 안을 들여다볼 때 정보를 쉽게 꺼낼 수 있도록 다시 위아래로 칸을 나눈다. 기준을 어떻게 할지 생각하면서 2단계 그룹을 바라보고 있자니 '나이'라는 글자가 눈앞에 떠오른다. "좋아!"라고 무릎을 치며 세로축을 나이로 정리하는데……(다음 페이지의 차트 [6-11] 참고).

이 방법은 도중에 잘되지 않았다. 막상 칸 안에 정보를 넣기 시작하자 고개를 갸웃거리게 된다. 10세 이하의 나이에는 '업무'나 '생활' 분야에 해당하는 정보가 보이지 않는다. 빈 곳이 몇 개나 생기는 셈이다. 이렇게 실제로 상자를 그려 보고 실패하는 것이 중요하다. 재킷도 몇 번을 입어 봐야 정말로 어울리는 것, 어울리지 않는 것이 분명해지지 않는가. 다른 선택과 비교하는 과정에서 자신의 진정한 의도나 목적이 분명해지는 것이다. 이것이 시행착오의 가치이자 중요성이다.

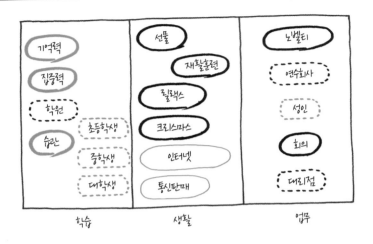

칸이 적절하지 않으면, 분류할 수 없는 항목이나
항목이 포함되지 않는 공간이 생긴다

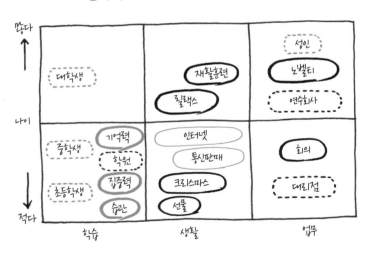

- **[5단계] 칸을 다시 생각한다** 이 단계에서 정보를 좀 더 균형 있게 정리하는 방법이 없을까 고민해 본다. 그러자 장난감과 마찬가지로 '혼자 사용하는 경우, 여러 명이 사용하는 경우'라는 기준이 떠오른다. 그래서 '개인, 그룹'이라고 쓴 종이를 붙여 위아래를 나눠 본다(차트 [6-12] 참고). 상자가 완성된 순간, 모든 것이 제자리에 있는 듯한 느낌이 든다. 바라보기만 해도 기분이 좋다.

이는 올바른 논리라는 신호다. '느낌이 좋다' 또는 '기분 좋다'라는 표현이 논리적 사고에 어울리지 않다고 여길지도 모른다. 하지만 실제로

차트 6-12 **5단계 칸을 다시 생각한다**

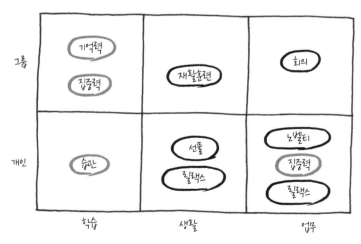

유능한 컨설턴트는 신체감각을 이용해 올바른 논리를 판단하는 경우가 대단히 많다.

정리된 정보를 바라보면 장난감을 정리했을 때처럼 매트릭스를 보기만 해도 여러 가지 깨달음이 생겨난다. 그룹 학습에 적용하면 쿠시볼을 서로 던지면서 기억력을 높일 수 있지 않을까? 개인 생활에 적용하면 스트레스 해소에 효과적이지 않을까? 그룹 업무에 적용하면 회의의 분위기를 띄울 수 있지 않을까? 머릿속에서 엉망진창으로 뒤섞여 있던 정보를 정리함으로써 지금까지 간과했던 새로운 시장이 떠오르는 것이다. 나쓰메 소세키는 소설 《산시로》에서 "머릿속이 일본보다 더 넓지요"라고 말했다. 시점을 높이면 가능성이 넓어진다는 뜻이다. 이와 마찬가지로, 매트릭스는 좁은 사고에서 빠져나와 높은 시점에서 자신의 가능성을 바라볼 수 있는 고속 엘리베이터라고 할 수 있으리라.

3가지 힌트

—

여기에서는 자신만의 독창적인 매트릭스를 만드는 데 도움이 되는 세 가지 힌트를 소개하고자 한다.

첫째, 두 번째 축인 세로축의 기준을 정할 때 첫 번째와 전혀 상관없는 기준을 가져오는 편이 좋다. 쿠시볼이라면 처음의 '학습', '생활', '업무'와 전혀 상관없는 기준을 가져오는 것이다. 이 경우에 세로축은 '혼자 사용하는 경우, 여러 명이 사용하는 경우'로, 가로축의 기준과는 전혀 연관이 없다. 물과 기름의 관계라고 할 수 있으리라.

이렇게 기준이 겹치지 않도록 가로축과 세로축을 정하면 그 상자는 안정된 상태에 들어간다. 가로와 세로를 90도로 조립한 선반이 무너지지 않고 안정적인 것과 마찬가지다.

처음에 만든 기준은 '나이'였는데, 그것이 실패한 이유는 '학습', '생활', '업무'라는 기준과 상관관계에 있기 때문이다. 가로축과 세로축의 관계가 가까우면 선반이 기울어진 것처럼 안정감이 없어진다. 절대적인 규칙은 아니지만 두 번째 축을 만들 때 기준으로 삼을 수는 있으리라. 성질이 다른 재료로 만든 그릇이 여러 가지 요소를 전부 감쌀 수 있는 것과 마찬가지다.

둘째, 지금까지 2×2와 2×3의 매트릭스를 사용해 설명했으나 칸의 수는 상관없으니 목적에 맞추기만 하면 된다. 3×2나 3×3이라도 상관없다. 방을 정리한 후 무엇이 어디에 있는지 알면 되니까 칸은 자유롭게 만들면 된다.

셋째, 칸을 명확하게 나눌 필요는 없다. 내가 마케팅에 자주 사용하는 차트 중에 '필요·욕구 분석 차트'[9]라는 것이 있는데(다음 페이지의 차트 [6-13] 참고), 여기에서 각각의 축은 '높다, 낮다'로 설정한다. 쉽게 설명하면, 필요는 상품의 필요성이고 욕구는 상품을 가지고 싶은 욕망이다. 그 상품이 있어야 하고, 더구나 갖고 싶은 마음이 강할수록 고객은 쿠시볼을 사려는 경향이 높아진다.

쿠시볼 사업에서 고객 대상을 초등학생 저학년으로 축소해 생각하면, '쿠시볼 하나'로 판매한 경우에 필요하지도 않고 갖고 싶지도 않다.

필요와 욕구의 양쪽을 검토하면 팔기 어려운 상품을 쉽게 팔 수 있다

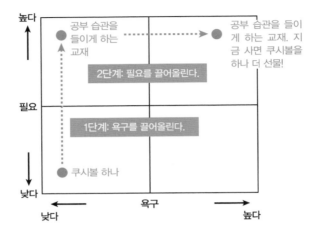

즉, 필요와 욕구가 모두 낮으므로 판매하기가 매우 어렵다. '공부 습관을 들이게 하는 교재'로 판매한 경우에는 필요가 높다고 할 수 있다. 대부분의 가정에 아이의 공부 습관이 중요한 시기가 찾아오기 때문이다.

하지만 욕구는 그렇게 높지 않다. 쿠시볼을 사용한 교재가 정말로 효과가 있는지 모르는 상태이므로, 차트에서는 아직 왼쪽 상단에 위치하는 것이다. 따라서 교재를 판매하려면 욕구를 높임으로써 왼쪽 상단에서 오른쪽 상단으로 위치를 이동시켜야 한다. 예컨대, 쿠시볼을 활용했더니 아이에게 열심히 공부하는 습관이 생겼다고 기뻐하는 고객의 체험 영상을 만들거나 '지금 사면 쿠시볼을 하나 더 선물!'이라는 한정된 판촉 행사를 만들어서 욕구를 끌어올리는 것이다.

이렇게 현재의 위치를 고정적으로 분석하기보다 현재의 머릿속을 들여다보면서 돌파구를 만드는 도구로서 차트를 이용할 수도 있다. 추상적인 세계를 눈에 보이는 형태로 만들었을 때, 상상 이상으로 업무의 아이디어가 솟구친다.

행동하는 논리적 사고 ①
: 이해하게 한다

지금부터 설명하는 것은 스피치의 달인이 되는 마법이다. 스피치의 달인이 되면 논리적 사고의 달인도 될 수 있다. 알다시피 스피치는 배경이 다른 많은 사람들의 관심을 포착해서 쉽게 이해하도록 말하는 기술이다. 이를 위해서는 논리적 사고의 기술을 종합적으로 사용해야 한다. 바꿔 말하자면, 좋은 스피치의 골격을 배우면 논리적 사고의 정수 또한 알게 된다. 좋은 스피치의 골격은 논리적 사고의 결정結晶인 것이다. 당신을 스피치의 달인으로 만들기 위해 내가 보물처럼 아끼는 스피치의 골격을 제공하고자 한다. 이 골격은 매우 단순하지만, 한번 이해하면 말하는 내용을 생각하거나 문장 구성을 정리하는 데 뛰어난 효과를 발휘한다. 아마 당신도 평생 손에서 떼어 놓을 수 없는 소중한 도구로 여기게 될 것이다.

쿠시볼 사업를 예로 들면서 스피치의 골격을 습득해 보자. 지금부터 쿠시볼 사업의 프레젠테이션 장면을 상상해 보자. 당신이라면 이야기를 어떻게 구성할 것인가? 쿠시볼 사업에 관해 지금까지 떠오른 아이디어를 토대로, 현시점에서 프레젠테이션에 포함하고 싶은 내용으로 어떤 것들이 있는지 정리해 보자.

- 가만히 앉아 공부하지 못하는 아이를 단기간에 공부에 집중하도록 하는 도구, 즉 공부 습관을 들이게 하는 도구로 활용할 수는 없는가?
- 단순히 '쿠시볼'이라는 장난감을 파는 게 아니라, 교재와 함께 쓰면서 집중하며 공부하는 노하우나 빨리 기억하는 노하우, 나아가 가족 간 커뮤니케이션을 하면서 학습하는 노하우로 판매한다.
- 시야를 넓히면 쿠시볼의 시장은 학습, 생활, 업무로 나눌 수 있다. 또 각각을 개인용과 그룹용으로 나눌 수 있는데 어느 분야로 확대해도 쿠시볼을 효과적으로 활용하고 있는 사례를 수집한다.
- 개인용 학습에서 쿠시볼을 사용해 효과를 높인 사례를 수집하고 홍보용 영상과 자료를 만든다. 그러면 그룹용 학습과 업무 분야에도 쉽게 접근할 수 있다.

이 단계에서는 프레젠테이션이 될 만한 내용을 갖추지 못했다고 여길지도 모른다. 하지만 여기서 중요한 점은 완벽히 하는 것이 아니다. 정보를 완벽하게 수집한 상태에서 프레젠테이션하려고 하면 영원히 할 수 없다. 이런 경우에 좋은 방법이 있다.

전체를 파악하고 있는 경우, 뇌는 그 일부만 알아도 전체를 상상할 수 있다. 공백을 메우는 힘이 있는 것이다. 지그소퍼즐을 떠올리면 쉽게 이해할 수 있다. 한 조각의 무늬로는 전체의 모습을 상상하기 어렵다. 하지만 전체의 모습을 파악하면 뇌가 상상으로 부족한 부분을 보충하고, 부분과 부분을 맞추어서 전체의 모습을 신속하게 조립해 나간다. 스피치에서도 이런 과정이 나타난다. 지금 눈에 보이는 네 가지 요점을 이용해 스피치를 하려고 하지만 좀처럼 전체의 모습이 보이지 않는다. 이경우에는 반대로 전체의 모습부터 파악한 후에 앞에서 거론한 네 가지

차트 6-14 **스피치의 결정을 활용한 60분 스피치의 골격**

	요소	목표 시간	내용
1	서론	2~3분	관련된 에피소드, 농담, 감사, (사과), 예스 세트
2	주제	약 1분	"오늘 제가 말씀드릴 내용은……."
3	취지	2~3분	"제 의견으로는……."
4	배경	3~5분	"제가 이렇게 생각하게 된 배경을 말씀드리자면……."
5	근거 1	시간에 따라서 얼마든지 길게 할 수 있다.	"세 가지 논점이 있습니다. 지금부터 하나씩 말씀드리겠습니다. 첫째……."
	근거 2		"둘째……."
	근거 3		"셋째……."
6	결론	2~3분	"결론은……." ※취지와 거의 비슷한 말을 반복한다. ※서론과 연관된 말을 하면 감동한다.

요점을 비롯하여 아는 부분부터 채워 나가면 된다. 그러면 뇌는 최선을 다해서 아직 보이지 않는 부분을 채워 나간다.

'스피치의 결정'에 따른 60분 스피치

-

먼저 훌륭한 스피치의 전체 모습을 파악하는 것부터 시작하자. 청중을 끌어들여서 내용을 이해하게 하는 스피치의 골격은 앞 페이지의 차트 [6-14]와 같다. 스피치의 결정結晶은 여섯 가지 요소로 이루어져 있다. 지금부터 이 요소를 전부 담고 있는 스피치에 대해 쿠시볼 사업을 사례로 들어 살펴보자.

● **서론** 여러분은 어린 시절 처음 책상 앞에 앉아 공부했을 때를 기억하십니까? 생각해 보면 어린아이에게는 커다란 변화입니다. 잠시도 가만히 있지 못하고 뛰어놀던 상태에서 벗어나 책상 앞에 얌전히 앉아 있어야 하니까요.
제 아들은 5분도 앉아 있지 못했습니다. 집중력도 없고, 숙제도 하지 않는 겁니다. 오랫동안 걱정만 하고 있었는데, 그런 모습이 컬러풀한 고무공 덕에 거짓말처럼 개선되기 시작했습니다. 어린아이에게는 몸을 움직이지 않고 공부하는 것 자체가 고통이었던 겁니다.

- **주제** 컬러풀한 고무공. 이걸 '쿠시볼'이라고 하는데, 오늘 말씀드리고자 하는 것은 바로 이 쿠시볼 사업의 가능성입니다. 쿠시볼은 본래 어린이용 장난감이지만 교육 분야에서 시장성을 찾아보고 싶습니다.

- **취지** 저는 쿠시볼 사업에 엄청난 가능성이 있다고 생각합니다. 쿠시볼 하나만으론 수익성에 한계가 있지만, 교재와 함께 판매하면 이익률이 70%가 넘고 초년 판매량은 3,000세트를 예상합니다. 아이에게는 공부 습관을 들여야 하는 중요한 시기가 도래하기 마련인데, 지금까지 이런 학습 완구가 간과되었습니다. 또한 이 학습법은 아이를 고립시키는 것이 아니라 오히려 가족 간의 사랑을 더욱 키우는 효과가 있습니다. '커뮤니케이션 학습법'이라는 새로운 분야를 만들 수 있습니다.

- **배경** 제가 쿠시볼의 교육 사업 가능성을 생각한 이유는 제 아이와 똑같은 문제로 고민 중인 가정이 아주 많다는 사실을 알았기 때문입니다. 최근에는 게임이나 스마트폰 등 아이들이 빠질 수 있는 전자기기 유혹이 너무도 많고, 그로 인해 공부 습관이 잘 생기지 않을뿐더러 가족 간의 대화도 단절되고 있습니다. 제 가족의 경험을 바탕으로 이런 문제를 본질적으로 해결할 수 있는 사업이 없을까 하여 그 시장성과 잠재력을 찾아보았습니다.

- **근거** 지금부터 쿠시볼의 사업성을 시장 규모와 목표 고객의 우선순위, 차후 사업 확장성 등 세 가지 측면에서 말씀드리겠습니다.

  1. (시장 규모 및 경쟁을 포함한 대체상품에 관해 말할 것)

  2. (목표 고객의 우선순위에 관해 말할 것)

  3. (앞으로의 사업 확장성에 관해 말할 것)

- **결론** 결론적으로 말씀드리면, 학습 습관이 필요한 어린아이를 둔 가정을 대상으로 쿠시볼 사업을 전개하면 장차 사회인 교육을 포함한 교육 전반으로 확장할 수 있다고 생각합니다. 공부를 싫어하던 아이들이 몸을 움직이면서 공부해도 된다는 사실을 안 순간, 갑자기 운동과 공부를 전부 잘하게 되는 일이 생깁니다. 생각해 보십시오. 여러분이 처음 책상 앞에 앉았을 때를……. 그때 즉시 공부에 집중할 수 있었습니까? 요즘 아이들은 옛날보다 유혹이 많은 환경에서 살고 있습니다. 저는 쿠시볼 사업이 이런 새로운 환경 속에서 아이들이 공부 습관을 들일 수 있는 작지만 귀중한 계기가 된다고 믿습니다.

어디까지나 스피치를 전제로 만든 사례인 만큼 프레젠테이션으로는 약간 지나치다는 점을 이해해 주기 바란다. 나중에 설명할 '객관적으로 프레젠테이션하기 위한 기본 논리'만 알면 '지나친' 부분을 없앨 수 있으므로, 이 스피치를 전형적인 비즈니스 회의의 프레젠테이션에 맞게 만드는 것은 매우 간단한 작업이다. 여기서 알아야 할 점은 스피치의 결정을 사용하면 처음부터 끝까지 막히지 않고 물 흐르듯이 이야기를 파악할 수 있다는 것이다. 그 시스템만 이해하면 당신도 막힘없이 스피치를 할 수 있다.

지금부터는 스피치의 결정을 이루는 여섯 가지 요소를 자세하게 설명하기로 한다. 스피치의 소요 시간을 총 60분으로 상정하고 요소별 시간을 안배했는데, 스피치의 전체 소요 시간이 늘어나거나 짧아져도 기본 골격은 달라지지 않는다.

- **서론** 스피치에서 듣는 사람이 안심하도록, 또 지금부터 말할 내용에 관심을 가지게 하는 중요한 요소가 서론이다. 사람들에게 고맙다고 말하거나, 농담으로 분위기를 띄우거나, 주제와 관련된 가벼운 에피소드를 들려주는 경우가 많다. 시간은 2~3분.

  서론에서 사용하는 구체적인 방법 중에 '예스 세트yes set'가 있다. 어떤 사람이라도 고개를 끄덕일 수 있는 메시지를 스피치 초반에 반복해서 말하는 것이다. 예를 들어 "대단히 바쁘신 와중에 먼 곳에서 와주신 분들도 있습니다"라는 말에는 아무도 부정할 수 없다. 그런 다음에도 긍정할 수 있는 내용을 말한다. "오늘의 주제를 미리 알고 오신 분도 계시고, 모르고 오신 분도 계시겠지요." 이렇게 누구나 수긍할 수 있는 내용을 반복해서 말하면 청중의 관심을 끌어들일 수 있다. 예스 세트는 언뜻 논리적 사고와 상관없는 것처럼 보이지만, 이해하게 한다는 목적을 이루는 데 있어 대단히 중요하다. 앞에서 말했듯이, 논리를 관장하는 '인간의 뇌'가 작동하기 위해서는 위험하지 않다고 알리는 '파충류의 뇌'를 안심시키고, 그다음에 좋고 싫음을 판단하는 '포유류의 뇌'를 만족시켜야 한다. 사람들에게 당신이 위험하거나 바람직하지 않다는 인상을 주면, 그다음에 아무리 올바른 제안을 해도 내용을 이해하는 데까지 이르지 않기 때문이다. 서론에서 신뢰와 안심을 안겨 주어야 사람들은 당신의 이야기를 논리적으로 받아들일 수 있다.

- **주제** "오늘의 주제는 ○○입니다"라고 명확히 밝힌다. 시간은 약 1분. 앞부분에서 주제를 명확히 밝히는 이유는 초점을 맞추어 말하기 위해서다. 그렇게 하지 않으면 이야기가 요지 없이 장황하게 흘러간다. 이야기를 끝맺을 즈음에서야 자신이 지금 무슨 말을 하고 있는지 겨우 깨닫고는 "제가 하고 싶었던 말은……" 하면서 빼먹은 핵심을 덧붙이느라 곤란했던 적이 저마다 있지 않은가.

  말하는 사람조차 자신이 하려는 이야기가 무엇인지 모르면, 듣는 사람도 그 이야기를 한 귀로 듣고 한 귀로 흘리게 된다. 주제를 명확히 밝히는 것은 스피치의 최종 목적지를 명확히 밝히는 것으로, 목적지를 공유하면 상대의 말을 쉽게 이해할 수 있다.

254

- **취지** "제 의견은 ○○입니다"라고 주제에 대한 자신의 주장을 분명히 밝힌다. 자신의 의견을 명확히 밝히면 되기에 시간은 그리 오래 걸리지 않는다. 시간은 2~3분.

  말하는 사람이 주제에 관해 어떤 의견을 지니었는지 모르는 상태에서 이야기를 시작하면, 듣는 사람은 어떤 관점에서 들어야 좋을지 몰라서 집중력을 잃게 된다. 게다가 자신의 의견을 갖지 않은 채 생각나는 대로 말하다 보면 도중에 앞뒤가 안 맞게 된다. 한편, 아무리 확고한 의견이라도 머릿속에 담아 둔 채 말로 표현하지 않으면 흔들리기 마련이다. 취지를 만드는 비결은 "요컨대, 제가 하고 싶은 말은 ○○입니다", "즉, 제가 하고 싶은 말은 ○○입니다"라는 문장을 활용하면서 빈칸을 채우는 것이다. 듣는 사람들이 가장 알고 싶어 하는 내용이 바로 그 빈칸을 채우는 말이다. 스피치의 본론으로 들어가기 전에 자신의 의견을 명확히 밝히는 것은 논리적 사고의 기본인 '결론부터 말한다'는 원칙에도 부합한다.

- **배경** "제가 ○○라는 의견을 갖게 된 배경은……"이라는 식으로 자신이 어떤 의견을 갖기까지 그 배경을 말한다. 시간은 3~5분. 말하는 사람이 자기 의견의 배경을 설명하면, 듣는 사람들은 그의 경험과 성품에 관한 정보를 얻게 되므로 이해하기 쉬워진다.

- **근거** 취지의 근거를 자세하게 밝힌다. 근거는 스피치의 핵심으로, 근거를 밝히는 시간에 따라 스피치의 전체 시간이 정해진다. 요컨대, 서론에서 배경까지는 스피치의 전체 시간이 길어지거나 짧아지는 데 큰 상관이 없다. 스피치의 전체 시간이 짧으면 근거를 간략하게 대거나 근거의 수를 줄이면 되고, 스피치의 전체 시간이 길면 근거를 길게 상세히 대거나 근거의 수를 늘리면 된다. 아무튼 근거를 밝히는 시간이 늘어날수록 설득력도 커진다.

근거를 말할 때 가장 중요한 점은 다음과 같이 이야기의 방향을 말해 주는 것이다.

"세 가지 관점에서 설명하겠습니다."

"제 제안에 대한 장단점을 말씀드리겠습니다."

"이 기술을 습득하는 일곱 단계를 말씀드리겠습니다."

목적지를 설명하듯이 이야기가 어디로 향할지 미리 말해 주면, 듣는 사람은 정보를 정리하면서 이해할 수 있다.

사람들이 흔히 사용하는 방법은 근거를 세 가지로 설명하는 것이다. 흔히 '3'은 '마법의 수'라고 부른다. 물론 근거가 세 가지든, 네 가지든, 그 이상이든 상관없다. 하지만 논의를 진행하는 데 가장 좋은 것은 세 가지다. 삼각측량법을 떠올리면 이해하기 쉬울 것이다. 공간의 위치를 정할 때에는 X, Y만으로 부족하고 반드시 X, Y, Z의 삼각이 있어야 한다.

이와 마찬가지로, 두 가지 근거로는 취지가 모호하게 다가온다. 세 가지 근거일 때 비로소 설득력이 높아진다. 실무적으로 봐도, 한두 가지 근거는 부족한 느낌이 들고 네다섯 가지 근거는 많다는 느낌이 들지만, 세 가지 근거는 적절하다는 느낌이 든다. "이유는 세 가지입니다"라고 딱 잘라 말하는 것은 말의 내용이 충분하지 않을 때도 매우 효과적이라는 것을 아는가. 농담으로 웃어넘겨도 좋다. 그런데 실제 회의에서 어떤 발표자가 "이유는 세 가지입니다"라고 말하고는 정작 두 가지만 대거나, 세 가지 이상 대는 경우가 있다. 사실상 발표자가 이유를 몇 가지 대고 있는지 일일이 세보며 확인하는 청중들은 거의 없다. 오히려 발표자가 '세 가지'라고 선언하면, 그다음부터 안심하고 발표자의 말에 귀 기울일 수 있다.

'마법의 수' 3은 당신이 논리적인 사람이라는 인상을 풍기면서 논의의 엄청난 추진력을 발휘하는 데 가장 간단한 방법이라고 할 수 있다.

● **결론** 새로운 정보를 주지 않고 취지를 그대로 반복해도 된다. 시간은 2~3분. 길어야 4~5분이면 충분하다.

스피치를 끝낼 때 감동을 일으키는 방법이 있다. 서론에서 말한 정보를 다시 반복하는 것이다. 앞에서 든 쿠시볼 사례에서는 결론에서 '아이가 처음으로 책상에 앉을 때의 이야기'를 다시 꺼냈다. 영화나 드라마를 봐도 오프닝과 엔딩에 같은 장면이 겹치는 경우가 많은데, 과거의 것이 부메랑처럼 되돌아오는 순간 감동하게 된다. 스피치를 어떻게 마무리해야 좋을지 몰라서 고민하는 사람들이 많은데, 그런 경우에는 엔딩에 오 프닝을 도입하는 방법이 매우 효과적이다. 스피치의 결정을 사 용하면 논리적이면서도 감동적인 스피치를 할 수 있는 것이다.

스피치의 결정 속 논리적 사고의 정수

-

스피치의 결정을 터득하면 논리적 사고의 정수도 손에 넣을 수 있다. 그 이유는 차트 [6-15]를 보면 알 수 있다. 스피치의 결정을 그림으로 나타내면 가장 중요한 부분은 '취지 - 근거 - 결론'의 3층 구조임을 알 수 있다. 이 구조에는 '전체에서 부분으로', '방향을 말해 준다'와 같은 논리적 사고의 원칙이 포함되어 있다.

'근거'를 더 자세히 설명하고 싶은 경우에는 '근거' 밑에 필요한 정보 를 늘어놓는다. 근거에 관련된 사실을 늘어놓는 것이다. 좀 전의 사례에 서 목표 고객의 우선순위를 '공부 습관을 들이게 할 어린아이가 있는 가 정'으로 정한다면, 그 근거를 말할 필요가 있다. 근거를 찾는 가장 좋은 방법은 자신의 의견을 말한 뒤 "왜냐하면……" 하고 이유를 덧붙여 보 는 것이다. 다음과 같이 말이다.

"입시 학원이나 기업 연수원 같은 교육기관도 목표 고객으로 생각해 볼 수 있지만, 가장 우선시해야 할 목표 고객은 공부 습관을 들이게 할 어린아이가 있는 가정입니다. 왜냐하면 쿠시볼이 집중력을 높인다는 신빙성 있는 자료를 수집하기 위해서는 학습에서 성적이 향상되었다는 사례를 수집하는 것이 효과적이기 때문입니다."

이런 식으로 "왜냐하면"이라는 말을 거듭 사용하면 근거가 모호한 의견이 확실한 의견으로 바뀐다. "왜냐하면"이라는 말을 계속하면 다음 페이지의 차트 [6-15]가 [6-16]처럼 바뀐다. 이것이 논리적 사고에서 말하는 '피라미드 구조'라는 방법론이다. 자신의 의견을 명확하게 밝히고, 그런 다음에 "왜냐하면"이라는 말을 통해 명확한 근거를 말하고, 근거를 전부 말한 후에는 "즉", "요컨대"라는 말로 일련의 논의를 정리한다.

이상의 여섯 가지 항목으로 구성하는 것이 스피치의 결정이다. 이 방법을 배우면 지금까지 스피치를 싫어했던 사람도 이해하기 쉽게, 심지어 상대를 끌어들일 만한 이야기를 간단히 정리할 수 있다. 이것은 사람들 앞에서 의견을 발표할 때 나도 자주 사용하는 방법이다. 어쩌면 지금쯤 이 책 자체가 스피치의 결정을 통해 이루어져 있다는 사실을 깨달은 분도 있지 않을까?

그런데 스피치의 결정을 배운 사람에게서 나타나는 한 가지 문제점이 있다. 주제나 취지, 배경 등에 해당하는 내용을 전달할 때 "오늘의 주제는……", "제 의견은……", "제가 ○○라는 의견을 갖게 된 배경은……" 이라는 말을 도식적으로 쓴다는 것이다. 물론 그대로 써도 큰 지장은 없지만, 평소 말투와 다른데도 굳이 쓰면 듣는 사람도 부자연스럽게 느껴서 마치 타인의 생각을 대신 전하는 것처럼 받아들일 수 있다. 스피치를 할 때는 자신의 생각을 자신의 말로 전달해야 한다.

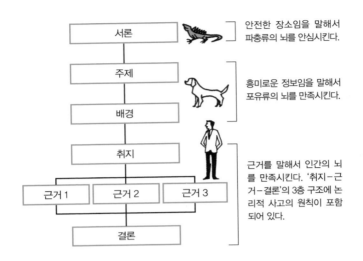

서론 — 안전한 장소임을 말해서 파충류의 뇌를 안심시킨다.

주제 / 배경 — 흥미로운 정보임을 말해서 포유류의 뇌를 만족시킨다.

취지 / 근거 1 / 근거 2 / 근거 3 / 결론 — 근거를 말해서 인간의 뇌를 만족시킨다. '취지-근거-결론'의 3층 구조에 논리적 사고의 원칙이 포함되어 있다.

차트 6-16 **스피치 결정의 발전**

논리는 '요컨대', '왜냐하면'의 다음에 연결하는 것이다

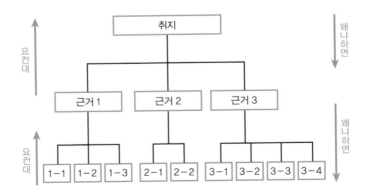

또, 스피치의 결정을 활용한 골격에 따라서 스피치를 할 때는 서론부터 구상해서는 안 된다. 서론을 어떻게 하면 재치 있게 펼칠 수 있을까 생각하면 오히려 백지를 눈앞에 둔 것처럼 머리가 굳는다. 취지부터 구상하는 것이 좋다. 가장 준비하기 쉽기 때문이다. 사람들에게 무슨 내용을 전할지부터 구상하면 스피치의 최종 목적지가 정해지므로, 그곳에 이르게 하는 스피치 요소도 쉽게 마련할 수 있다.

이렇게 스피치의 골격부터 배우면 논리적 사고를 감각적으로 이해할 수 있다. 훌륭한 스피치 안에는 논리적 사고의 원칙이 응축되어 있기 때문이다. 무엇인가를 배울 때에도 일단 전체의 모습을 파악한 후에 부분을 배우면, 그에 관련된 기술을 효율적으로 얻을 수 있다. 물론 논리적 사고에는 세밀한 규칙이나 기술이 있지만, 여기서 말한 핵심을 토대로 논리적 사고의 전문서나 관련 기사를 읽으면 어렵다고 생각했던 내용을 쉽게 이해할 수 있을 것이다.

행동하는 논리적 사고 ③
: 응원하게 한다

올바른 논리와 응원을 받는 논리 중에서 당신은 어느 쪽을 더 사용하고 싶은가? 이렇게 물으면 대부분은 잠시 생각한 후에 응원을 받는 논리라고 대답한다. 왜 잠시 생각하느냐 하면, 올바른 논리가 반드시 응원을 받는 것은 아니라는 사실을 깨닫기 때문이다. 올바른 사실의 축적이 문제의 본질적 해결책을 발견하는 데 중요하다는 것은 두말할 나위가 없다. 하지만 현실에서도 반드시 그렇진 않다. 올바름은 종종 사람을 상처 입힌다.

조금만 생각해 보면 쉽게 이해할 수 있으리라. 남녀의 차이에 관해서 설명할 때 자주 등장하는 내용이지만, 여성이 남성에게 고민을 털어놓았을 때 남성은 고민의 해결책을 논리적으로 생각한다. 그러면 어떻게 될까? 남성은 올바른 해결책을 친절하게 가르쳐 주었다고 생각하는 데 반해 여성은 화난 사람처럼 입을 꼭 다물어 버린다. 여성이 원한 것은 해결책이 아니라 공감이었기 때문이다.

비즈니스에서도 이와 똑같은 현상이 발생한다. 올바른 논리에 따라 문제의 본질적 원인을 규명해도 해결책은 좀처럼 실행되지 않는다. 원인에 관계된 사람들 쪽에서 보면 열심히 해온 지금까지의 일을 무시당하는 듯한 인상을 받는 것이다. 올바른 제안은 올바르기 때문에 감정적 반발의 방아쇠로 작용한다. 이런 현실을 감안해 자신이 원하는 변화를 일으키기 위해서는, 주위 사람들이 끼어들 틈도 주지 않는 올바른 논리보다는 비판을 받으면서도 다양한 발언을 끌어내고 그룹을 통해서 더 좋은 아이디어로 승화하려는 인간적인 논리가 필요하다. 사람들이 원하는 것은 '논리적인 인간'이 아니라 '인간적인 논리'인 것이다. '행동하는 논리적 사고'를 하려면 머릿속으로만 앞뒤를 맞추기보다, 실제로 사람과 관계를 맺고 프로젝트를 추진할 때의 구조인 팀 역학team dynamics을 고려해야 한다. 인간을 알아야만 비로소 실행 가능한 논리를 만들 수 있다. 팀 역학을 배우면 두 가지 이점이 있다.

첫째, 앞으로 주위 사람에게 가슴 두근거리는 가설을 전할 때 미리 준비할 수 있다. 당신의 제안이 가치 있을수록 주변에 끼치는 영향은 막대해지고 필연적으로 반발이 생긴다. 따라서 제안을 실행할 수 있는 프로젝트를 만들기 위해서는 부정적인 반응을 미리 예상해 둘 필요가 있다. 둘째, 부정적인 반응이 있어도 긍정적인 추진력으로 바꿀 수 있다. 부정적인 반응이나 사건을 잘만 다루면 프로젝트 본연의 모습을 발견하는 계기로 이어지는 것이다. 이 두 가지 이점을 얻으면 막강한 힘을 발휘할 수 있다. 올바른 논리로 사고할 뿐 아니라 올바른 논리를 실행하기 위한 최고의 체계를 제대로 사용할 수 있는 것이다.

엘리베이터 원리

-

"전원이 하나가 되어 목적을 향해 적극적으로 돌진한다."
"전원이 긍정적인 사고로 목적을 실현한다."

대부분 기업에서는 이런 팀을 이상적인 팀이라고 생각한다. 하지만 막상 실천해 보면 반드시 이상적인 상황은 아니라는 사실을 깨닫게 된다. 현실에서 하나로 똘똘 뭉쳐서 목적을 향해 돌진하거나 전원이 긍정적으로 생각하는 일은 일시적 사건에 불과하다. 또한 그에 대한 반동이 발생하기 때문에, 이상적인 조직을 추구하는 것은 오히려 조직의 목적 달성에 장애가 될 수 있다.

비즈니스를 통해서 변혁을 일으키려는 경우에는 반드시 변화에 따른 역풍을 맞게 된다. 올바른 전략을 논리적으로 수립해도 역풍을 약하게 할 수는 없다. 역풍을 맞고 싶지 않다면 변화가 생기지 않는 프로젝트만 추진해야 한다. 목적 달성의 절차를 완벽하게 하면 역풍을 없앨 수 있다는 사람도 있다. 이론적으로는 그럴 수도 있지만, 그렇다고 변화의 크기에 따른 역풍이 없어지는 것은 아니다. 계획을 면밀하게 짜는 사람은 이미 최악의 사태를 상정하기 때문에 분명히 심리적 충격은 적으리라. 폭풍우를 예상해 나름대로 장비를 갖추면 목적지까지 도착할 수는 있지만, 폭풍우 자체를 없앨 수는 없다.

다시 강조하지만, 아무리 올바른 논리라도 역풍 자체를 없앨 수는 없다. 그리고 그 현실을 받아들이는 순간부터 팀을 제대로 관리할 수 있게 된다. 이것은 결코 궤변이 아니다. 엘리베이터를 떠올리면 쉽게 이해할 수 있다. 엘리베이터가 위쪽으로 이동하기 위해서는 똑같은 중량의 추가 아래쪽으로 이동해야 한다. 물리에서 말하는 '작용-반작용 법칙'이다. 팀 관리에도 이런 법칙이 작용한다. 사물이 긍정적으로 변화하려고 하면 그와 똑같은 부정적인 힘이 작용하는 것이다.

작용-반작용 법칙은 앞에서 말한 '숫자 말하기 상황극'에서도 볼 수 있다. 자세히 관찰해 보면, 상황극이 진행됨에 따라 여섯 명의 역할이 나누어진다. 숫자를 힘차게 말하는 사람, 목소리를 낮추어 속삭이듯 말하는 사람으로 말이다. 그리고 팀 전체가 긍정적으로 기울기 시작하면 시계추가 돌아가듯 부정적이 되고, 부정적으로 기울기 시작하면 이번에는 긍정적으로 된다. 사전에 약속하지 않았는데도, 그들이 만드는 전체의 분위기는 긍정과 부정 사이에서 흔들리는 것이다.

팀 역학의 '모모타로 이론'

—

프로젝트가 진행되는 과정에서 팀원들의 행동을 자세히 살펴보면, 긍정적이거나 부정적인 역할 이상으로 눈에 띄는 네 가지 역할이 있다는 것을 알 수 있다. 옛날이야기인《모모타로桃太郎》를 떠올리면 쉽게 이해할 수 있다.

프로젝트가 진행되는 과정에서 팀원들이 보이는 역할은《모모타로》에 등장하는 모모타로, 개, 원숭이, 꿩 등 네 가지 캐릭터의 특징을 그대로 드러낸다. 즉, 그 네 가지 캐릭터를 이해하면 프로젝트를 진행하는 과정에서 발생하는 여러 가지 과제에 적절히 대처할 수 있다.《모모타로》는 '관리management'의 가장 좋은 교과서다. 먼저, 모모타로에 등장하는 네 가지 캐릭터를 살펴봄으로써 비즈니스에서 눈에 띄는 네 가지 역할의 의미를 명확하게 알아보자.

모모타로는 괴물을 퇴치하기 위해서 오니가시마(도깨비가 사는 섬)에 가기로 결심한다. 비즈니스에서 모모타로는 장기적 비전을 가진 리더이자 세상을 변혁하는 창업자의 상징이라고 할 수 있다. 모모타로가 깃발을 높이 치켜들자, 맨 처음 개가 나타나 "수수경단을 하나 주면 같이 가줄게"라고 말한다. 개는 기업의 실무자를 상징하는 캐릭터로, 목적을 실현하기 위해서 현실적인 계획을 짜고 실행하는 능력이 탁월하다. 모모타로 혼자라면 괴물을 물리치겠다는 비전만으로 끝났을지 모르지만, 개가 합류하자 비전을 실현하기 위해 '지금 무엇을 해야 하는가'가 명확해지기 시작했다. 개는 기업의 리더에게 오른팔과도 같은 존재다. 그다음에 원숭이가 나타난다. 지혜로운 원숭이는 기업의 관리자를 상징한다. 실무자인 개가 세운 계획에 구멍이 없는지, 가장 효율적인 계획 실행 방법이 무엇인지 생각한다. 끊임없이 일어나는 사건을 시스템화하는 데 모든 정열을 쏟는 경리나 시스템 담당자라고 할 수 있다. 마지막에 꿩이 나타난다. 꿩의 역할은 모모타로, 개, 원숭이의 관계를 알아야 이해할 수 있다.

모모타로와 개, 원숭이는 제각기 뛰어난 능력을 보유하고 있어서, 그 능력을 알맞은 시기에 균형감 있게 발휘할 수 있으면 비전은 문제없이 실현으로 향한다. 하지만 능력을 적절하게 발휘하기는 매우 어렵다. 각자의 능력이 서로 부딪히기 때문이다.

맨 먼저 대립하는 것이 모모타로와 원숭이다. 모모타로는 항상 변혁을 추구한다. 사태가 안정되면 자신의 성장이 멈출까 불안해져 다시 새로운 일을 추진하려고 한다. 날마다 똑같은 일이 반복되는 것은 지겨워서 견딜 수 없다. 반면에 원숭이는 변화보다 안정을 중시한다. 항상 규칙적이고, 일이 예상대로 진행되어야만 안심한다. 돌발적인 야근이나 예측할 수 없는 사태를 가장 싫어한다. 이렇게 성격이 정반대인 모모타로와 원숭이는 사사건건 부딪힐 수밖에 없다.

여기서 서로의 역할을 이해하지 못하면 커다란 문제로 발전한다. 모모타로가 새로운 일을 시작할 때마다 원숭이는 반대하며 브레이크를 건다. 반면에 모모타로는 그 일을 추진하기 위해 원숭이를 조직에서 배제한다. 수많은 벤처기업에서 관리부 수장인 CFO chief financial officer나 재무·경리부장을 잇따라 바꾸는 이유이다. 하지만 관리자인 원숭이가 없으면 사업은 오랜 시간이 지나도 시스템화되지 않기 때문에 성장 궤도에 오를 수 없다. 강력한 관리팀이 태어나지 못한 상태에서 모모타로의 에너지가 소진되면 사업 규모는 단숨에 축소된다. 언제까지나 회사는 구멍가게 수준에 머물고 기업이 될 수 없는 것이다.

한편, 비전을 공유한 모모타로와 개는 처음에는 의기투합한다. 하지만 개가 아무리 구체적인 계획을 세우고 실행해도 모모타로는 끊임없이 새로운 과제를 제시한다. 그리하여 시간이 지남에 따라 개는 피폐해지고 모모타로와의 관계 또한 깨지게 된다. 개와 원숭이의 공통 관심사는 "내일이 아니라 오늘 무엇을 해야 하는가?"라는 것이므로, 처음에는 특별한 문제 없이 원만하게 지낸다. 그러나 이들 또한 시간이 지나면서 사사건건 부딪치게 된다. 원숭이가 관료적으로 변하면서 융통성을 보이지 않기 때문이다.

각자의 능력이 균형을 이루면서 발휘될 때는 아무런 문제가 없지만, 프로젝트가 진행됨에 따라 각자의 능력이 미묘하게 부딪히면서 문제가 발생한다. 프로젝트의 시동을 걸기 위해서는 비전을 외치는 모모타로와 계획을 짜는 개가 활약해야 한다. 이후 프로젝트를 안정 궤도로 올리기 위해서는 계획을 실행하는 개와 업무를 시스템화하는 원숭이가 뒤이어 활약해야 한다. 프로젝트의 진행 단계에 따라 각자의 역할 비중을 바꾸는 것이다. 각자의 능력이 언제든지 부딪힐 수 있는 상황에서 능력을 절묘하게 조율하는 것은 극히 어려운 기술이다. 각각 다른 방향으로 향하려는 타이어를 달래며 시속 300km로 달리는 카레이싱의 자동차나 마찬가지로, 언제 공중분해가 되어도 이상하지 않을 지경이다.

이때 서로 부딪히는 능력들을 하나로 모으는 캐릭터가 바로 꿩이다. 꿩은 정치가의 상징으로, 장기적 비전을 갖고 프로젝트를 효율적으로 진행할 수 있다. 모모타로, 개, 원숭이가 대립하기 전에 각자의 역할을 이해하면서 잘 통합하거나 사전 공작을 하는 데 뛰어난 능력을 발휘한다.

기업에서 꿩 역할을 군이 찾자면, 인사나 총무쯤 되리라. 한 명을 콕 집으라면 회식 때 분위기를 띄우는 사람으로, 실무 능력이나 관리 능력은 떨어지나 회식 자리에서 대단한 활약을 보인다. 회의 때는 발언을 하지 않지만, 인간관계를 가장 세심히 살피는 사람이다. 회식 자리에서 사람들 흉내를 내어 박수와 환호를 받기도 한다. 그런데 최근 들어 이런 회식 요원이 사라지면서 현실적으로 꿩 역할을 담당하는 사람은, 조직 변화에 가장 민감하고 주변 사람들을 잘 배려하는 사원이다. 다만 그런 사람은 종종 실수를 저지르거나 정신적, 육체적으로 병에 걸리곤 한다. 무의식중에 부정적인 행동을 반복함으로써 프로젝트의 진행을 더디게 하여 공중분해를 피하려는 것이다.

꿩과 부딪히는 캐릭터도 있다. 바로 개다. 계획을 충실하게 실행하는 개는 오늘 할 수 있는 일은 반드시 오늘 하려고 한다. 반면에 꿩은 조직 운영을 비효율적으로 만드는 불안정한 인간관계는 되도록 피하려고 한다. '오늘이라도 변화를 일으키고 싶어 하는 개'와 '오늘은 변화를 일으키고 싶지 않은 꿩'은 궁합이 맞지 않는 존재다.

지금까지 설명한 네 가지 역할을 매트릭스로 정리하면 270쪽의 차트 [6-17]과 같다. 같은 비전을 갖고 모인 사람이라도 각각의 역할로 분화하는 탓에, 프로젝트 진행에 맞춰서 각자의 능력을 조율하지 않으면 조직의 균형이 무너진다. 곧 공통의 비전을 실현하지 못하는 것이다. 조직의 모든 구성원이 긍정적 마인드를 가지면 된다고 여기는 사람도 있다. 하지만 그것은 모모타로 같은 사람들끼리 모여 괴물을 퇴치하러 가는 것이나 마찬가지다. 목이 터져라 구호만 외칠 뿐 구체적으로 일을 추진하지 못하고, 그러는 사이에 분쟁을 피할 수 없다. 섬에 가기 전부터 서로 "내가 물리치겠다!"라고 앞다투어 싸우는 상황이 발생하는 것이다.

프로젝트를 추진하기 위해서는 조직의 구성원이 긍정적 마인드를 가져야 함과 동시에 부정적 피드백을 살려야 한다. 부정적 피드백을 살리지 못하면, 그 사이에 문제가 쌓이고 조직의 성장 기세가 주춤한 가운데 잇따라 심각한 문제가 발생한다. 프로젝트를 추진 시 진행 단계에 따라 서로 다른 네 가지 역할이 다음과 같이 적기에 능력 발휘를 해야 한다.

- **도입기에는 사업을 이륙시키기 위해서 창업자(모모타로)가 활약한다.**
- **성장기 초반에 사업을 일정 궤도에 올리기 위해서는 실무자(개)가 활약하고 창업자(모모타로)가 지원한다.**
- **성장기 후반에 사업을 안정 궤도에 올리기 위해서는 관리자(원숭이)가 활약하고 실무자(개)가 지원한다.**
- **성숙기에 접어들면 그다음의 성장 사이클을 만드는 인재를 키우기 위해서 통합자(꿩)가 활약하고 관리자(원숭이)가 지원한다.**

팀을 만들면 그곳에는 반드시 네 가지 타입이 존재한다

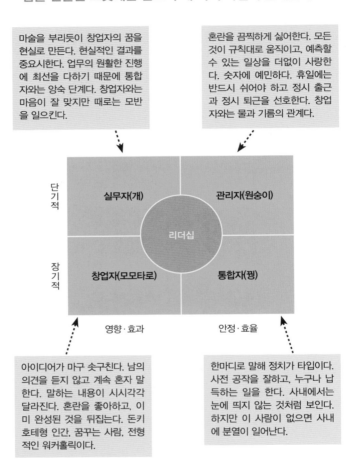

마술을 부리듯이 창업자의 꿈을 현실로 만든다. 현실적인 결과를 중요시한다. 업무의 원활한 진행에 최선을 다하기 때문에 통합자와는 앙숙 단계다. 창업자와는 마음이 잘 맞지만 때로는 모반을 일으킨다.

혼란을 끔찍하게 싫어한다. 모든 것이 규칙대로 움직이고, 예측할 수 있는 일상을 더없이 사랑한다. 숫자에 예민하다. 휴일에는 반드시 쉬어야 하고 정시 출근과 정시 퇴근을 선호한다. 창업자와는 물과 기름의 관계다.

단기적

장기적

실무자(개)

관리자(원숭이)

리더십

창업자(모모타로)

통합자(꿩)

영향·효과

안정·효율

아이디어가 마구 솟구친다. 남의 의견을 듣지 않고 계속 혼자 말한다. 말하는 내용이 시시각각 달라진다. 혼란을 좋아하고, 이미 완성된 것을 뒤집는다. 돈키호테형 인간, 꿈꾸는 사람, 전형적인 워커홀릭이다.

한마디로 말해 정치가 타입이다. 사전 공작을 잘하고, 누구나 납득하는 일을 한다. 사내에서는 눈에 띄지 않는 것처럼 보인다. 하지만 이 사람이 없으면 사내에 분열이 일어난다.

이상의 과정을 차트 [6-18]로 정리해 보았다.

이 네 가지 역할을 긍정과 부정으로 나눌 수도 있다. 변화에 대한 긍정은 모모타로(창업자)와 개(실무자)이고, 변화에 대한 부정은 원숭이(관리자)와 꿩(통합자)이다.

이들의 특징은 남성성과 여성성을 상징한다고도 할 수 있다. 일반적으로 볼 때 모모타로와 원숭이는 남성적 자질을, 개와 꿩은 여성적 자질을 가진다. 그러나 사람에 따라 능력이 천차만별이므로 남성이라고 해서 창업자나 관리자에 알맞고, 여성이라고 해서 실무자나 통합자에 적합한 것은 아니다. 그런데도 남성성과 여성성을 끄집어내어 설명하는

차트 6-18 **사업의 라이프사이클 이론(사업의 시기와 전형적인 증상)**

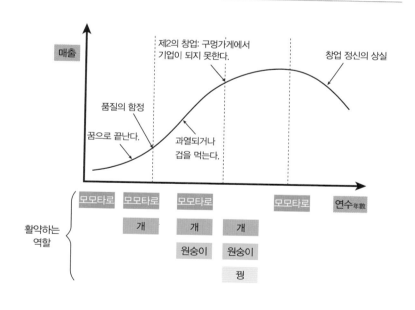

이유는, 전통적 가치관에 사로잡혀서 남성성만으로 프로젝트를 추진할 수 있느냐 했을 때 절대 그렇지 않다는 점을 강조하기 위해서다. 좋은 결과를 만들어 내는 조직이란 남성적인 사람과 여성적인 사람을 적절한 타이밍에 균형 있게 운용하는 조직이다(차트 [6-19] 참고).

재미있는 것은, 구성원이 담당하는 역할은 반드시 구성원의 성격에 따라 고정된 것이 아니라는 사실이다. 누가 어떤 역할을 맡을지는 프로젝트 담당 팀이 만드는 장場에 의해 결정된다. 평소에 강력한 리더십을 발휘하던 모모타로가 어떤 프로젝트 담당 팀에 속하면서 개나 꿩 역할을 할 수도 있다. 왜냐하면 그 팀에 이미 모모타로가 존재하기 때문이다. 원숭이도 마찬가지다. 평소에 프로젝트에 구멍이 없는지 체크하는 역할을 하다가 어떤 프로젝트 담당 팀에 속하면서 비전을 외치며 프로젝트를 추진하는 모모타로 역할을 맡기도 한다. 건전한 조직이란 이런 식으로 모든 구성원이 자신의 장을 체감하면서 최적의 역할을 수행하는 조직이라고 할 수 있다.

프로젝트를 만들고 결과를 내기 위해서는 분명히 긍정적 마인드가 필요하다. 하지만 성공의 열쇠는 어디까지나 부정적 상황에서 기회를 포착하고, 부정적 구성원에게서도 능력을 끌어내는 것이다. 겉으로 보기에 비슷한 구성원이 모인 조직이라도, 그곳에는 반드시 다양성이 존재한다. 따라서 가치 있는 프로젝트를 추진하려면 이미 존재하는 다양성을 인정하고, 더 높은 시점에서 서로 다른 시점을 통합해야 한다. 그것이야말로 프로젝트의 성패를 좌우하는 요인이고, 새로운 시대의 리더에게 필요한 능력이다.

차트 6-19 사업을 성장시키는 남성성과 여성성의 균형

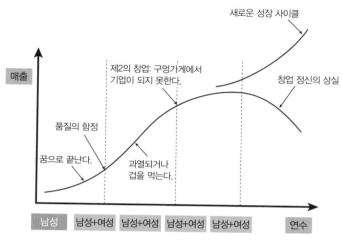

여성성의 힘: 키우는 힘, 조정력(관계성 강화), 전체를 보는 힘
남성성의 힘: 새로 시작하는 힘, 추진력(결정ㆍ판단), 한군데에 집중하는 힘

부정적인 사건은 모두 질문이다

-

이제 팀 역학 구조는 알았으리라. 그러면 프로젝트를 실행할 때는 이 지식을 어떻게 활용하는 것이 좋을까?

팀 역학 구조에 대한 지식을 얻은 것만으로 리더로서 당신의 그릇은 이미 커져 있다는 것이다. 앞에서 말했듯이, 당신이 가치 있는 변화를 일으키려 할 때 반드시 변화를 저지하는 움직임이 나타난다. 그것을 예측할 수 있느냐 없느냐에 따라 마음의 여유는 달라질 수밖에 없다. 부정적 사건이 일어났다고 해서 프로젝트를 중단하지 말고, 한 계단 위의 시

실행을 부르는 논리적 사고

점에서 전체를 둘러보아야 한다. 어떤 경우에도 낙담하지 말고, 그 사건을 통해 더 높은 차원에서 프로젝트를 추진해야 한다.

쿠시볼 사업을 예로 들면, 당신은 "공부 습관을 들여야 할 어린아이가 있는 가정을 대상으로 한다"라는 두근거리는 가설을 제시했지만 실행하는 단계에 접어들면 여러 가지 비판이 나타난다. 대상 고객에게 접근할 데이터베이스가 없다, 쿠시볼이 집중력 향상에 효과적이라는 과학적인 근거 자료가 없다, 재무적인 뒷받침이 불안하다, 진입장벽이 낮아 다른 기업도 진입할 수 있다, 히트한다고 해도 일시적인 붐으로 끝날 것이다 등. 당신의 의욕에 찬물을 끼얹는 사람들이 속속 나타나는 것이다.

그런데 제안에 대한 부정적인 말들은 당신에 대한 비판이 아니라 전부 질문이다. "대상 고객에 접근할 데이터베이스가 없다"라는 말은 "대상 고객에 접근할 다른 방법은 없는가?", "과학적인 근거 자료가 없다"라는 말은 "과학적 근거 자료를 가장 빨리 모을 수 있는 최선의 방법은 무엇인가?", "일시적인 붐으로 끝날 것이다"라는 말은 "고객과의 관계를 계속 유지하기 위한 비즈니스 모델은 무엇인가?"라는 질문으로 바꿀 수 있다. 모든 비판이나 부정적인 사건을 질문으로 바꾸면 프로젝트를 추진하기 위한 귀중한 힌트가 태어나거나, 더 넓은 시야에서 프로젝트를 정의할 수 있는 계기로 작용한다. 그러는 사이에 부정적 마인드는 시계추처럼 긍정적 마인드로 바뀐다. 그러기 위해서는 움직임을 멈추지 말고 더 큰 시나리오 안에서 계속 부정적으로 물어야 한다.

사전에 주도면밀하게 준비하면 부정적인 말을 부드럽게 만들 수 있다. 프로젝트에 관련된 사항을 미리 네 가지 시점에서 검토하고 제안에 포함시키는 것이다. 각 역할의 관심 사항을 구체적으로 나타내면 차트 [6-20]과 같다. 당신이 기획해 추진하는 프로젝트라면 당신과 정반대로 생각하는 사람의 시점을 꼼꼼하게 살펴보아야 한다. 예컨대 모모타로라면 원숭이의 시점, 개라면 꿩의 시점으로 자신과 정반대인 시점을 의식하다 보면 중층적이고 다면적인 제안을 할 수 있다. 그리고 결국 모

차트 6-20 네 가지 역할과 관심사항

팀 내의 역할에 따라 관심이 달라진다

역할	시점	관심사항
창업자 (모모타로)	장기적으로 결과를 올리는 것 (영향을 끼치는 것)	[WHY] • 무엇을 위해 하는가? • 목적은 무엇인가? • 비전은 무엇인가? • 시장의 위치는 어디인가?
실무자 (개)	단기적으로 결과를 올리는 것	[WHAT] • 구체적으로 어떤 일을 하는가? • 지금은 어느 정도 필요한가? • 계획과 일정은 어떠한가? • 누가 하는가?
관리자 (원숭이)	단기적으로 효율을 올리는 것	[HOW] • 어떻게 처리하는가? • 작업이 어느 정도 발생하는가? • 기존 시스템으로 처리할 수 있는가? • 법적인 위험은 없는가?
통합자 (꿩)	장기적으로 효율을 올리는 것	[WHO] • 인간관계에 어떤 영향이 있는가? • 결정하고 실시하면 누가 어떻게 느끼는가? • 어떻게 커뮤니케이션하면 되는가? • 어떻게 배치하면 되는가?

든 사람의 응원을 받을 수 있다.

그런데 실제로 네 가지 시점을 완벽하게 이해하고 나서 프로젝트를 기획하는 사람은 얼마 되지 않는다. 그렇게 할 수 있는 사람은 슈퍼맨이라고 할 수 있으리라. 중요한 것은, 혼자 올바른 논리를 구축하는 기술이 아니다. 팀 역학의 구조를 충분히 이해하고 구성원들에게서 다양한 시점을 끌어내는 기술, 그것을 일관된 행동 계획으로까지 통합할 수 있는 기술이다. 모든 사람이 응원하는 논리를 구축해야만 비로소 머릿속의 상상이 실현을 향해 높이 날아오르는 것이다.

이 장에서는 자기만의 독창적인 매트릭스를 만들어서 스피치의 달인이 되는 법, 다양한 사람들을 하나로 통합해서 리더가 되는 법 등 몇 권의 책을 읽어야 얻을 수 있는 광범위한 기술을 단숨에 설명했다. 이제 당신은 가슴 두근거리는 가설을 누군가가 '이해하고 납득하며 응원하게' 할 수 있는 지식을 모두 손에 넣었다.

"그런 일을 전부 할 수 있는 사람은 특별한 사람이지."

"오랜 경험을 쌓지 않으면 할 수 없어."

개중에는 이렇게 말하는 사람도 있으리라. 그토록 많은 기술을 어떻게 단기간에 마스터할 수 있을까 싶은 것이다. 하지만 나에게는 서둘러야 할 이유가 있다. 정처 없이 떠다니는 표류에서 빠져나와 지식사회에 정착하기 위해서는 앞으로 몇 년이라는 짧은 시간 안에 사회적으로 가치 있는 수많은 프로젝트가 진행되어야 한다. 그렇게 할 수 있는 인재를 키우는 데 몇 년씩 투자할 여유가 없는 것이다. 더구나 행동을 일으키는 데 필요한 것들을 우리는 알고 있다. 방을 정리하는 것처럼 머릿속의 정보를 정리하면 주위 사람에게 쉽게 전할 수 있다. 모모타로 이야기에 나오는 것처럼, 눈앞에 있는 비전을 실현하려면 구성원들과 어떤 협력관계를 맺어야 하는지 알고 있다. 이렇게 중요한 지혜를 이미 얻은 것이다.

어느 부동산 회사에 CSR(기업의 사회적 책임 활동) 부서를 만든 신입사원이 있다. 학창 시절부터 환경문제에 관심을 두던 그는 CSR 업무를 자신의 라이프워크라고 생각했다. 그래서 입사하자마자 회사 안에 환경문제를 다루는 스터디 클럽을 만들었다. 그 후 회사 창립 30주년의 우수 신규 사업 대회에서 CSR 부서 설립을 제안해 최우수상을 받았다. 그리고 실제로 CSR 부서를 만들어서 그 부서의 과장으로 취임했다.

이렇게 가치 있는 프로젝트를 대량으로, 그것도 단기간에 만들어야 한다. 지식사회가 주위 사람을 120% 행복하게 만드는 프로젝트라면, 전대미문의 스피드로 실현해야 한다. 그러려면 자기 자신조차 놀랄 만한 '가슴 두근거리는 가설'을 갖는 것부터 시작해야 하지 않을까?

7장

벽을 뛰어넘는
기술

고등학생과 함께한 주말 회의

"머릿속에 떠오른 이미지는 큰 별이에요. 반짝반짝 빛나는 별이라기보다 휴대전화 광고에 나오는 듯한, 만들어진 이미지라고 할까요?"

2007년 10월 20일 토요일. 결과적으로 이날은 부잔교육협회의 역사적인 날이 되었다. 교육기관에 마인드맵을 보급하는 부잔교육협회는 공익 사단법인을 설립하기로 하고, 이날 설립 취지서를 만들기로 했다. 현재 교육 현실이 직면하고 있는 여러 가지 문제를 본질적으로 해소하고 앞으로 50년, 60년 통할 수 있는 비전을 내다보며 이념을 세워야 한다……. 협회원들은 그야말로 헌법을 만드는 듯한 책임감과 긴장감으로 가득 차 있었다.

교육 이념을 만드는 것은 본래 고도의 지식과 경험을 가진 교육계 사람만이 할 수 있는 일이다. 당시 비록 공립 고등학교의 베테랑 교사가 한 사람 있었지만, 나머지는 전부 민간 비즈니스맨이었다. 물론 이 회의에서 만든 이념은 나중에 전문가와 논의해서 결정하기로 했으나 토대가 없으면 어떤 일도 시작되지 않는다. 그래서 협회원에게 초안을 만들어 달라고 한 것이다. 교육 현장에서 일하지 않는 사람들이 교육의 역사에 입각하여 품격 있는 비전을 찾아낸다……. 어려운 과제이기는 하지만 비전문가이기 때문에 지닐 수 있는 시점을 활용해 교육에 공헌하고 싶다는 마음을 가진 다양한 사람들이 의견을 나누기로 해서, 시간이 자유로운 토요일에 회의를 하기로 한 것이다.

오전 10시부터 시작된 회의에는 고등학생, 전 중학교·고등학교 교사, 주부, 회사원, 그리고 경영자 등 제각기 직책이 다른 여덟 명이 모였다. 지식사회에서 다양성을 가진 집단은 경쟁력의 원천이다. 나이와 처지가 다른 여덟 명이 협조하면 뛰어난 창조성을 발휘하는 것이다. 그렇다, 이론적으론 충분히 이해한다. 하지만 실제로는 어떨까? 교육 이념이라는 극히 추상적인 개념을 구체적인 말로 만들어 내는 과제. 서로 사용하는 말이 다르다. 처음 만난 사람도 많다. 더구나 시간은 고작 반나절. 이러한 상황에서 어떻게 서로 생각과 제안을 주고받아 어려운 문제를 해결할까? 참가자가 제각기 의견을 말하고 사회자가 정리하는 일반적인 회의 방식으로는 의미 있는 결론이 나올 수 없다.

그때 우리가 선택한 것은 새로운 문제 해결 방식이었다. 언뜻 보기에 서로 관련이 없는 듯한 이미지 속에서 해결책을 찾으려고 하는 접근 방식 말이다. 머릿속에 떠오른 이미지를 해결책의 상징처럼 말로 해석한다. 그러면 기존 관념에 사로잡히지 않은, 틀을 뛰어넘은 발상을 낳을 수 있다. 이미지이기 때문에 고등학생이든 경영자이든 커뮤니케이션 도구는 같다. 어느새 커뮤니케이션이 불가능하다는 우려는 씻은 듯 사라지고, 참가자들은 솟아나는 이미지들을 공유하기 시작했다. 하지만 그 이미지가 교육 이념으로 어떻게 이어질지는 아무도 몰랐다. '과연 이 놀이가 어디로 향할까?'라는 막연한 불안감 때문에 서로 시선을 피하기 시작했다.

그 돌파구는 어느 학생이 자신의 머릿속에 떠오른 이미지를 말했을 때 찾아왔다.

"머릿속에 떠오른 이미지는 큰 별이에요. 반짝반짝 빛나는 별이라기보다 휴대전화 광고에 나오는 듯한, 만들어진 이미지라고 할까요?"

학생이 떠올린 이미지에서도 교육 이념과의 관련성은 찾아볼 수 없었지만, 참가자였던 그녀의 아버지가 깊은 감명을 받고 해석하기 시작했다.

"만들어진 별이라면…… 허상이 아닐까요?"

그 말에 자극을 받은 참가자들이 제각기 자신의 생각을 말하기 시작했다.

"휴대전화가 떠올랐다면 IT와 관련 있는 게 아닐까요?"

"인터넷 정보의 허와 실을 구분해야 한다는 거 아닌가요?"

이런 대화를 거쳐서 그들은 인터넷 의존도가 심각한 사회에 사는 아이들에게 지금 당장 정보의 허와 실을 구분하는 기술을 가르쳐야 한다고 깨달은 것이다.

애초 교육기관에 마인드맵을 보급하는 것이 협회 설립의 계기였던 만큼, 취지서 안에 IT 교육에 관하여 언급하리라곤 꿈에도 생각하지 못했다. 그런데 돌이켜 보면 마인드맵의 커다란 장점 중에 '정보 정리 능력'이 있다. 그리하여 허와 실을 구분하는 기술을 양성하는 데 마인드맵을 어떻게 활용할 것이냐에 관해 몇 가지 구체적인 방책을 즉시 떠올릴 수 있었다.

그것 말고도, 이미지를 사용한 문제 해결 방법을 통해 처음에는 말로 표현할 수 없었던 몇 가지 중요한 시점이 말로 표현되기 시작했다. 처음에 추상적인 이미지였다고는 상상도 할 수 없는 구체적인 말이 잇따라 태어났다. 예를 들면 다음과 같다.

- 지구적 시각으로 자연환경, 생활환경을 살펴 어린이가 성장하는 데 이로운 교육 기반을 정비한다.
- 아무것도 주어지지 않은 조건에서도 무언가를 만드는 힘을 발휘할 수 있는 어린이를 육성한다.
- 올바른 역사 인식과 균형적인 교육관에 근거해 서로 좋은 네트워크를 만들고 자정작용을 가진 조직을 구축한다.
- '깨달음'과 '의욕'을 즐겁게 유발하는 학습 방법을 조사하고 탐구한다.
- 어린이와 교사 모두 자신의 가능성을 최대한 발휘하는 교육기관을 정비한다.

이 과정을 거쳐서 참가자들은 자신의 이념에 자긍심을 가졌다. 몇몇 전문가들이 밀실에서 만든 게 아니라 교육에 깊은 열정을 가진, 나이ㆍ

처지·경험이 제각기 다른 사람들의 다양한 시점을 통합해서 만든 것, 그야말로 미래 교육의 상징이기 때문이다.[10]

미래를 만드는 환경을 찾아라

지금 소개한 문제 해결 방법을 CPS creative problem solving method(창의적 문제 해결 학습)라고 한다.[11] 경영 과제에 대한 새로운 접근 방식으로, 활용할 때마다 놀라운 결과를 낳는 창조적 문제 해결 방법이다.

CPS는 세계적인 교육심리학자이자 베스트셀러 저자로 유명한 윈웬저 박사가 고안해 낸 방법이다. 윈저 박사는 과학·기술·경제를 통합한 폭넓은 분야에서 해결 불가능해 보이는 문제에 도전하는 것이 사람들의 재능을 진정으로 꽃피우게 한다고 믿어 의심치 않았다. 그래서 구체적인 문제 해결 방법을 개발할 목적으로 1995년부터 '프로젝트 르네상스'를 창설하고, 이미지를 통한 문제 해결 방법을 비롯해 여러 가지 학습·교육 방법을 개발했다.

CPS는 개인이 활용할 경우, 직업을 바꿀 정도의 영향력을 종종 발휘한다. 내 경우에도 본래 경영 컨설턴트였다가 어느 날부터 소설을 쓰고 뮤지컬 프로듀서를 하고 작사를 하고 TV 프로그램 기획까지 하게 되었다. '경영 컨설턴트'라는 직함이 '경영 컨설턴트 겸 작가'로 바뀐 것이다. 사람들은 그런 나를 보고 "예전부터 창조적인 일에 관심이 있었습니까?"라고 묻는데, 그런 것은 꿈에도 생각하지 못했다. CPS를 사업에 활용하는 사이 일도 즐기고 아이디어의 질도 높아진 것이다. 아티스트들은 어떻게 일할까 싶어서 그들의 방식을 응용해 봤더니, 나로서는 다시 태어나지 않으면 도저히 할 수 없으리라고 여겼던 창조적인 작업을 할 수 있게 되었다.

부잔교육협회의 사례처럼 CPS를 그룹이 활용할 수도 있다. 이때 CPS의 장점은 해당 분야에 문외한인 사람들에게도 풍부한 힌트를 끌어낼 수 있다는 것이다. 전문 지식이 없는 사람들도 이미지라는 공통된 커뮤니케이션 도구를 통해서 대화할 수 있으므로, 다양성을 통합한 귀중한 아이디어를 만들어 낼 수 있다.

CPS는 전뇌사고 모델과 함께 사용할 수도 있다. '목표 고객을 누구로 할까?', '클라이맥스 사건은 무엇인가?' 등 전뇌사고 모델을 이용한 질문에 대답하지 못한 경우나, 질문에 대답은 했지만 스스로를 놀라게 할 의외의 아이디어를 얻고 싶은 경우에 CPS를 이용하면 돌파구를 찾을 수 있다. 그때 틀을 뛰어넘는 발상이 태어나면, 전뇌사고 모델을 이용해서 논리적으로 뒷받침하고 행동 시나리오로 연결시킬 수 있다.

업무의 의미가 모호해진 요즘 시대에 CPS는 대단한 효과를 발휘한다. CPS를 이용하면, 업무의 보람을 회사가 안겨 주기를 기다리지 않고 자신이 내면에서 스스로 발견할 수 있다. 그러면 업무를 통해 자기실현을 할 수 있고, 사원의 성장을 통해 회사도 성장할 수 있다. 지식사회에서 원하는 이상적인 기업의 형태가 CPS와 전뇌사고 모델을 통해 실현된다고 나는 생각한다.

여기에서는 먼저 CPS를 개설함과 동시에, 이 방법을 통해 비즈니스 문제를 어디까지 해결할 수 있는지 그 가능성과 한계에 대해 살펴보고자 한다. 그다음에는 전뇌사고 모델을 더 완벽하게 활용하기 위해서는 CPS를 어떻게 응용하면 되는지 구체적 사례를 들면서, 이미지를 계기로 결과를 만들어 내는 과정을 소개하고자 한다.

이미지로 사고하는 습관을 만들어라

CPS를 간단히 설명하면, 상대의 질문에 이미지로 대답하는 방법이다. 말이 아니라 이미지로 대답하는 이유는 머릿속에 뿌리내리고 있는 선입관에서 자유로워지기 위해서다.

상대의 질문에 대한 답을 이끌어 내는 과정을 살펴보면, 우리는 질문을 받자마자 즉시 말을 사용해서 대답을 생각한다. 그때 떠올린 말은 대부분 지금까지 가진 사고 패턴에 따른 친숙한 말들이다. 뇌과학자인 이케가야 유지 박사는 "뇌는 선입관에 따라 잇따라 들어오는 정보를 재빨리 처리하고 있다"라고 말한다.[12] 즉, 질문을 받으면 특별히 의식하지 않는 이상 기존 관념의 연장선에서 효율적으로 대답을 끌어낸다. 과거의 모범 답안을 자동적으로 복사하고 편집한 결과를 정답으로 여기며 만족감에 젖는 것이다. 더 큰 문제는, 대답할 분야에 대한 경험이 깊을수록 익숙한 정보를 많이 보유해 얼마든지 편집하고 복사할 수 있다는 점이다. 결국 경험을 쌓을수록 새로운 발상을 만들어 내기 어려운 딜레마에 빠지게 된다.

이러한 딜레마를 해소하기 위해 뇌의 복사·편집 기능을 쓰지 않고 언어 대신 이미지를 사용해서 대답을 도출하려는 시도가 바로 CPS이다. 웬저 박사에 따르면, 본질적인 대답은 말 안에 있는 게 아닌 말이 되지 않는 몽롱한 것, 즉 이미지 안에 있다고 한다. 많은 사람이 비즈니스에서는 몽롱함을 가장 경계해야 한다고 말한다. 그래서 몽롱한 상태에서 벗어나기 위해, 질문을 받으면 억지스레 말로 표현하려고 한다. 말로 표현하면 속이 후련해지면서 몽롱한 상태가 해소되기 때문이다. 억지스레 말로 표현할 때 뇌는 지금까지 친숙했던 말을 끌어낸다. 이로써 몽롱함 안에 있는 새로운 발상과 새로운 시점이 쓰레기통으로 들어가고 마는 것이다.

CPS에서는 새로운 시점이 쓰레기통으로 들어가기 전에 몽롱함을 꼼꼼히 적는다. 그리고 몽롱함에서 새로운 시점을 끄집어내 새로운 언어로 정리한다. 여기에 기존 관념의 영향을 받지 않은 제로 상태에서 가설을 세우는 구조가 존재한다. 그런데 아무리 이미지를 떠올려도 그 이미지와 질문 사이의 관련성을 거의 발견할 수 없는 경우가 있다. 부잔교육협회의 사례를 살펴보아도, 설립 취지서에 포함되는 중요한 콘셉트 중 하나가 '만들어진 별'이라고 해도 그 말을 들은 사람들은 고개가 갸웃거려질 뿐이다. 그러나 실제로 해보면, 이미지와 질문 사이의 관련성을 발견하는 작업에는 거의 스트레스를 받지 않는다. 일이라기보다 퀴즈 프로그램에 출연한 듯한 기분이기 때문이다. 퀴즈를 풀 때와 마찬가지로 대답을 찾을 때까지는 시간을 잊은 채 뇌를 풀회전시키는데, 몽롱함에 깊이 빠질수록 정답을 발견해 냈을 때의 기쁨은 상상을 초월한다.

CPS를 통해 뇌가 풀회전하는 구조를 다른 말로 설명하면 우유성偶有性이라고 할 수 있다. 우유성은 '절반은 규칙적이고 절반은 우연적인' 상태다. '완전히는 아니지만, 어느 정도는 예측할 수 있는' 상태라고도 할 수 있다. 소니컴퓨터사이언스연구소 수석연구원인 모기 겐이치로 박사는 "인간의 뇌에 가장 좋은 영양은 우유성이다"라고 말한다.[13]

우유성의 가장 좋은 사례로는 서스펜스나 시대극 같은 드라마를 들 수 있다. 그런 드라마의 시나리오에는 예측할 수 있는 대목도 있고 우연으로 가득 찬 대목도 있다. 결말에서 범인이 체포되거나 악당이 참수될 것이다. 하지만 도중에 어떤 역전이 벌어질지는 아무도 모른다. 모든 것을 예측할 수 있는 드라마는 재미없다. 그렇다고 전혀 예측할 수 없는 우연으로 가득 찬 드라마가 재미있느냐 하면 그렇지도 않다. 우리가 드라마에 즐겁게 몰입하려면 예측할 수 있는 이야기와 우연한 이야기가 함께 있어야 한다. 우유성이 필요하다는 말이다. 뇌는 우유성을 접했을 때 매료되어 비로소 예사롭지 않은 몰입에 빠져드는 것이다.

지금까지 인간의 사고에서 우유성이 중요시되지 않은 것은 아니다. 실제로 우유성 덕에 역사에 길이 남을 아이디어가 많이 태어났다. 뉴턴은 나무에서 떨어진 사과를 보고 중력에 관한 최초의 발상을 얻었으며, 아인슈타인은 빛을 타고 우주여행하는 상상으로 상대성이론을 발견했다. 또한 독일의 화학자 케쿨레는 난로 위에서 뱀 두 마리가 춤추는 꿈을 꾼 후에 벤젠 분자의 고리 구조를 발견했다. 이런 식으로 우연의 이미지를 논리적으로 검증했을 때 번뜩이는 가치를 발한 사례는 얼마든지 찾아볼 수 있다. 일상생활에서도 멍하니 경치를 바라보며 운전하다

갑자기 멋진 아이디어가 솟아나거나, 친구와 술을 마시다 나온 평범한 이야기에서 그간 찾고 있었던 해답을 발견한 적이 누구에게나 한두 번은 있었으리라.

정보 정리가 목적인 논리적 사고에서는 우유성이 발휘되기 어렵다. 반면에 CPS는 정보 정리의 과정 안에 이미 우유성이 들어가 있다. CPS는 콘셉트 만들기에 사용할 수 있을 뿐 아니라, 비즈니스의 모든 문제 해결에도 굉장한 효과를 발휘한다. 어려운 문제에 있어서 대답은 발견하지 못해도 질문은 얼마든지 생각해 낼 수 있다. 그리고 질문만 생각해 내면 뇌는 우유성을 접하게 되므로, 풀회전하면서 대답을 향한 몰입의 첫걸음을 내디딜 수 있다. 예컨대 다음과 같은 질문들이다.

- **6개월 이내에 수익을 두 배로 올리는 방법 중에서 간과한 의외의 것은 무엇인가?**
- **기존 사업과의 상승효과가 높고, 새로운 기둥으로 높은 성장률을 지닌 사업의 콘셉트는 무엇인가?**
- **기존 영업의 연장선에서 고생하지 않고 확보할 수 있는 의외의 목표 고객은 누구인가?**
- **검색하고 싶고 입소문을 내고 싶어지는, 귀에 착 달라붙는 네이밍은 무엇인가?**
- **사업 전략에서 간과한 리스크는 무엇인가?**
- **문제를 해결하기 위해 지금 꼭 해야 할 최선의 질문은 무엇인가?**
- **계획을 원만하게 실현하기 위한 첫걸음은 무엇인가?**

지금까지 비즈니스에서 통용된 문제 해결 방법은 상세한 조사와 분석을 하고서야 해법을 생각하는 것이었다. 그러려면 조사와 분석을 하는 기술뿐 아니라 시간이 필요하다. 그런데 CPS는 조사·분석에 기술과 시간을 할애하는 대신, 좋은 질문들을 생각해 내는 것에 주력한다. 따라서 해결할 수 없을 것만 같은 문제, 또는 생각 자체를 포기하게 된 어려운 문제일수록 획기적인 성과를 올릴 수 있다. CPS에 익숙해지면 '난 능력이 없어서 올바른 대답을 만들 수 없을 거야'라는 불안이 말끔히 사라진다. 불안이 사라지면 문제 해결의 실마리를 발견하므로 선택 가능한 행동들이 늘어나게 된다. 그러고는 몽롱한 상태에서 벗어나 생각지도 못한 해결책을 손에 넣으면 온몸에 소름이 끼칠 정도로 통쾌한 기분을 느낄 수 있다. 그런 쾌감을 경험하고 나면, 이제껏 왜 자신이 무능력한 자기 모습에 만족했는지 그 이유조차 상상할 수 없게 된다.

비즈니스에서 CPS를 활용하라

"나도 비즈니스에서 CPS를 능숙하게 활용할 수 있을까?"

"나 자신도 깜짝 놀랄 만한 훌륭한 발상이 태어날까?"

이 질문에 대한 답은 나중에 직접 확인하기 바란다. 당신을 위한 연습 문제를 준비해 놨으니, 스스로 확인하고 실감하는 것이 가장 좋으리라. 그 전에 비즈니스에서 CPS를 활용한 사례를 살펴봄으로써 CPS의 개요와 그 활용 방법을 알아보자.

본래 CPS는 비즈니스에 활용될 것을 전제로 개발된 문제 해결 방법이 아니다. 과학과 교육 분야를 중심으로 도입되고, 세계적으로도 비즈니스에 응용된 사례는 거의 없다. 그런 상황에서 나는 약 5년 전부터 어떻게 하면 비즈니스에 응용할 수 있을지 생각해 왔다. 다음의 두 가지는 그 응용 방법을 실험한 초기의 사례다.

[사례1] 목표 고객층 정하기: 출판사 편집회의
-

예전에 한 출판사에서 창업 관련 책의 출판에 대해 컨설팅 의뢰를 해왔다. 그 즉시 나는 책의 내용을 어떻게 구성할지에 대해 출판사 관계자들과 함께 장시간 편집회의를 했다. 그런데 계속 결론이 나지 않자, CPS를 응용해 힌트를 얻기로 했다.

CPS를 활용한 편집회의 도중에 "이 책의 이상적인 고객층은 누구인가?"라는 질문이 나왔다. 이에 대한 답들 가운데 "기동전사 건담의 이미지가 떠오른다"라는 대답이 있었다. 그 말을 들은 우리 대다수가 '건담과 기업이 뭔 상관이 있지?' 하며 고개를 갸웃거렸다. 하지만 이윽고 한 사람이 "건담에 열광한 세대가 고객층 아닐까요?"라고 말했다. 이 말을 계기로 회의에 열기가 더해졌다. 건담 세대(1972~1976년에 태어난 일본 젊은이들로, 어린 시절을 보낸 70~80년대의 문화 상품을 집중적으로 소비하는 경향이 있음)로 목표 고객층을 설정하자 책 내용을 어떻게 구성해야 할지가 분명해졌다. 또한 책 표지에는 건담을 상징하는 그림을 넣었다. 결국 17만 부 이상 팔리는 베스트셀러를 탄생시킬 수 있었다.

[사례2] 비교우위를 명확하게: 인재 파견 회사의 영업회의
-

클라이언트인 인재 파견 회사에서 "회사를 다음 무대로 끌어올리는 의외성 있는 방법은 무엇인가?"라는 질문에 관해서 CPS 회의를 했다. 그때 제시된 이미지는 '슈퍼마켓 계산대에 있는 사람', '메뚜기', '프리터freeter'였다.

처음에는 세 가지 이미지에서 공통점을 발견할 수 없었다. 하지만 논의를 계속하던 중 한 사람이 "높이 점프하는 도약력을 가진 메뚜기는 엄청난 성과를 올린 파견사원의 상징이 아닐까요?"라고 말했다. 그 말을 이어받듯이 "프리터는 경력 없는 사원의 상징입니다. 그러니까 지금까지 경력이 없었던 인재라도 우리 회사에서 파견사원으로 일하면 능력을 발휘할 수 있다는 뜻이 아닐까요?", "그러고 보니 슈퍼마켓으로 파견된 사원 가운데 성과를 올린 인재가 있을지도 모릅니다"라는 말들이 여기저기에서 나왔다.

여러모로 논의한 끝에, 클라이언트 회사는 여태껏 사원 연수에 상당히 힘썼는데도 그 사실이 인재 사용 기업들에는 제대로 알려지지 않았다는 문제점을 발견하게 되었다. 그래서 지금부터라도 영업사원이 파견사원을 인터뷰하여 기대 이상의 성과를 올린 인재를 알아내서 그 결과를 인재 사용 기업에 보고하기로 했다.

위에 든 두 가지 사례처럼, 해결해야 할 문제 앞에서 이미지를 근거로 대화를 나누다 보면 누구나 비교적 간단하게 시원한 해법을 얻을 수 있다. 내가 실제로 몇 년에 걸쳐 CPS를 비즈니스에 신중하게 응용한 결과, CPS는 비단 교육이나 과학 분야뿐 아니라 비즈니스에서도 충분히 응용할 수 있는 문제 해결 방법이라는 사실을 실감하게 되었다. CPS가 비즈니스의 일반적인 문제 해결 방법과 판이해서, 처음에는 CPS에 참가하는 사람들이 회의적이거나 방어적인 태세를 취하지 않을까 우려하기는 했었다. 하지만 이는 기우에 불과했다. CPS를 응용할 때 그 취지만 제대로 설명한다면 아무리 논리적인 사람일지라도 흥미를 갖고 임했다.

실제로 이미지를 해석하는 단계에 들어가면 누구나 퀴즈 풀듯이 흥미진진하게 도전한다. 그리고 해결의 실마리를 발견한 순간, 의견이 한 방향을 향해 격류처럼 흐르기 시작한다. 몽롱한 것이 확실하게 보이고 이해하는 '아하!' 체험을 하게 되는 것이다.

물론 머릿속에 떠오른 이미지가 항상 올바르다고 판단하는 것은 잘못이다. 그것은 어디까지나 가설에 불과하다. 하지만 그 가설은 전뇌사고 모델을 통해 논리적으로 검증되고, 행동 시나리오로 이어진다. 그 일련의 과정에는 기업이 창조성을 발휘하기 위한 중요한 핵심이 전부 들어 있다.

CPS의 6단계

지금부터는 CPS를 당신의 문제에 응용할 수 있도록 구체적인 방법을 설명하기로 한다.

CPS에는 여러 가지 방법이 있지만, 가장 활용 범위가 넓고 업무에 유용하며 퀴즈로 즐길 수 있는 하이싱크탱크high-thinktank 방법을 소개하고 싶다. 앞에서 소개한 부잔교육협회의 사례도 하이싱크탱크 방법을 사용한 것이다.

- **1단계:** 질문을 여섯 가지 이상 준비한 후 종이에 하나씩 써서 접는다. 종이를 접을 때에는 쓴 내용이 보이지 않도록 해야 한다.

- **2단계:** 접은 종이들을 봉투에 넣어 잘 섞은 뒤 하나를 꺼낸다. 이 단계에서는 자신이 어떤 질문 내용의 종이를 뽑은 건지 알 수 없다.

- **3단계:** 편안한 상태로 눈을 감고 세 가지 이미지를 떠올린다. 이미지를 소리 내어 자세하게 묘사한다. 옆에 사람이 있는 경우에는 이미지를 공책에 그리게 한다. 사람이 없는 경우에는 녹음기에 자신의 목소리를 녹음한 뒤 직접 들으면서 공책에 이미지를 그린다. 크레용이나 컬러마커 등 다양한 색깔을 이용하면 효과적이다.

- **4단계:** 세 가지 이미지의 공통점을 발견한다. 세 가지 이미지의 공통점과 특징, 스토리 흐름, 이질성 등에 주목한다. 이 단계는 나중에 이미지를 해석할 때 많은 도움이 된다.

- **5단계:** 자신이 뽑은 종이를 펼친다. 이 단계에 이르러서야 겨우 종

이에 쓰인 질문 내용을 눈으로 확인한다. 이 질문의 대답이 3단계에서 떠올린 이미지다. 즉, 질문의 대답은 말이 아니라 이미지로 나타난다.

- 6단계: 대답으로 나온 이미지를 언어로 바꾼다. 이미지를 보면서 왜 대답이 이렇게 나타났는지 생각해 본다. 질문과 이미지의 의미를 머리에 떠오르는 대로 메모한다. 여기에서는 직감이 중요하므로, 억지로 앞뒤를 맞추려 하지 말고 머리에 떠오른 말을 손이 움직이는 대로 계속 적는다. 이때의 이미지는 어디까지나 '상징'이라고 생각하자. 이를테면 "앞으로 회사의 실적을 대폭 끌어올리는 상품 콘셉트는 무엇인가?"라는 질문에 자동차의 이미지가 나왔다고 해서 자동차를 만들라는 대답은 아니다. 자동차는 어디까지나 상징이라고 여기고, 자동차의 편리함과 스피드가 상품 개발의 힌트가 아닐까 추측하는 것이다. 이런 식으로 질문에 대해 납득할 수 있는 대답을 발견해 나아간다.

위 내용을 읽은 순간, 어쩌면 몹시 혼란스러울지도 모른다. '질문을 하기도 전에 그 대답을 이미지로 떠올리라니? 질문을 모르는데 어떻게 대답을 하라는 거지? 도저히 불가능해!'와 같은 생각이 쏟아지는 것은 당연하다. 이에 대해 윈 웬저 박사는 이렇게 말했다. "질문 내용을 모르는 것 같지만 잠재의식에서는 종이의 접힌 부분이나 펜의 눌린 자국 등으로 어떤 질문인지 충분히 추측하고 있다. 하지만 의식에서는 언어로 나타낼 수 없기에 선입견을 배제하고 생각을 떠올릴 수 있다." 실제로 해보면, 이미지로 떠올린 대답과 나중에 종이를 펼쳐 알게 된 질문이 우연이라 여길 수 없을 만큼 상관있다는 사실을 알 수 있다.

나는 CPS의 효과에 대해 잠재의식 차원에서 질문 내용을 추측한 결과라기보다, 오히려 우유성을 받아들인 결과라고 여긴다. 질문과 관계없는 이미지를 기점으로 생각함으로써 사고의 복사 기능이 잠시 중단되고, 자신이 생각하지 못한 시점에서 뇌가 풀회전하면 새로운 해결책을 떠올릴 수 있는 것이다. 여기서 중요한 점은 "왜 이 이미지가 질문에 대한 답인가?"라는 놀라움을 얻는 것이다. 놀라움은 뇌를 매료시키고 집중력을 높이며 단시간에 여러 가지 선택의 길을 생각하게 한다. 다시 말해 이미지는 뇌가 활성화되는 계기인 만큼, 어떤 이미지를 떠올려도 어느 정도 효과를 거둘 수 있다.

실험: CPS 체험

이치는 알겠지만, 정말로 이런 의외의 방법으로 대답을 끌어낼 수 있을까? 배우기보다 일단 익숙해지라는 말이 있지 않은가. 생각하기 전에 실제로 어디까지 발상을 얻을 수 있는지 퀴즈 풀이 감각으로 도전해 보자.

하이싱크탱크 방법에는 처음에 여섯 가지가 넘는 질문이 필요하므로, 내가 미리 일곱 가지 질문을 준비해 두었다. 질문 내용은 뒷부분에서 밝힐 테니, 먼저 1부터 7까지에서 머리에 떠오르는 숫자를 선택해 보자. 그다음에 선택한 질문—아직 질문 내용은 모름—에 대한 답을 한 가지 이미지로 그려 보자. 앞에서 설명했듯이, 세 가지 이미지를 떠올린다. 여러 가지 이미지에서 공통점을 찾는 편이 다양한 해석에 좋기 때문이다. 하지만 지금은 익숙해지는 것이 더 중요하므로, 일단 한 가지 이미지만으로 시도해 보자.

1~7 사이 직감적으로 떠올린 숫자 하나를 빈칸에 쓰십시오.

이미지를 떠올리는 것은 매우 간단하다. 눈을 감고 몇 번 심호흡한다. 그리고 아름다운 풍경 속에서 편안하게 있다고 상상한다. 숨을 내쉴 때마다 온몸에서 힘이 빠져나가는 것을 느끼기를 바란다. 편안한 상태에 있으면 이미지가 쉽게 떠오른다. 안정된 호흡을 반복하며 상상 속에서 하늘을 바라보자. 그때 갑자기! 하늘에서 보자기가 떨어진다. 그 보자기를 펼쳐 보라. 그 안에 무엇이 들어 있는가? 머리로 생각하지 말고 직감적으로 떠오른 것을 이미지로 답하라. 답하고 나면 눈을 뜨고 빈칸에 이미지를 그리라.

그러면 지금부터 당신이 선택한 질문을 말하겠다. 323쪽을 펼치고

298

하늘에서 내려온 보자기 속에 무엇이 들어 있는지
직감적으로 떠올려 이미지로 표현하십시오.

맨 처음 자신이 머리에 떠올린 숫자에 해당하는 질문을 보기 바란다. 좀
전에 당신이 그린 보자기의 내용물은 그 질문의 대답을 이미지로 떠올
린 것이다. 그것을 해석하려면 이미지를 언어로 바꾸어야 한다. 이때 가
장 중요한 비결은 머리로 생각하지 않는 것이다. 손으로 생각한다고 여
기고는 머릿속에 떠오른 말을 계속 글로 써본다. 그래도 떠오르지 않으

면 펜을 왼손에 잡아보자. 어색하게 쓰는 사이에 생각하지도 못한 말을 쓸지도 모른다. 그래도 의아하게 여기지 말고 계속 써보자. 그러는 사이에 "아하!"라는 깨달음이 태어나는 것은 흔히 있는 일이다. 방법론에 관해 조금 더 자세히 설명하고자 한다.

먼저 왜 보자기인지 의아해할 텐데, 보자기든 선물상자든 도깨비 보물주머니든 그 무엇이든 상관없다. 또 하늘에서 떨어지든 갑자기 눈앞에 나타나든, 이 또한 어떻든 좋다. 중요한 점은 기존 사고의 연장으로 대답하지 않는 것으로, 그럴 수 있다면 어떤 것이든 어떤 방법이든 상관없다. 선입관이 제거되면 되는 것이다.

그다음은 이미지의 해석으로, CPS 활용에 들어가면 맨 처음 "대답을 전혀 짐작할 수 없다"라고 말하기 일쑤다. 어쩌면 힘이 빠지거나 욕구불만을 느낄 수도 있겠으나, 첫걸음으로는 대성공인 상황이다. CPS에 익숙한 사람이라도 '전혀 모르겠다'라는 말로 시작하는 경우가 대부분이다. 애당초 이미지를 쉽게 알 수 있다면 예상된 대답이 이미지로 바뀐 것뿐이므로 CPS를 활용할 가치가 없다. '모르겠다'는 단계를 끈기 있게 버티는 것이 CPS 활용 성공의 비결이다. 몰라도 괜찮으니, "그래도 생각해 보면……" 하는 식으로 이유를 붙여 의미를 해석해 보자. 대답 같아 보이지 않는 내용을 하나씩 써 내려가면 갑자기 힌트가 떠오르는 일이 있다. 그 힌트를 계기로 이미지를 자세히 살펴보면 자기도 모르게 "아하!"라고 탄성을 터트리는 순간이 찾아올 것이다.

응용: 기업 전략을 이미지로 생각하는 실험과 해석

비즈니스 전략의 가설을 구축하는 데 CPS를 어디까지 활용할 수 있을까? 전략 수립처럼 지극히 논리적으로 접근해야 하는 분야에서는 역시 사실을 자세하게 분석하지 않으면 가설을 발견할 수 없지 않을까? CPS를 통한 이미지 이용으로 어느 정도까지 가설을 구축할 수 있을까?

이 질문에 대답하기 위해 나는 한 가지 실험을 했다. 전략 컨설팅 회사에 근무하는 우수한 컨설턴트 세 명과 가상의 상황을 설정해 CPS를 활용한 기업 전략 수립에 도전한 것이다. 이 실험을 살펴보면, 구체적인 과제에서 얻은 이미지를 어떻게 해석하면 되는지 그 비결을 파악할 수 있으리라. 단, 가상의 상황에 등장하는 기업은 현존 기업과는 전혀 관계가 없음을 밝혀 둔다.

[사례] 어떻게 하면 기업공개 후에도 계속 성장할 수 있을까?
-

고기밀氣密·고품질의 포장지를 만드는 회사가 있다. 1998년에 창업한 기술 계통 벤처기업이다. 독자적으로 개발한 소재를 이용해 친환경·재활용이 가능한 극소부품도 만들 수 있는 덕분에 급성장했다. 지금까지는 틈새시장을 거의 독점함으로써 높은 수익을 올렸지만, 최근 1년 사이에 라이벌 기업이 잇따라 끼어들면서 수익률이 줄고 있다. 경영진의 고민은 '곧 기업공개가 예정되어 있는데, 기업공개 후에도 계속 성장하기 위해서는 현재 무엇을 해야 하는가?'이다.

한 번 읽기만 해서는 정보가 너무도 적어서, 대부분의 독자는 이 문제를 해결하기 위해 무엇부터 생각해야 하는지 알 수 없으리라. 해결의 실마리를 순간적으로 발견할 수 없는 이런 문제야말로 CPS 연습용으로는 가장 좋다고 할 수 있다. 논리적인 분석법으로는 손도 댈 수 없기 때문이다. 논리적인 사고 과정을 활용하기 어려운 경우에도 적절한 질문만 떠올리면 CPS에 따른 발상을 확대할 수 있다.

나는 하이싱크탱크 방법에 따라, 여섯 가지 질문을 종이에 하나씩 쓰고 접어 봉투에 넣었다. 그리고 세 명의 컨설턴트에게 각각 종이 하나씩

차트 7-1 이미지 대답

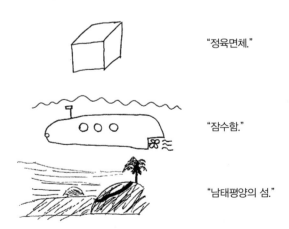

"정육면체."

"잠수함."

"남태평양의 섬."

뽑도록 했다. 그들이 뽑은 종이에 쓰인 질문이 다음의 세 가지(Q1, Q2, Q3)로, 그에 대한 답(이미지)과 해석을 아울러 소개한다.

Q1. 이익을 올리고 사원 동기부여 수준을 높이려면?

-

이 질문이 쓰인 종이를 뽑은 컨설턴트에게 세 가지 이미지를 떠올리게 했다(차트 [7-1] 참고). 그 이미지(답)를 말로 바꾸는 해석 과정을 쉽게 이해할 수 있도록 그 컨설턴트와의 대화를 그대로 옮겼다. C는 컨설턴트이고 K는 나다.

C: "……질문에 대한 답이 이 이미지란 거군요."

K: "그렇습니다. 이것만 보면 무슨 뜻인지 모를 테니까, 지금부터 이미지를 말로 바꾸는 작업을 해보겠습니다. 이미지를 보면서 순간적으로 떠오른 말을 그림 옆에 써보세요."

C: "이 이미지는 '잠수함'이니까 '잠수함'이라고 쓰면 되나요?"

K: "아니요. '잠수함'은 어디까지나 상징이니까, '잠수함'이 상징하는 비즈니스에 관한 말을 쓰십시오. 처음에는 어렵겠지만 하나의 말을 계기로 연상을 확대하시기 바랍니다. 이 작업을 할 때는 머리가 아니라 손으로 생각한다고 여기면서 되도록 빨리 메모하는 편이 좋습니다."

C: "흐음, 두뇌보다 신체감각을 우선시하는 거군요."

K: "바로 그겁니다. 이미지를 말로 바꿀 수 있을 것 같습니까?"

C: "음, 비즈니스와 어떻게 관련을 지어야 좋을지……."

K: "세 가지 이미지에 공통점이 있습니까?"

C: "예, 처음에 나온 정육면체 이미지. 그것과 잠수함의 공통점은 '닫힌 공간'이라는 겁니다. 따라서 인사평가가 좁은 세계에서 이루어지고 있다고 연상했는데요……."

K: "그렇군요."

C: "그리고 잠수함의 창문이 동그랗고, 태양과 섬의 이미지도 동그랗습니다. 이것은 밖을 내다볼 수 있는, 또는 개방적인 이미지이니까 투명하고 다면적 평가가 필요하다는 것 아닐까요?"

K: "반대로 세 가지 이미지 중에서 이질적인 것은 무엇인가요?"

C: "이질적인 것이요?"

K: "다시 말해, 왜 이런 게 보였을까 이상하게 생각한 것 말입니다."

C: "잠수함의 센서라고 할까요?"

K: "왜 센서가 보였을까요?"

C: "……뾰족한 것. 시장의 센서가 될 만한 뾰족한 기술입니다. 지금은 비즈니스가 되지 않는 첨단 기술을 개발하는 사람이 있으면 수면 위로 끌어올려 적극적으로 평가해야 한다는 뜻입니다."

이미지를 말로 바꿀 때는 공통점 또는 차이점에 주의한다. 또 세 가지 이미지가 떠오르는 순서에도 주목한다. 그리고 그것들이 무슨 의미인지 직감적으로 떠오른 말을 써둔다. 이때 논리적으로 이상하다고 생각하면 사고가 멈추기 때문에, 머리를 쓰기보다 손이 움직이는 대로 쓰는 것이 중요하다.

컨설턴트와 대화한 결과 대답으로 나온 이미지인 정육면체, 잠수함, 남태평양의 섬이 각각 '폐쇄적인 인사 평가', '다면적 평가', '최첨단 기술의 재평가'라는 비즈니스 용어로 바뀌었다. 이 CPS 연습에서 컨설턴트가 얻은 해결책을 정리하면 다음과 같다.

- **사원의 평가가 폐쇄적인 장소에서 이루어지고 있다.**
- **다면적 평가를 검토하고 투명하게 만들어 간다.**
- **최첨단 기술을 개발하는 사원에 대해서 현재 그 기술을 통해 수익이 나지 않더라도 정당하게 평가한다.**

CPS 연습용으로 든 가상의 기업 상황에 대한 설명에는 간단한 회사 소개뿐이어서 정보가 거의 없다고 할 수 있다. 그런데도 불과 10여 분 만에 구체적인 해결의 실마리를 어느 정도 발견할 수 있었다.

Q2. 앞으로 어떤 상품을 개발하면 되는가?

－

두 번째 컨설턴트가 이 질문이 쓰인 종이를 뽑고서 떠올린 세 가지 이미지(차트 [7-2] 참고)를 말로 바꾸면 다음과 같다.

"산꼭대기에서 태양을 바라본다."

"하늘을 나는 종이비행기와 태양열 발전판."

"골프에서 공을 세게 친다."

- 새로운 기술을 좇지 말고 높은 시점에서 시장을 바라봄으로써 기존의 기술이나 생산설비를 효과적으로 활용하는 것이 중요하다.
- 지금까지 판매가 이루어진 틈새시장만이 아니라 일반 소비자에게 친숙한 상품을 보유함으로써 브랜드 파워를 높인다.
- 친환경 상품, 가벼운 상품, 충격에 강한 상품 등을 보유한다.

Q3. 어떤 콘셉트의 상품을 어떤 지역, 어떤 판로로 팔면 되는가?

–

세 번째 컨설턴트가 이 질문이 쓰인 종이를 뽑고 떠올린 세 가지 이미지(차트 [7-3] 참고)를 말로 바꾸면 다음과 같다.

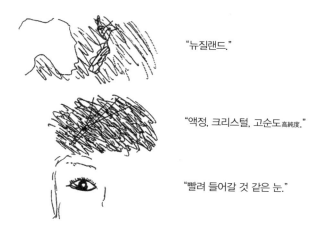

"뉴질랜드."

"액정, 크리스털, 고순도高純度."

"빨려 들어갈 것 같은 눈."

- 제품의 기밀성을 더욱 높임으로써 지금까지 생각하지 못한 시장으로 단숨에 확대한다.
- 농업·낙농업이 발달한 나라, 또는 잊고 있는 시장에서 제품 문의가 있었는지 사내에서 찾아본다.
- 화장품과 미용기구, 콘택트렌즈 등의 소비재에 이용할 만한 기존 기술이 있는지 발상을 확대한다.

이상 세 가지 질문으로 CPS 연습을 하는 데 필요한 시간은 약 1시간. 맨 처음 머릿속에 떠오른 이미지에는 비즈니스 전략의 가설을 연상할 수 있는 요소가 전혀 없었지만, 역시 경험이 풍부한 컨설턴트들은 CPS를 통한 이미지 이용으로 재빨리 전략 수립의 가설을 발견해 냈다.

기존의 방식과는 전혀 다르게, 기업 전략을 이미지로 떠올려 해석함으로써 기술 계통 벤처기업이 계속 성장하기 위한 전략의 전체 모습을 다음과 같은 가설로 이끌어 낸 것이다.

기업공개 후에도 고수익을 유지하기 위해서는 일반 소비자에게도 친숙한 브랜드를 확립해야 한다. 이때 주의할 점은, 신제품을 개발할 때 새로운 설비를 투입하거나 새로운 기술을 개발하는 게 아니라 당분간 기존의 설비나 기술을 효과적으로 활용해야 한다는 것이다. 특히 충격에 강하고 가벼운 제품을 개발할 수 있다면 시장을 확대하는 돌파구로 이어질 가능성이 있다.

지금처럼 기업 환경이 급격하게 변화할 때 사원 동기부여 수준을 유지하기 위해서는 인사평가의 투명성을 높여야 한다. 파묻히기 쉬운 신기술도 공정하게 평가할 수 있는 다면적 평가 시스템을 구축하는 것이 중요하다.

CPS를 활용한 사고를 통해서 쉽게 이해할 수 있는 제안을 단기간에 창조할 수 있었다. 경험이 풍부하고 유능한 컨설턴트가 CPS를 활용할 때는 비즈니스 전략의 가설이 불쑥 튀어나오는 경우가 많다. 그 과정은 말 그대로 '블랙박스'라 할 만하다. 하지만 CPS를 활용하면 누구나 블랙박스 안에 들어가 몽롱함 속에서 안개가 걷히는 과정에 참여할 수 있다.

확산사고와 수렴사고의 통합

여기서 한 가지 잊어서는 안 될 점이 있다. CPS의 결과는 어디까지나 가설로, 이 가설이 문제 해결의 방향으로 적절한지는 검증해야 한다는 점이다.

아이디어가 CPS를 통해 확산되는 논리적 사고를 통해 결론으로 이어지면, 가설 검증 과정은 논리적 사고와 CPS의 장단점(다음 페이지의 차트 [7-4] 참고)이 통합되면서 큰 효과를 올리게 된다. 논리적 사고와 CPS를 통합한 문제 해결 방법은 기존의 논리적 사고에만 근거한 문제 해결 방법과 어떻게 다를까? 그 차이를 311쪽의 차트 [7-5]에 정리했다.

차트 [7-5]를 통해 알 수 있는 사실은, 기존의 논리적 사고만으로 새로운 것을 만들어 내는 데에는 한계가 있다는 것이다. 그런데 CPS를 받아들이면 1단계(가설의 착상)에서 선입관을 배제할 수 있다. 예전과는 다른 각도에서 문제를 조명할 수 있는 것이다. 다만 2단계와 3단계에서는 논리적 사고가 필수다. CPS로 만들어 낸 아이디어를 논리적 사고로 철저하게 검증하는 것이다. 4단계에서 마지막 5단계에 걸쳐서는 CPS를 활용하는 것이 효과적이다. 이 단계에서는 본질적 해결책을 발견해야 하는데, 논리적 사고만으로는 기존 관념을 배제하기 어렵다. 그때 CPS를 받아들이면 백지상태에서 문제를 바라볼 수 있기에, 아무도 생각하지 못한 해결책을 발견할 수 있다.

CPS를 통해 아이디어가 확대되고, 논리적 사고에 의해 결론이 나온다

	논리적(분석적) 사고	CPS (이미지 사고)
본질적 역할	• **수렴사고**: 수많은 아이디어 중에서 현실적 문제와 해결책을 발견하는 데 효과적이다.	• **확산사고**: 현실적인지 현실적이지 않은지를 따지지 않고 여러 가지 아이디어를 낼 때 효과적이다.
장점	• MECE, 피라미드 구조 등을 통해 사물의 구조화나 인과관계를 정리할 때 도움이 된다. • 비즈니스 분야에서 이미 확립되어 있으므로, 안정적인 성과를 쉽게 낳을 수 있다. • 서로 배경이 다른 사람들이 쉽게 이해할 수 있고 그들에게 신뢰성 있는 메시지를 전할 수 있으므로, 컨설팅을 비롯해 설명 책임을 져야 할 때 필수다.	• 제로부터 생각하는 경우 이미지를 토대로 발상이 확대된다. • 머릿속에 있는 몽롱한 문제의 씨앗을 이미지로 꺼낼 수 있으므로 실무에서 벽에 부딪힌 논의의 돌파구를 발견하는 계기로 작용한다. • 잠재의식으로 느끼면서도 몽롱했던 본질적 해결책을 언어로 만드는 계기를 안겨 준다. • 이미지에 호소하는 글귀를 쉽게 떠올릴 수 있고, 클라이언트에게 인상적인 말을 전할 수 있다.
단점	• 분석하기 위해서는 충분한 정보가 필요하고, 정보를 수집하는 데 막대한 노력과 시간이 든다. • 제로에서 무엇인가 만들어야 하는 경우, 대답을 찾을 수 없거나 생각에 생각을 거듭함으로써 정신적 스트레스가 쌓인다. • 논리적 사고만으로는 참신한 발상을 제한할 위험이 높다.	• 배경을 너무 잘 알고 있으면 기존의 정보를 이미지에 연결해서 억지로 갖다 붙일 수 있다. • 한 번의 도전만으론 비즈니스에 즉시 도움이 된다고 하기 어렵다. 안정적 결과를 낳기 위해서는 방법을 훈련해야 한다. • 올바른 대답을 얻었는지 이미지 사고만으로는 알기 어렵다. • 개인적인 이미지여서, 다른 사람이 납득할 수 있도록 설명하기 어렵다.

* 실험에 대한 컨설턴트들의 피드백을 근거로 작성했다.

논리적 사고와 CPS를 통합하면 문제 해결이 원만해진다

	논리적 사고에 근거한 일반적인 문제 해결 방법	CPS에 근거한 문제 해결 방법
1단계 가설의 착상	비즈니스의 개요를 파악한 후, 문제가 어디 있는지 가설을 세운다.	초기 가설 추출의 브레인스토밍에서 이미지 사고를 통해 아이디어를 추출한다.
2단계 조사 설계	가설 검증에 필요한 정보를 MECE 시점에서 빠짐없이 수집한다.	추출한 아이디어에 빠진 것이 없는지 논리적으로 확인한다.
3단계 정보 수집	통계 같은 정량定量 자료와 소문 같은 정성定性 자료를 수집한다.	철저히 논리적으로 정보를 분석한다.
4단계 정보 정리·분석	'본질적인 문제는 무엇인가?'라고 계속 생각하면 갑자기 '이거다'라는 것이 떠오른다.	고정관념에 사로잡히지 않고 문제 해결을 하기 위해 이미지를 토대로 아이디어를 낸다.
5단계 가설의 검증	'이거다'라는 것이 본질적인 문제인지 분석을 통해 뒷받침하고 정리한다. 필요에 따라 2단계, 3단계를 반복한다.	이미지에서 얻은 아이디어가 본질적 문제를 나타낸 경우, 논리적 자료로 뒷받침하고 누가 들어도 이해하게 스토리를 만든다. 또 누구나 직감적으로 핵심을 파악할 수 있도록, 이미지를 토대로 상징적 제목이나 네이밍을 생각한다.

* 실험에 대한 컨설턴트들의 피드백을 근거로 작성했다.

전뇌사고 모델에서의 CPS 활용법

결론부터 말하면, 전뇌사고 모델에서는 CPS를 다음과 같은 상황에서 활용할 수 있다.

① 정말로 가슴이 두근거리는 최선의 사업과 상품을 찾는다.

② 생각만 해도 가슴이 두근거리는 고객을 찾는다.

③ 고객의 미래와 현재에 나타나는 예기치 못한 상황이나 감정을 이해한다.

④ 클라이맥스('아하!'), '오호', '흐음' 같은 아이디어가 나오지 않을 때 돌파구를 찾는다.

이 네 가지 상황에 CPS를 활용하면 전뇌사고 모델이 벽에 부딪혔을 때 돌파구를 발견할 수 있다. 다음은 상황별로 전뇌사고 모델에서 CPS를 어떻게 활용하는지에 대한 설명이다.

① 정말로 가슴이 두근거리는 최선의 사업과 상품을 찾는다
-

전뇌사고 모델을 통해 기획과 제안을 할 때, 취급할 상품은 이미 정해져 있다. 쿠시볼 사업에서 쿠시볼을 상품으로 하는 것에 의문을 가질 사람은 거의 없다. 대부분의 사람은 '무엇을 파느냐'가 아니라 '눈앞에 있는 상품을 어떻게 파느냐'에 사로잡히기 쉽다.

이는 전뇌사고 모델뿐 아니라 다른 비즈니스 사고법에도 항상 따라다니는 문제다. '누구에게' '무엇을' 팔지 정해져 있지 않은 상태는 난간이나 발판 없이 허공을 걸어 다니는 것이나 마찬가지로, 매우 불안정하다. 사고를 확대하기 위해서는 적어도 한 가지는 정해져 있어야 한다. 그럴 때 가장 구체적이면서도 착수하기 쉬운 것이 '상품에서 발상을 확대해 가는 것'이다.

우리는 실패하는 비즈니스에서 참여해야 할 사업과 취급해야 할 상품을 잘못 선택하는 일을 흔히 볼 수 있다. 아무리 경영의 천재라 해도 요즘 시대에 온라인 서점 또는 종합 쇼핑몰을 만들려고 하면 상당한 어려움을 맛보게 된다. 그곳에는 이미 대기업이 존재하기 때문이다. 이렇게 극단적으로 이해하기 쉬운 사례라면 아무도 무모한 일을 하지 않는다. 그런데 현실에는 이해하기 어려운 사업이나 상품이 넘치고 있다. 언뜻 보기에 매력적인 상품 같아도 찬찬히 살펴보면 시장이 너무 작거나, 판매해 봤자 수익이 충분히 나지 않아 비즈니스가 성립하기 어려운 경우가 많다.

이런 경우에는 전뇌사고 모델을 사용해도 좋은 효과를 기대할 수 없다. 나는 이런 사업에 착수하는 것을 '하행 에스컬레이터'를 탄다고 표현한다. 죽을힘을 다해 아래쪽으로 내려가는 에스컬레이터를 타려고 하는 것이나 마찬가지기 때문이다. 처음에는 운 좋게 수익이 발생해도 신규 진입에 따른 가격 하락과 예상치 못한 문제, 이익에 따른 엄청난 세금 등을 생각하면 해마다 전년도를 웃도는 스피드로 뛰어올라야 한다.

그리고 잠시 올라가는 스피드를 늦추는 순간, 눈 깜짝할 사이에 사업은 밑바닥까지 추락한다.

한편, 적절한 사업·상품·서비스에 착수한 경우, 업계가 확장되는 동시에 자사의 시장도 커진다. 나는 이것을 '상행 에스컬레이터'를 탄다고 말한다. 아마존이나 라쿠텐처럼 인터넷이 확대됨에 따라 점점 더 지위가 확고해지는 모델이다.

실제로는 하행 에스컬레이터의 상품도 어느 정도는 상행 에스컬레이터로 바꿀 수 있다.[14] 인터넷에서 앞으로 식재료를 판매하는 것은 하행 에스컬레이터를 타는 일이지만, 식재료 코디네이터의 검증과 자격증 수여를 하는 협회를 만들고 그다음에 자사의 식재료를 판매하는 모델이라면 '하행'을 '상행'으로 바꿀 수 있다. 컴퓨터 소프트웨어만 해도 패키지 판매는 수익을 내기 어렵기에 '하행 에스컬레이터'를 타야 하지만, 앞으로 성장이 기대되는 SaaS software as a service[15] 방식은 적절한 시기에 뛰어들면 '상행 에스컬레이터'를 탈 수 있으리라.

전뇌사고 모델을 사용하면 상품 콘셉트를 어느 정도 바꿀 수 있다. 쿠시볼 사업만 해도 쿠시볼을 단품으로 파는 게 아니라 '빌리의 부트 캠프'와 같은 엔터테인먼트성 교재로 만드는 아이디어가 태어났다. 그렇다면 '전뇌사고 모델만으로 아이디어가 충분히 태어나는 경우'와 'CPS를 활용하는 편이 좋은 경우'는 어떻게 구별할 수 있을까?

직감적으로 그 사업이나 상품에 참여하고 싶어서 가슴이 두근거린다면 전뇌사고 모델부터 착수해도 콘셉트 개선의 아이디어를 쉽게 발견할 수 있다. 그런데 '애당초 무엇을 팔아야 좋을지 모르겠다', '어떤 비즈니스를 생각해야 할지 모르겠다', '이 사업과 상품으로 성공할지 자신이 없다'라고 생각하는 경우에는 CPS를 활용하는 것이 효과적이다. 사업과 상품을 봐도 가슴이 두근거리지 않고 머릿속이 몽롱하다면, 그 상태에서는 아무리 걸어가도 길거리에서 헤매지 않겠는가. 이 경우에는 CPS 활용으로 몽롱함을 걷어 낸 후에 전뇌사고 모델을 사용하면 가설 및 행동 시나리오를 명확하게 만들 수 있다.

당신은 자신이 착수하고 있는 사업이나 상품을 보면 가슴이 두근거리는가? 그때 자신감이 생기지 않는다면 다음의 질문으로 CPS를 활용해 보자.

"내가 긍지를 느낄 수 있고 재능을 살릴 수 있는, 지금 착수해야 할 최선의 사업이나 상품 콘셉트는 무엇인가?"

머릿속에 떠오른 이미지를 지금 당장 해석할 수 없어도, 일단 머리 한쪽에 두자. 그러면 시간이 지남에 따라 이미지를 통해 환기된 우유성에 따라 눈앞의 사업과 상품이 새로운 시점으로 보이고, 새로운 콘셉트로 다시 태어날 수 있을 것이다.

② 생각만 해도 가슴이 두근거리는 고객을 찾는다
-

'120% 행복하게 만들 고객'을 누구로 하느냐? 이것은 전뇌사고 모델에서 대단히 중요한 일이다. 이때 선택 기준은 수익을 올려 줄 목표 대상으로서의 고객이 아니라 생각만 해도 가슴 두근거리는 고객이어야 한다. 정열을 쏟을 수 있는 대상을 떠올리면 훌륭한 아이디어를 끌어낼 수 있다는 것은 앞에서 이미 설명했다.

그런데 고객을 전혀 상상할 수 없는 경우도 있다. 머릿속에 떠올랐다고 해도 그 고객을 행복하게 만드는 것에 좀처럼 열의가 솟지 않는 때도 있다. 그럴 때 CPS를 활용하면, 생각하지도 못한 고객이 떠올라서 그것을 계기로 돌파구가 열리는 일이 있다. 한 가지 예를 들어 보자. 어느 대형 통신업체의 여성 관리자에게 전뇌사고 모델을 시도했을 때의 일이다. 그녀는 신규 사업을 찾기 위해 전뇌사고 모델을 이용했지만 120% 행복해진 고객의 얼굴이 떠오르지 않았다. "상상력이 부족해서 그럴까?" 하고 연습을 포기하려고 할 때, 나는 CPS 활용을 권했다. 가상의 문을 설정해 그 문 너머에 누가 있는지 이미지를 떠올려 보라고 한 것이다. 그 즉시 그녀는 이미지를 떠올리기 시작했다.

"멀리 떨어진 작은 섬에 할머니가 있어요. 손에 바나나를 들고 있어요……."

바나나를 들고 있는 할머니? 고객이 되기 어려운 대상이다. 그런데 발상을 확대하자, 그 할머니는 옛날에 종종 바나나를 사준 자신의 할머니라고 한다. 그리고 그 모습은 미래의 자기 자신이라는 데 생각이 이르렀다.

"미래의 나 자신이 고객이라……."

그녀는 결국 '미래의 나 자신이 기뻐하는 IT 시스템'을 만드는 것이야말로 최고의 사업이라는 결론에 도달했다. 멀리 떨어진 곳에 있는 사람들이나 노인들이 불이익을 받지 않는 IT 인프라를 정비한다는, 그녀에게는 평생의 라이프워크가 될 수 있는 엄청난 프로젝트가 눈앞에 떠오른 것이다.

열의를 낼 수 있는 고객을 발견하면 열의를 낼 수 있는 일이 나타나는 법이다. 그리고 자신이 관계된 일의 비전을 발견하면, 그것을 실현시키는 방법론이 전뇌사고 모델이든 경쟁 전략 수립 프레임워크든, 블루오션 전략이든 상관없다. 중요한 것은 세상이 그 방법론을 받아들이느냐 받아들이지 않느냐가 아니라, 본인이 그 비전을 받아들일 수 있느냐 없느냐가 아닐까? 미래의 고객을 생각해도 가슴이 두근거리지 않을 때는 CPS를 활용해 보자. 몇 분 후에는 분명히 업무를 통해서 자기를 실현하는 스위치가 켜질 테니까.

③ 고객의 미래와 현재에 나타나는 예기치 못한 상황이나 감정을 이해한다

-

미래에 행복하게 만들고 싶은 고객은 떠올랐지만……, 그 사람이 어떻게 기뻐하고 누구에게 어떤 말을 할지는 상상되지 않는다. 또 이 순간 고객의 충족되지 않는 상황에 대해서도 VAKFM을 묘사할 수 없을 때가 있다. 이 경우에는 CPS의 또 다른 종류인 '천재를 빌리는 테크닉'이 효과적이다. 이 테크닉을 시도하면 진정한 의미에서 고객의 시점을 체험할 수 있다.

'천재를 빌리는 테크닉'은 아주 간단한 방법이다. 당신이 기쁘게 하고 싶은 고객 안으로 들어가는 것이다. 먼저 눈을 감고 호흡을 가다듬으며 마음을 편안하게 가라앉힌다. 그리고 고객의 이름과 얼굴을 떠올린다. 이름과 얼굴을 떠올리지 못해도 당신이 적당하다고 여기는 고객을 이미지화하면 된다. 재미있는 것은 그다음부터다. 이미지 안에서 당신의 몸을 허공에 띄우고 고객의 등 뒤로 이동한다. 그리고 고무 옷을 걸치는 듯한 감각으로 고객의 몸속에 쏙 들어간다. 처음에 발과 팔을 넣고, 마지막으로 머리를 집어넣는다. 그러고는 고객의 눈을 통해 주변 상황을 보고, 고객의 귀를 통해 듣고, 고객의 몸을 통해 느낀다.

'그곳에는 무엇이 있는가?'

'누가 있는가?'

'무슨 말을 하는가?'

미래, 그리고 현재 고객의 내면도 바라본다.

'기쁨을 어떻게 느끼는가?'

'고민을 어떻게 받아들이는가?'

이런 식으로 신체감각을 통해 느낀 이미지를 신속하면서도 자세하게 전부 묘사한다.

일반적인 비즈니스 방법론으로 생각하면 '천재를 빌리는 테크닉'은 참으로 독특하다. 어쩌면 관심보다 의심이 앞설지도 모른다. 나도 이 방법을 시도할 때는 많은 용기가 필요했으므로 그렇게 회의적인 심정을 충분히 이해할 수 있다. 하지만 게임이라고 생각하고 꼭 한번 시도해 보기를 바란다. 어떤 논리로도 깨달을 수 없는 것을, 고객의 신체를 빌린다고 상상하면 삽시간에 깨달을 수 있다. 비록 작은 깨달음에 불과하나 비즈니스에는 커다란 영향을 끼친다. 고객조차 말로 표현하지 못한 심리(필요나 욕구)의 작은 조각을 당신이 말로 표현하는 순간, 그 비즈니스는 다른 회사와 전혀 다른 의미로 고객에게 다가간다. "나를 이해해 주는 회사가 여기 있다!"라고 공감하게 되는 것이다.

본인도 깨닫지 못한 시점을 순간적으로 얻은 사례를 통해 나의 체험을 이야기하고 싶다. 몇몇 동료 저자들과 차기작 집필을 구상했을 때의 일이다. 일반적인 사고에서 이탈하고 싶어서 '천재를 빌리는 테크닉'을 시도해 보았다. 먼저 미래의 독자가 120% 행복한 상황을 떠올리고, 선입관을 차단하기 위해서 커다란 문을 이미지화했다. 그리고 그 문을 갑자기 열어 의외의 인물을 떠올리기로 했다. 손잡이를 잡고 힘껏 문을 연 순간, 건너편에서 보인 것은……. 바로 가면라이더(일본의 특수촬영 TV 드라마의 주인공)였다.

"이게 독자야?"

나는 고개를 갸웃거렸다. 그러면서도 의미를 찾기 위해 가면라이더의 등 뒤로 돌아가서 고무 옷의 지퍼를 열고 안으로 들어갔다. 그 순간…… 세계가 완전히 달라지면서 주변 일대가 새빨갛게 보였다. 생각해 보니 당연하다. 가면라이더의 눈은 본래 새빨갛다. 그런데 그 이상으로 충격적인 사실을 깨달았다. 새빨간 필터를 통해 바라보자, 조금 전까지 즐겁게 이야기하던 동료의 얼굴이 험악하게 보였다. 모두 적으로 보이는 것이다.

"아하, 이제 알겠군. 정의의 사자使者에게는 적이 있어야 한다. 그래서 모두 적으로 보이는 것이다."

가면라이더는 언제 어디서나 평온하게 사는 줄 알았는데, 그것은 나의 엄청난 착각이었다. 항상 적을 찾고, 투쟁심을 불태우는 것이다. 이 것은 나에게 새로운 깨달음이었다. 나는 독자가 현재 처해 있는 상황을 상상하기 위해 다른 문을 열었다. 그러자 그곳에는 괴물이 있었다.

"이번에는 괴물이야……?"

그 순간 내 몸은 딱딱하게 굳었다. 아무리 상상이라곤 하지만 괴물의 냉혹하고 잔인한 성격에 영향을 받지 않을까? 그렇게 생각한 나는 안으로 들어가지 못하고 잠시 머뭇거렸다. 하지만 과감하게 괴물 안으로 들어가자, 그 세계도 내 예상과 전혀 달랐다. 눈앞에 펼쳐져 있는 것은 잿빛 세계로, 괴물의 내면에서 느낀 것은 비명을 지르고 싶을 정도의 고독과 누구도 이해해 주지 않는다는 슬픔이었다. 나쁜 짓을 저지르는 것은 남에게 상처 입히기 위해서가 아니라 고독과 싸우고 슬픔을 떨쳐 내기 위해서였다.

짧은 시간이었지만 깊이 생각할 수 있는 소중한 체험이었다. 선과 악이 상대적이라는 말을 머리로는 이해하고 있었다. 하지만 '천재를 빌리는 테크닉'을 통해서 비로소 온몸으로 이해하게 되었다. 내면에서 바라본 세계의 색깔, 마음속 추위, 존재를 정당화해야 한다는 조바심. 신체 감각을 통해 세상을 바라보니, 지금까지와는 비교가 되지 않을 정도로 상대를 이해할 수 있게 되었다.

가면라이더는 미래의 비즈니스를 은유한 것일지도 모른다. 정의로운 비즈니스를 하기 위해 우리는 자신도 모르는 사이에 주위를 적으로 보고 있는 게 아닐까? 비즈니스의 영향력은 거대하고, 선이라고 여기고

한 일이 쉽게 악으로 변할 수 있다. 사회 공헌을 목표로 하는 비즈니스가 아니면 성장하지 않는 세상이 되었을 때, 입으로만 사회 공헌을 외치는 비즈니스와 진심으로 사회 공헌을 하는 비즈니스를 어떻게 구별해야 할까? 선과 악이 모호해진 위험한 시대에, 비즈니스맨은 어떤 기준으로 살아가야 할까? 나는 이런 질문에 대한 답을 찾기 위해《돈과 정의 お金と正義》라는 소설을 쓰기로 결심했다.

이같이 '천재를 빌리는 테크닉'은 세상의 모든 것을 머리만이 아닌 가슴으로 이해하는 방법이다. 고객을 깊이 이해하는 것이 비즈니스에서 중요하다는 것은 누구나 알고 있다. 하지만 어떻게 하면 고객을 깊이 이해할 수 있는지 가르쳐 주는 곳은 아무 데도 없다.

"고객의 시점에서 생각하라!"

이렇게 목이 터지게 외쳐도 3초 후에는 다시 자신의 시점으로 돌아가 있다. 나는 '고객의 시점에서 생각하라'라는 말 자체가 잘못된 말이라고 생각한다. 머리로 '생각'하는 게 아니라 '몸'으로 느껴야 하기 때문이다.

④ 클라이맥스('아하!'), '오호', '흐음' 같은 아이디어가 나오지 않을 때 돌파구를 찾는다

—

이제 전뇌사고 모델에 CPS를 활용하는 상황을 충분히 알았으리라. 전뇌사고 모델은 고객을 120% 행복하게 만드는 행동 시나리오를 만들기 위해서 무엇을 어떤 순서로 생각해야 할지 알아내는 사고법이다. 질문에 대한 답이 막힌 경우에는 어느 타이밍에서도 CPS를 활용할 수 있다. 특히 클라이맥스는 가장 창조적인 해결책을 원하는 타이밍으로, CPS를 활용하면 큰 효과를 얻을 수 있다.

"고객이 120% 행복한 상황에 직접 영향을 준 사건은 무엇인가?"

이런 질문을 자기 자신에게 해보라. 편안한 상태에서 올려다본 하늘에서 보자기나 선물 상자가 내려온다고 상상해 보라. 그 보자기나 선물 상자에 무엇이 들어 있는가? 그곳에서 이미지를 확대하는 것이다. 이와 똑같은 작업은 클라이맥스('아하!')뿐 아니라 '흐음', '오호'의 모든 타이밍에서 할 수 있다. 그러면 하늘의 선물처럼 창조적 아이디어가 나타난다.

지금까지 벽에 부딪혔을 때의 전형적인 대처 방법은 미간에 주름을 잡고 입에서 소리를 내는 것이었다. CPS 차원에서 보면 그런 고통은 이제 시대착오적이다. 돌파구가 필요하면 언제든지 눈을 감고 긴장을 푼 다음, 원하는 해결책을 탄생시키는 멋진 질문을 만들어 스스로에게 물어보면 된다. 그리고 눈꺼풀 안쪽에서 떠오른 이미지를 직감적으로 해석한다. 이렇게 간단한 CPS를 통하면 풀기 어려운 문제를 뇌가 즐거워하는 '아하!' 체험으로 바꿀 수 있다.

"공상은 지식보다 중요하다"라는 아인슈타인의 말을 인용하는 사람들이 많다. 하지만 지금까지 공상의 방법을 가르쳐 주는 사람은 아무도 없었다. 학교에서나 회사에서나 공상에 젖어 있을 때 야단맞으면 맞았지, 칭찬을 받는 일은 한 번도 없었다. 공상을 실무에 살리는 방법이 체계화되지 않았기 때문이다. 그러나 CPS를 활용하면 공상에서 가치를 도출할 수 있다. 아인슈타인과 똑같은 지식 창조 방법을 누구나 활용할 수 있는 꿈만 같은 시대가 열린 것이다.

297쪽의 하이싱크탱크 방법 실험에서 내가 준비한 일곱 가지 질문

1. 당신이 이 책에서 배워야 할 가장 중요한 지식은 무엇인가?

2. 이 책을 읽고 난 뒤 가장 먼저 디뎌야 할 첫걸음은 무엇인가?

3. 이 책의 내용을 더 깊이 이해하기 위해 지금 해야 할 질문은 무엇인가?

4. 당신이 제대로 활용하지 못한 귀중한 아이디어는 무엇인가?

5. 이 책의 지식을 가장 잘 활용할 수 있는 당신의 꿈은 무엇인가?

6. 이 책의 내용에 관해 최고의 지적 교류를 할 수 있는 상대는 누구인가?

7. 지금 하는 업무 중 전뇌사고 모델을 사용하는 것이 좋을 업무는?

8장

세상을 뒤흔드는
마케팅

순간을 표현하라

오바마 대통령이 스피치 작가인 존 파브로에게 취임 연설 원고를 의뢰할 때 유일하게 주문한 것이 있다.

"이 순간을 표현해 달라Describe the moment."

말의 힘으로 세계를 바꾸려는 사람이 역사적인 첫걸음을 내딛는 가장 중요한 장면에서 집착한 것은 자신의 신조와 각오, 국가의 이상과 과제가 아니라 이 순간을 말로 표현하는 것이었다. 순간을 표현하는 것이 추구하는 바는 전뇌사고 모델의 마지막 요소인 '만남의 심층 배경'과 똑같다. 순간을 표현하는 것은 취임 연설을 듣기 위해 모인 200만 명을 감동시킬 뿐 아니라 새로운 무대와 새로운 행동을 만드는 데 가장 본질적이며 가장 효과적인 방법이었다.

이렇게 본질적이고 효과적인 방법을 나는 지금까지 큰소리로 알릴 수 없었다. 아무리 목소리를 높여도 대부분 사람이 올바르게 이해할 수 없다고 여겼기 때문이다. 내가 "행동을 일으키는 돌파구는 순간을 표현하는 것이다!"라고 말했다면, 그 순간 사람들은 너무 추상적이라는 이유로 한 귀로 흘려버릴지도 모른다. 순간을 표현하는 것을 비즈니스의 실용적인 응용 방법으로 받아들이지 않는 것이다.

'순간을 표현하는 것은 실제로 움직임을 일으킬 정도로 효과적'이라는 말을 테크닉 측면에서만 포착해, 군중 조종의 수단으로 쓰려는 발칙한 패거리들이 나오지 않는다고 장담할 수 없다. 그런 위험성을 최소화하기 위해 세심한 주의를 기울이면서 설명해야 한다. 그래서 이 책을 쓰면서도 나는 '순간을 표현한다'라는 개념에 어디까지 들어가야 하는지 머리 싸매고 고민했다. 하지만 마지막 장에 이른 지금, 이 개념을 자세히 설명하기로 결심했다. 지식사회에 접어든 오늘날의 비즈니스 환경에서 명확한 지평선을 한시라도 빨리 찾아야 하는 긴급성을 생각하면 지금이 차세대 마케팅의 본질을 설명할 최적의 타이밍이다. 지금부터 설명할 내용을 이해하고 그 내용을 여러 가지 사업에 살린다면, 필요한 사람들이 필요한 타이밍에서 저절로 모일 것이다. 그러면 전해야 할 것, 확대해야 할 것을 가진 사람이 변화의 속도를 높일 수 있다. 특히 이 책을 끝까지 읽은 사람은 이미 내 의도를 파악하고 새로운 시대의 리더십을 발휘할 사람들이다. 그런 리더에게 이 개념은 손에서 떼어 놓을 수 없는 지혜가 될 것임이 틀림없다.

전뇌사고 모델은 행동과 결과를 낳을 뿐 아니라 파급효과를 내고 움직임 예측까지 하는 사고법이다. 이것의 마지막 중요한 조각인 '만남의 심층 배경'은 자료에 근거한 객관적 분석(U 이론의 2단계), 고객과의 공감에 근거한 브랜딩(3단계)을 거쳐 사회변혁(4단계)을 위한 콘셉트를 형태화하는 진화된 도구다. '만남의 심층 배경'은 언뜻 보기에 지금껏 비즈니스에서 당연시한 개념과 반대되는 것처럼 보일 수 있다. 그래서 처음 접했을 때 쉽게 이해할 수 없을지도 모른다. 그래서 되도록 헤매지 않고 본질에 닿을 수 있도록 순차적으로 설명하려고 한다.

일단 '만남의 심층 배경'의 개념을 간단하게 설명하고 그것을 마케팅에 응용하면 어떤 결과가 나타나는지 사례를 통해 살펴보자. 비즈니스에 관한 미묘한 인식 변화가 커다란 영향력을 일으키는 모습을 직접 느껴 보기 바란다. 그다음에는 이 개념을 깊이 이해하기 위해 5장에서 설명한 '스토리의 구조'를 더욱 세밀하게 알아보고자 한다. 스토리의 구조를 깊이 이해하고 그 지식을 토대로 새삼 현실을 바라보면, 업무가 단순히 생계 수단이 아니라 인간적 성장에 직접 도움이 되는 최고의 활동이라는 사실을 깨닫게 되리라. 마지막에는 '만남의 심층 배경'을 확인하는 효과적이고 중요한 방법으로 정반대를 어떻게 받아들이느냐에 관해 설명할 것이다. 여기서 정반대를 통합하는 것이 사회에는 어떤 의미가 있는지에 관해서도 내 생각을 당신과 공유하고 싶다.

이면의 배경을 주목하라

"이 순간을 표현해 달라."

대통령에게 이런 지시를 받으면 당신은 어떤 관점에서 말을 풀어내겠는가? 당시 오바마 대통령의 취임 연설을 듣기 위해 워싱턴 D.C.에 약 200만 명이 모일 것이라는 예측이 나왔다. 참석 군중들의 목적은 미국 최초의 흑인 대통령 탄생이라는 역사적 자리에 함께하는 것이다. 앞으로 자식이나 손자에게 자신이 역사적 장소에 있었다고 말하기 위해 귀를 찢는 칼바람을 뚫고 워싱턴 D.C.로 향했으리라. 그런 200만 명을 앞에 두고 어떤 말을 해야 할까? 사람들이 표면적으로 원하는 말을 하려면 지금까지 해온 연설과 마찬가지로 "우리는 할 수 있습니다Yes, we can!"하고 연이어 외치는, 변혁을 향한 의지를 나타내기만 하면 된다. 또한 사람들이 실질적인 정책론을 원한다면 앞으로 추진할 여러 가지 구체적인 정책을 말하면 된다. 하지만 오바마 대통령의 관심사는 그것이 아니었다. 그는 어디까지나 그 순간을 말로 표현하고 싶었다.

마케터로 지낸 내 경험상 "이 순간을 표현해 달라"라는 주문의 의도를 추측해 보면, 오바마 대통령이 원한 것은 일상적인 말이 아니다. 고통이 따르는 정책을 지지해 주는 말, 그 자리에 모인 사람들이 자발적으로 행동할 수 있도록 하는 말이다. 그 말은 연설이 끝난 후에도 사람들의 가슴 속에 남아 행동을 향한 에너지의 원천이 되어야 한다. 또한 그 자리에 참석한 사람들이 그 에너지를 주변 사람들에게까지 전파함으로써 행동을 향한 거대한 물결이 지속되어야 한다. 이 목적을 달성하기 위해서는 200만 명의 가슴속에 있는, 형언할 수 없는 이미지를 어떻게든 말로 표현해야 한다.

"뭐라고 표현해야 좋을지 잘 모르겠지만……."

"제대로 표현할 수는 없지만……."

이런 조바심과 답답함이 명쾌한 말을 통해 출구를 발견한 순간, 지금까지 몽롱했던 광경이 선명해지면서 새로운 첫걸음을 내디딜 수 있다. 말이라는 빛의 바늘이 가슴속에 가득 차 있던 에너지에 바람구멍을 뚫고 행동을 향한 충동으로 이어지는 것이다. 철학적으로 들릴지 모르지만, 어려운 이야기가 아니라 누구나 평소에 경험하는 것이다. 친구들과 함께 식사하러 가는 장면을 상상해 보자. 친구가 "뭐 먹을까?" 묻는다. 먹고 싶은 음식이 있지만, 당신의 입 밖으로 말이 나오지 않는다. '맛있게 먹을 수 있고…… 만족할 수 있고…… 중화요리는 아니고…… 스테이크도 아니고…….'

속으로 생각만 하고 있을 때, 친구가 "불고기 어때?"라고 말한다. 그 말을 들은 순간 "좋아, 나도 불고기가 먹고 싶었어!"라고 눈을 반짝반짝 빛낸다. 그러면 망설이지 않고 곧장 불고기 전문점으로 향할 수 있다. 이런 식으로 말로 표현할 수 없는 무엇인가가 말을 통해 표현되었을 때, 가슴속의 스위치는 사고에서 행동으로 바뀐다. 그러면 어떻게 200만 명의 가슴속에서 태어나고 싶어 하는 말을 찾을 수 있을까?

의식화되지 않은 말을 알아내려면 사람 중심으로 생각하지 말고 배경부터 생각해야 한다. 사람에게서 눈길을 돌려 배경을 바라보는 것이다. 이것이 가장 중요한 점이다. 사람이 모이는 자리에는 항상 장場이 가진 주제가 있고, 그 주제에 공감한 사람들이 저절로 모여드는 법이다. 200만 명이 모이는 공간이기에 의미가 있는 것이다. 200만 명은 자신의 의지로 모인 것처럼 보이지만, 의지가 있는 것은 그 순간에 나타난 장이고 200만 명은 다만 그 장에 이끌린 것이다.

자석에 비유하면 이해하기 쉬우리라. 쇳조각이 모였을 때, 쇳조각은 자신의 의지로 모인 것이 아니다. 그 중심에 자장이 형성되면서 저절로 빨려든 것이다. 자석이 없다고 해도 쇳조각을 하나하나 모으는 것은 불가능하지 않다. 하지만 엄청난 시간과 노력이 필요하다. 그런데 그곳에 자기장을 만드는 순간, 억지로 끌어들이지 않아도 쇳조각은 저절로 모인다. 시선이 쇳조각에만 쏠려 있으면 커다란 자기장의 존재를 알아차리지 못한다. 이런 식으로 사람의 의지에 시선을 맞추기보다, 심층에 숨어 있고 중심에 도사리고 있으며 그 자리를 만드는 배경에 있는 것이 무엇인지 추측하면 본질에 쉽게 다가갈 수 있다. 그리고 본질에 다가가면 쇳조각에 신경 쓸 때는 보이지 않던 말이 눈에 들어온다. '순간을 표현하라'는 말은 200만 명이 모이는 순간에 생기는 자장의 유일한 의미를 파악하라는 지시인 것이다.

움직임은 속삭임에서 태어난다

사람과 사람이 만나는 공간의 의미를 나는 '만남의 심층 배경'이라고 부른다. 사람의 만남은 본인의 의지에 의해서가 아니라, 각자 인간적 성장을 이루는 배경을 가진 공간에 저절로 이끌린 것이다. 다시 말해, 서로 성장하는 데 최적의 것끼리 최적의 장면에서 만나는 것이다. 성장하기 위해서 무의식적으로 만난다는 말이 정신론적 메시지로 들릴지도 모른다. 심리 상담의 세계에서는 사람이 의식적으로 만남을 선택하는 게 아니라 지난날 입은 마음의 상처를 치유하기 위해 무의식적으로 만남을 선택한다고 한다. 그것을 전제로 하지 않으면 마음의 상처를 치료할 수 없을 정도다. 하지만 그런 사고방식을 비즈니스, 즉 판매자와 고객의 만남에 적용하는 것은 지나친 비약이라고 생각할 것을 잘 알고 있다. 실증주의 관점에서 보면, 여러 경우를 분석한 후에 결론을 내릴 필요가 있으리라. 그런 제약을 전제로 하면서도, 성공한 마케팅 콘셉트의 공통 패턴을 찾으면 가장 중요한 요소로 만남의 심층 배경이 떠오른다.

만남의 심층 배경을 마케팅 메시지 안에 자연스럽게 녹이는 경우, 고객의 반응이 좋아질 뿐 아니라 파급효과까지 나타난다. 필요한 고객이 필요한 타이밍에 적절하게 모이고, 미래에 예정되어 있던 것이 현재에 나타나기 시작한다. 특정한 사람만 이득을 보는 게 아니라, 그 자리에 모인 모든 사람이 그 자리에 모인 의미를 누릴 수 있도록 원만하게 전개되는 것이다.

내가 '원만한 전개'를 특히 강조하는 이유는, 의도적인 테크닉을 구사해 단기간에 고객을 강제로 모으는 일이 가능하기 때문이다. 그렇게 할 때 사업이 급성장할 수는 있지만, 강제적 성장은 나중에 문제로 이어지는 경우가 많다. 2006년 1월 16일 일본에서 대표 포털사이트인 라이브도어에 대한 검찰의 주가조작 수사로 2006년 1월 17일부터 주식 시장이 대폭락한 사건, 즉 '라이브도어 쇼크'가 일어나기 전에는 급격한 성장으로 고통을 느꼈다 하더라도, 그것은 직장인에게 현실을 깨닫게 하는 귀중한 체험이 될 수 있었다. 그런데 앞으로 다가올 시대에는 급성장의 문제에 따른 고통을 느낄 필요 없이, 타이밍을 맞춘 원만한 성공

과정이 바람직하다. 그래야 오히려 성장 궤도에 빨리 오를 수 있다.

만남의 심층 배경을 고려한 마케팅은 기존 마케팅의 사고방식, 즉 고객 요구를 분석해서 고객 요구를 만족시키는 제품을 제공하면 고객이 구매한다는 생각을 밑바닥부터 뒤집는 것처럼 보일 수도 있다. 하지만 실제로 응용해 보면, 양쪽은 모순되지 않고 원만하게 녹아든다. 양쪽 사이에는 거의 알아차리지 못할 정도의 미묘한 차이밖에 없다. 다음에 드는 사례를 보면 그 차이를 실감할 수 있을 것이다.

움직임을 일으킨 편지 한 통의 힘

지금까지 아무런 연줄도 없는 80명 이상의 VIP를 리셉션에 모아야 한다. 더구나 기한은 3주.

2년 전 어느 날, 이렇게 어려운 문제가 내 눈앞에 나타났다. 마인드맵을 보급하는 세계 조직인 부잔 센터의 설립에 맞춰서 토니 부잔이 일본에 온다고 한다. 영국대사관 내 회의장을 우연히 리셉션 장소로 사용할 수 있게 되면서 내가 준비를 맡게 되었다. 리셉션에 지금까지 아무런 연줄이 없었던 VIP급 사람들을 80명 가까이 모아야 한다. 더구나 그 작업에 투입된 인원은 나를 포함해 고작 두 명. 나는 상장 기업의 경영자급을 참석시키기로 마음먹었다. 하지만 80명이나 되는 경영자를 모으려면 몇 달 전부터 재계의 유력자와 약속을 하고 인맥을 이용해 취지를 설명하는 것이 정석이다. 그런 절차에 필요한 시간이나 인원에 대한 지원은 일절 없다. 대단히 난도 높은 문제라고 할 수 있다.

"기적을 일으킬 묘안은 없는가?"

몇 시간 생각한 끝에 준비한 것이 편지 한 통이었다.

결론부터 말하면, 나는 3,000개 상장 기업 앞으로 편지를 썼고 그것을 팩스로 보내자 당일 회의장에 83개 상장 기업의 간부들이 모였다. 그중에는 수만 명의 사원을 거느린 기업의 경영자, 이름만 대도 깜짝 놀랄 만한 저명한 경영자들이 다수 포함되어 있었다.

'3,000개 기업에 보냈으면 83개 기업의 경영자를 모으는 것은 누워서 떡 먹기 아닌가?'

어쩌면 이렇게 생각하는 분이 있을지도 모른다. 과연 그럴까? 잠시 생각해 보자. 아무 연줄 없이 편지를 보내려면《기업연감》 등에 실려 있는 팩스 번호를 이용하는 수밖에 없다. 그렇다면 팩스의 행선지는 인사과나 총무과. 더구나 편지를 가장 먼저 볼 사람은 편지를 그대로 쓰레기통에 던져 넣을 수 있는 신입사원일 확률이 높다. 어디서 왔는지 모르는 팩스로 상사를 번거롭게 하려면 그에 합당한 이유를 말해야 한다. 그런 상황에서 편지가 사장의 수중에 들어가려면, 팩스를 받은 사람이 그 내용을 읽고는 쓰레기통에 버릴 수 없을 만큼 중대한 팩스라고 판단한 후에 상사에게 가져가야 한다. 또 상사가 그 회사의 최고경영자가 반드시 보아야 할 중요한 문건이라고 판단해야만 사장실로 가져가게 된다. 이렇게 몇 개의 관문을 통과해서야 겨우 사장의 손에 전해지는 것이다.

내가 보낸 편지는 전뇌사고 모델을 이용해 만든 콘셉트를 토대로 작

○○○○ 주식회사
대표이사 사장
○○○ 귀하

2006년 10월 27일

영국대사관에서 영국대사 참석하에
《성공하는 사람들의 7가지 습관》의 저자 스티븐 코비에 필적하는
지知의 거장이자 마인드맵® 창시자 토니 부잔의
방일 리셉션이 개최됩니다.

10년 후의 일본을 내다보고 차세대 교육에 관심 있는 기업 경영자와
간부사원들은 꼭 참석하셔서 자리를 빛내주시기 바랍니다.

특별히 알려드릴 소식이 있어서 연락드립니다.

《성공하는 사람들의 7가지 습관》의 저자 스티븐 코비에 필적하는 지知의 거장 토니
부잔이 일본에 와서, 교육 관계자와 정부 관계자 및 최고경영자를 대상으로 11월 21
일(화) 영국대사관에서 방일 리셉션을 개최합니다.

토니 부잔은 영국방송협회에서 특집 프로그램을 만들 만큼 교육계의 영웅입니다. 말
레이시아 마하티르 수상을 비롯한 국가 수뇌부와도 친분이 있고, 멕시코에서는 세계
최초로 부잔스쿨을 개강했습니다.
중국에서는 베이징올림픽이 열릴 때까지 국민들이 영어로 말할 수 있도록 마인드맵
을 사용하고 있습니다. 30여 년 전에 개발된 마인드맵은 바야흐로 전 세계에서 2억
5,000만 명 넘게 사용하고 있습니다. 뇌에 자연스러운 정보처리 방법으로, 특히 기획
력·발상력·표현력을 끌어내는 효과가 획기적입니다.
일본에서는 여자 농구팀이 마인드맵을 사용해 애틀랜타올림픽에서 세계 8강에 들어
간 사례로 유명해졌는데, 정체된 사고에 돌파구를 만들어 눈에 띄는 결과를 낳는 도
구입니다.

이번 리셉션은 기업 연수를 맡게 해 달라는 홍보 리셉션이 아닙니다.
물론 마인드맵은 GM과 월트디즈니, BP, IBM 등 세계적으로 손꼽히는 기업들이 연수
에서 사용하고 있는 등 획기적인 비즈니스 도구로 알려져 있습니다. 하지만 영향력은

단순히 비즈니스에 유용한 도구라는 범주에 머물지 않습니다.

저희 목적은 마인드맵이라는, 앞으로 창조성이 경쟁력이 되는 시대에 필수적인 지적 도구를 아이들에게 전하는 것입니다. 마인드맵은 아이들의 가능성을 비약적으로 확대합니다. 지금까지 공부를 싫어했던 아이들이 마인드맵을 배운 순간, 환하게 웃으며 공부가 즐겁다고 말하고 있습니다.

내일 리셉션의 목적은 기업인이 교육에서도 리더십을 발휘하기 위한 계기를 만드는 것입니다.

앞으로 일본 기업이 수익 추구에 머물지 않고 교육 문제에서도 리더십을 발휘할 수 있지 않을까, 그리고 그런 일들이 앞으로 기업 브랜딩에 중요하지 않을까 생각하시는 최고경영자 여러분께서는 반드시 참석해 주시기 바랍니다.

참조

차세대 교육에 관심 있는 경영자들이 모이는 귀중한 계기가 되리라고 믿어 의심치 않습니다. 회의장에서 만나 뵙기를 기대하겠습니다.

부잔월드와이드재팬 주식회사 대표이사

간다 마사노리

추신. 한 가지 미리 양해 말씀을 드립니다. 회의장 사정으로 참석 인원을 80명으로 제한하고 있으며, 마감은 선착순입니다. 또 참석하실 분께는 미리 참고하시라고 《더 마인드맵》을 택배로 보내드리겠습니다.

성한 것이었다. 어떻게 이용했는지는 편지 내용 오른쪽에 박스 글로 정리해 놓았다. 이 책의 내용을 복습하는 데 최적의 요점이라고 할 수 있다. 그러나 당신에게 가장 하고 싶은 말은 요점 뒤에 있는 최강의 조각, 즉 만남의 심층 배경이다. 박스 글의 내용은 한두 줄에 불과하지만, 그 부분이 있느냐 없느냐에 따라 편지의 의미는 크게 달라진다. 다시 말해, 그 부분이 없으면 단지 "리셉션에 참석해 주십시오"라는 평범한 안내문에 지나지 않는다. 그곳에서만 들을 수 있는 토니 부장의 강연이 리셉션에 참석하는 최대의 가치다. 귀중한 시간을 할애하는 대가로 세계적 강연을 들을 수 있다는 기브 앤드 테이크 관계인 것이다. 이런 편지를 받았을 때의 반응은 한 가지다. 어떻게든 이유를 찾아 거절하는 것. 특히 아무런 연줄도 없는 편지에는 대답조차 할 필요가 없다는 것이 일반적인 반응이다.

그런데 만남의 심층 배경을 설명한 문장이 들어감으로써 리셉션을 안내하는 편지는 새로운 의미를 갖기 시작한다. 나는 '미래의 아이들에게 최고의 교육을 제공하기 위해서 재계가 교육계에 할 수 있는 것이 무엇인지 국제적으로 생각하는 계기'가 83명의 기업 경영자들이 모이는 배경이라고 생각했다. 눈에 보이지 않는 배경을 어떻게 생각했는지는 나중에 설명하겠는데, 만약 이 생각이 옳다면 그 장소와 시간에 맞는 인재가 알맞은 수만큼 모이리라고 예상했다.

만남의 심층 배경이 편지 수신인의 인생 방향과 맞물린다면, 자석에 이끌리듯 리셉션에 참석하게 된다. 그리고 바쁜 일정 속에서 그날만 약속이 없는 우연이 일어난다. 물론 엄밀하게 조사하면 일정이 비어 있을 확률은 어느 날이라도 비슷하지만, 자신의 성장에 의미 있는 사건을 발견할 때는 지금까지 눈에 들어오지 않았던 것이 별안간 의식으로 나타나기 때문에 우연히 그날만 비어 있다고 인식하게 된다. 그런 공시성共時性, synchronic이 회의장으로 발길을 옮기는 동기유발로 이어지는 것이다.

만남의 심층 배경을 담은 편지를 보냄으로써 주최자의 목적은 이미 실현할 수 있었다. '영국의 교육자가 일본의 교육을 진지하게 생각하여 일부러 일본까지 왔다'. 영향력 있는 사람들의 머릿속에 이 사실을 심음으로써 사회적 파급효과를 일으키고, 만남의 심층 배경에 공감한 수백 명의 사원이 리셉션의 실현을 위해 움직여 준 것이다. 실제로 팩스를 받았던 어느 직장 여성은 한 아이의 어머니이기도 한데, "저는 경영자도 간부사원도 아니지만 취지에 감명해서 꼭 참석하고 싶습니다"라는 연락을 해왔다.

'고객은 모으는 게 아니라 고객 자신이 필요한 장을 발견하고 저절로 모이는 법'이라는 개념을 말로 표현한 '만남의 심층 배경'이 정말로 존재하는지는 지금으로선 누구도 확인한 바가 없다. 하지만 이것만은 분명히 말할 수 있다. 만남의 심층 배경이 존재한다는 전제로 비즈니스를 전개하면 결과가 좋아질 뿐 아니라 고차원적 시점에서 비즈니스를 바라볼 수 있다는 것이다. 그리고 그 자리에 모이라고 외치는 목소리는 눈에 보이지 않는 곳에서 계속 메아리치면서 예상을 뛰어넘는 만남을 낳는다.

실제로 내가 편지를 쓴 지 2년 남짓 된 지금, 마인드맵은 교육계에서 하나의 움직임이 되고 있다. 전국 1,000명이 넘는 초등학교 선생님들이 모여서 마인드맵 교육을 받고, 뜨거운 열의를 가진 선생님들이 교육 현장에서 마인드맵을 활용해 수업 효과를 높이고 있다. 마인드맵을 사용하면 단기간에 정리력과 독해력이 좋아진다는 체험 사례들이 알려지면서, 머지않아 전국 초등학생을 대상으로 '마인드맵 검정'을 실시하기로 되어 있다. 믿기지 않을 만큼 신속한, 그러면서도 성급하지 않은 변화가 일어나고 있다.

만남의 심층 배경은 단순한 테크닉이 아니다. 만남의 심층 배경을 무조건 문장에 집어넣는다고 반응이 좋아지고 사업이 잘되는 것이 아니라는 뜻이다. 오히려 테크닉으로 사용하면 역효과가 일어날 때도 있다. 가장 큰 문제는, 여기서 거론한 예문의 요점을 따라 하면 똑같은 효과를 얻을 수 있다고 착각하는 것이다. 유감스럽지만, 본질에 다가갈수록 스스로에게 정직해야 한다. 아무리 그럴듯한 말로 위장해도 고객은 진심이 아니라는 사실을 쉽게 간파해 낸다. 이 점에 주의하면서 만남의 심층 배경의 본질을 정확하게 이해한 후 진지하고 겸허하게 사업에 착수하면, 이 개념은 지식사회의 비즈니스뿐 아니라 공적인 여러 프로젝트나 NPO nonprofit organization 등 비영리사업을 성장 궤도에 올리는 데 대단히 뛰어난 효과를 발휘할 것이다.

고객이 모이지 않는 이유

만남의 심층 배경은 고객 모집을 위한 메시지를 도출할 때만 사용하는 개념이 아니다. 사람과 사람이 모이는 순간을 만남의 심층 작용이라는 새로운 필터를 통해 바라봄으로써, 그곳에서 태어나는 비즈니스가 성공하기 위해서는 무엇이 필요한지 유추할 수 있다.

일반적으로 영업 활동을 한 후에 고객이 충분히 모이지 않는 경우는 영업 활동의 연구나 노력이 부족했다고 생각한다. 하지만 만남의 심층 배경이라는 개념을 전제로 하면, 그 이상의 고객과 판매자는 만날 필요가 없다는 뜻이 된다. 그 결과, 본질적인 해결책을 발견하는 계기로 이어질 수도 있다. 구체적인 사례를 살펴보자.

클라이언트인 회계사가 나에게 이런 고민을 털어놓았다. 신규 분야의 서비스를 전개하기 위해서 다음 주에 설명회를 개최하려고 하는데, 고객이 충분히 모이지 않았다는 것이다. 30명이 들어가는 장소를 마련했는데 현재 신청한 사람은 여섯 명뿐으로, 나머지는 자리만 채워도 좋으니 어떻게든 고객을 모을 수 없을까 하는 것이었다. 마케팅의 테크닉을 이용하면 고객이 모이도록 유도할 수 있지만, 그 전에 검토해야 할 것이 있다. 고객이 모이지 않은 것은 영업 활동이 부족했기 때문이 아니다. 우연히 여섯 명밖에 모이지 않았다면 그곳에 만남의 심층 배경이 있는 게 아닐까? 그래서 내가 물었다.

"30명이 다 모이면 어떻게 됩니까?"

그러자 클라이언트는 흠칫 놀란 다음에 곤란한 표정으로 대답했다.

"이번은 첫 번째 설명회이기 때문에, 실제로 자리가 가득 차면 수준 높은 프레젠테이션을 할 수 없을지도 모릅니다. 그런데 회의장 사용 취소에 따른 수수료를 지불할 바에야 어떻게든 고객을 모집하고 싶습니다."

나는 그때 이렇게 조언했다.

"오히려 그 여섯 명을 소중히 생각하여 참석자에게서 신규 사업에 대한 피드백을 확실히 얻는 편이 어떻겠습니까?"

만남의 심층 배경을 전제로 생각하면, 그곳에서 만나는 사람들은 서로의 성장을 지원하는 무의식의 계약을 맺고 있다. 참석자는 클라이언트에게 정보를 얻을 뿐 아니라 정보를 제공하기도 한다. 따라서 클라이언트도 참석자를 통해 성장할 수 있는 것이다.

클라이언트의 방침은 정해졌다. 참석 인원이 적은 것을 이용해, 한 사람 한 사람과 충분히 소통하면서 신규 사업의 내용을 자세히 설명하기로 한 것이다. 그 결과, 여섯 명과는 표면적인 비즈니스를 초월해 좋은 인간관계를 쌓고 신규 서비스를 추천했으며, 다음 설명회부터는 고객을 순조롭게 모집할 수 있었다.

'목표 고객', '고객 확보'라는 말을 당연하게 사용하는 것을 봐도 알 수 있듯이, 비즈니스에서는 고객을 사냥의 대상처럼 취급하고 있다. 경쟁 전략사회에서는 고객을 목표로 삼거나 고객이 라이벌 기업보다 먼저 확보해야 할 대상이었던 것이다. 그런데 지금의 지식사회에서도 그런 상식이 해당될까?

'어떻게 하면 우리의 비전을 실현하기에 적합한 고객을 적합한 타이밍에 만날 수 있을까?'

지식사회의 마케팅에서 중요한 부분은 이런 사고방식이다. 고객은 기업이 제공하는 상품을 소비하는 대상이 아니라, 서로의 성장을 위해 새로운 가치를 함께 만들어 가는 파트너다. 단순한 말장난이 아니다. 영업 테크닉으로 시장점유율을 확보하는 것은 구시대의 산물에 불과하다. '진심으로 새로운 사고방식으로 전환할 수 있는가, 없는가?' 이것이 영업하지 않아도 고객이 저절로 모이는 사업을 만들 수 있느냐, 없느냐의 분기점이다.

만남의 심층 배경을 확인하라

어떻게 하면 효과적이면서도 포착하기 어려운 만남의 심층 배경을 발견할 수 있을까? 주목해야 할 것은 앞의 내용 중간에 강조해 놓은 부분이다.

- 영국 대사관 내 회의장을 우연히 리셉션 장소로 사용할 수 있게 되었다. (334쪽)
- 우연히 여섯 명밖에 모이지 않았다. (341쪽)

이런 식으로, 의도한 것이 아니라 의도하지 않고 일어난 일에 주목한다. 우연을 필연으로 받아들인 경우, 어떤 이유로 필연이 되는지 상상하는 것이다. 앞에서 언급한 리셉션에서 만남의 심층 배경을 생각할 때는 다음과 같이 유추했다.

- **대사관에서 리셉션이 열리면 그 격에 맞는 인사가 참석할 것이다.**

- 80여 명이 들어가기에 충분한 공간은 이미 마련되어 있다. 그곳에 서로 처음 보는 80여 명이 오기로 되어 있다. 그 사람들의 만남이 우연이 아니라 필연이라면, 그 자리에는 반드시 의미가 있을 것이다. 그 의미는 무엇일까?
- 토니 부잔이라는 교육 분야 영웅에게 이끌린다면, 참석자 역시 교육에 관심 있는 사람들일 것이다.
- 더구나 무대가 영국대사관이라면, 일본 내에 한정된 교육이 아니라 재계 인사들이 세계적 수준의 새로운 교육을 생각해 보는 자리임이 틀림없다.

이런 식으로 80여 명이 참석하기로 되어 있는 미래로부터 유추하여, 80여 명을 끌어당기는 배경이 무엇인지 계속 묻는 것이다. 그때 대답을 "……하기로 되어 있다", "……할 것이다", "……임에 틀림없다"라는 말로 표현하면 미래를 명확하게 느낄 수 있으므로 만남의 심층 배경도 쉽게 떠올릴 수 있다.

앞에서 사례로 든 회계사의 경우에는 이미 의도적으로 회의장을 정해 놓았으므로, 우연성이 있는 것은 오히려 처음 모인 여섯 명이다. 그래서 그 여섯 명이 어떤 의미를 갖는지 유추했다. 내가 실제로 생각한 과정은 다음과 같다.

- 클라이언트가 쓴 안내문은 결코 나쁘지 않다. 내세우고 싶은 신규 서비스에 대한 설명도, 고객에게 어떤 이익이 생기는지에 관한 내

용도 분명히 적혀 있다.

- 그럼에도 불구하고 고객이 모이지 않았다면, 오히려 모이지 않은 것에 의미가 있을지 모른다. 과연 어떤 의미일까?
- 내 경험상 신규 사업을 시작할 때 첫 클라이언트나 첫 사원은 여섯 명부터인 경우가 대단히 많았다.[16]
- 그렇다면 이 여섯 명은 고객이라기보다 오히려 신규 사업을 도와주는 서포터일지도 모른다.

우연을 필연으로 끌어당기는 배경에 무엇이 있는지 상상하면 지금보다 높은 시점과 넓은 시야에서 상황을 볼 수 있다. 그러면 배경이 눈에 들어온다.

지그소퍼즐을 떠올리면 이해하기 쉬울 것이다. 지그소퍼즐의 한 조각은 그 조각이 하나의 그림을 이룬다는 사실을 모르면 아무 의미 없는 단순한 종잇조각이다. 하지만 커다란 그림 안에서 의미 있는 한 조각이라고 생각하면, 시점이 높아지고 시야가 넓어지면서 주변을 바라보게 된다. 그러면 아무런 의미가 없었던 조각과 조각이 이어지고 전체의 그림이 떠오르는 것이다. 전체의 그림을 상상할 수 있으면 지금까지 보이지 않았던 조각도 쉽게 찾을 수 있다.

리셉션 사례로 돌아가서 '재계가 교육계에 무엇을 할 수 있을지 생각하는 계기'라는 배경이 보이면, 그 배경에 들어가야 할 다른 요소도 보이게 된다. 그 자리에 모이는 사람에게 어떤 정보를 제공하면 좋을지, 좋은 정보를 제공하기 위해서는 어떤 순서로 무슨 이야기를 해야 할지,

그 자리에 오기 전에 어떤 정보를 전해야 할지, 그 자리에 온 다음에는 어떻게 지원해야 할지 등등.

이런 식으로, 리셉션을 운영하는 구체적인 방향 또한 단숨에 눈에 들어온다. 그것은 지그소퍼즐을 맞추는 과정과 완벽하게 일치한다. 전체 모습이 어느 정도 보일 때까지 조립하면 필요한 조각을 재빨리 찾을 수 있다. 나아가 아무 의미 없던 조각도 의미를 갖게 되고, 이어지지 않았던 조각끼리 급속히 이어지기 시작한다.

이는 어디까지나 상상이니만큼, 이렇게 발견한 만남의 심층 배경은 결코 정답이 아니다. 하지만 오답이라고도 할 수 없다. 만남의 심층 배경의 진정한 가치는 대답을 찾아가는 과정이지, 그 배경이 무엇인지 규명하는 작업이 아니다. 계속 대답을 찾다 보면 시점이 높아지고 시야가 넓어지며, 결국 당신의 세계관이 확대되는 것이다.

통찰력을 높여라

앞에서도 말했듯이 우연을 이용해서 만남의 심층 배경을 유추할 수 있다. 심층 배경을 이미지화할 수 있다면 전체 모습을 파악할 수 있기에, 다른 사람에게는 무의미한 작은 사건이라도 본인은 순간적으로 의미를 알 수 있게 된다.

이런 통찰력을 가지기 위해서는 차트 [8-1]의 내용을 반드시 알아두어야 한다. 5장에서 다룬 '스토리의 구조'로, 지금까지는 주인공이 그

346

여러 등장인물이 서로 관계를 맺음과 동시에 성장한다

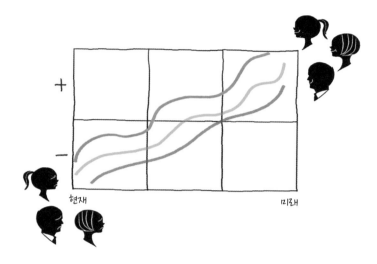

린 궤적만 있었지만, 여기에는 여러 개의 궤적이 존재한다. 스토리를 통해서 성장하는 사람은 주인공만이 아니라 모든 등장인물이기 때문이다. 좋은 스토리일수록 주인공들이 여러 장면에서 관계를 맺고 갈등하며 장애를 극복하고 마지막에는 모두가 멋지게 성장하면서 새로운 자신으로 태어나는 구조로 되어 있다. 이렇게 여러 명의 인물을 등장시키면 관객은 자신을 주인공에게 겹칠 수 없더라도 다른 누군가에게 겹칠 수 있어서 그 스토리에 몰입하게 된다.

　복선이 깔려 있는 스토리의 구조를 배우는 데 가장 도움이 되는 영화의 예는 〈쉘 위 댄스Shall We Dance〉이다. 1996년 스오 마사유키 감독이 만든 댄스학원을 무대로 한 코미디 영화다. 2004년에는 리처드 기어를 주연으로 할리우드에서 리메이크하여 세계적으로 알려졌다. 다음은 영화 줄거리다.

　주인공 스기야마는 이렇다 할 취미가 없는 성실한 경리사원이다. 여느 때처럼 전철을 타고 퇴근하는 길에 멍하니 밖을 바라보고 있는데, 댄스 학원이 눈에 들어온다. 그곳에는 쓸쓸하고도 아름다운 여성 마이가 서 있다. 그는 마이에게 말을 걸기 위해서, 가족에게는 비밀로 하고 댄스 학원에 다니기 시작한다. 하지만 댄스가 능숙해지지 않을뿐더러 마이에게 제대로 말을 걸 수도 없다.

　그러던 어느 날, 우연히 회사 동료이자 대머리 콤플렉스가 있는 아오키가 같은 댄스학원에 다닌다는 사실을 알게 된다. 스기야마는 댄스에 몰입하는 아오키와, 미망인이자 댄스 파트너인 도요코의 영향으로 점차 댄스에 빠지게 된다.

　한편, 남편의 이상한 행동을 의심하던 스기야마의 아내 마사코는 탐정을 고용한다. 그런데 탐정은 댄스에 빠진 스기야마에게 친근감을 느끼고, 스기야마가 출전하는 댄스 대회에 아내와 딸이 오도록 유도한다. 이윽고 스기야마와 도요코가 춤을 추는 도중에 예기치 못한 해프닝이 벌어지는데…….

　내용은 몇 줄에 불과하지만, 스토리의 흐름을 살펴보면 주인공 스기야마를 중심으로 모든 등장인물이 절묘하게 뒤얽혀 있다는 사실을 알

348

수 있다. 모든 등장인물이 가슴속에 내재된 불안과 혼란을 극복하고, 마지막에는 주인공의 성장에 맞추어 새로운 세계에 도착해서 새로운 자신으로 바뀌는 것이다.

스토리의 구조를 알면 현실에 도움이 되는 것이 세 가지 있다.[17] 첫째, 좋은 스토리처럼 잘 만들어진 비즈니스 모델에서 만남의 심층 배경을 공유한 사람끼리는 모두가 곡선을 그리면서 결국 같은 목적지에 도착한다. 만남의 심층 배경에 모인 한 사람을 깊이 이해하고, 그 한 사람이 행복에 이르는 궤적을 그리면 다른 다수의 사람을 행복하게 만드는 궤적도 쉽게 그릴 수 있다.

전뇌사고 모델을 이용해 회사의 성장 방안에 대해 생각하고 있다고 가정하자. 그런데 누구를 행복하게 만들어야 좋을지 모른다. 회사에는 많은 사업부가 있고, 각각의 이해관계는 서로 상반된다. 더구나 간접 부문에 있는 당신은 미래의 고객을 이미지화할 수 없다. 이 경우에는 당신 자신을 행복하게 만드는 것부터 생각하면 된다. 본인이 기뻐할 만한 상황을 상정하고 그 상황에서 고객도 똑같이 기뻐한다면, 그것이 어떤 상황인지 스스로에게 물어봄으로써 발상을 확대해 가는 것이다. 본인을 기쁘게 만드는 궤적이 보이면 주변에 있는 동료나 관계자, 그리고 고객을 기쁘게 만드는 궤적도 보이게 된다. 당신이 한번 지나온 길은 남에게 쉽게 가르쳐 줄 수 있지 않은가. 이와 똑같은 현상이 나타나는 것이다. 즉, 자기 시점과 고객의 시점, 제3자의 시점으로 보아도 사고는 깊어질 수 있다.

둘째, 프로젝트 진행 도중에 생기는 불안과 갈등을 부정적인 사건으로 소극적으로 받아들이지 말고, 만남의 심층 배경을 포착하거나 최종 도착지를 재고하는 계기로 적극적으로 받아들인다. 불안과 갈등을 계기로 부정적 에너지를 성장을 향한 긍정적 에너지로 바꾸는 것이다.

〈쉘 위 댄스〉를 보면 스기야마는 삶의 보람을 잃어버렸을 때 아름다운 댄스 강사를 발견한 것을 계기로 일과 가정은 물론, 인생의 정열을 되찾기 시작한다. 아오키는 춤추는 도중에 가발이 벗겨지는 사건을 계기로 대머리 콤플렉스에서 벗어나 댄서로 멋지게 탈바꿈한다. 이처럼 불안과 상처, 갈등의 순간은 성장을 위한 절호의 타이밍이다. 프로젝트 진행 중 부정적 사건이 전혀 없으면 지금까지의 연장선에서 계획이 달성되는 것뿐이다. 그러면 예측 가능한 자신의 실력 내에서 직선적 미래가 일어나는 것에 그치고 만다.

물론 미래가 원만하게 전개되는 것은 바람직하다. 하지만 현실은 다르다. 일이든 공부든 인간관계든, 부정적인 사건이 일어나지 않는 경우는 거의 없다. 장애를 극복할 수 있을까 불안하고 자신의 무능력에 기운이 빠지고 시행착오를 반복하면서 한 걸음씩 앞으로 나아간다. 갈등을 겪으면서 자기 실력의 한계와 가능성을 느끼고, 현실에 맞춰 실력을 쌓으면서 목표를 수정한다. 그런 과정을 통해서 처음에는 생각지도 못했던 본질적 주제와 '나다움'이 떠오르는 것이다.

앞에서 예로 든 축구 명장의 말에 '시합 도중에 예기치 못한 문제가 발생하면 그 문제가 승리에 왜 필요한지 생각한다'라는 내용이 있었다. 이번에 발생한 문제는 선수의 성장에 어떻게 이어질까, 어떻게 하면 감동적인 피날레를 장식할 수 있을까 하는 식으로 생각하는 것이다. 문제는 성장을 촉진하는 계기로 작용하고, 중요한 것은 시합의 승패가 아니라 시합을 통한 인간적 성장이다. 모든 문제에는 만남의 심층 배경이 자리 잡고 있기에, 문제에 부딪히면 그 문제와 연관된 모든 이가 인간으로서 한 단계 성장한다. 그러면 함께 성장하고 함께 감동을 나누고 싶은 사람들이 저절로 모여 열심히 응원하게 되는 것이다.

예외가 움직임을 일으킨다

셋째, 평소에 간과하기 쉬운 예외적인 사람, 즉 중심 그룹에서 벗어나 있는 사람을 고려의 대상에 넣으면 발상의 세계관이 확대된다. 일반적인 비즈니스라면 주요 목표 고객 외에는 고려의 대상에 넣지 않는다. 그러나 예외를 적극적으로 받아들이면 움직임으로 이어지는 높은 시점과 넓은 시야의 아이디어를 얻을 수 있다.

〈쉘 위 댄스〉의 예외적 존재는 탐정이다. 탐정은 스기야마의 아내 이외에 다른 등장인물과는 거의 접점이 없다. 다른 등장인물과는 다른 시점에서 스토리에 참가하고, 물리적으로도 항상 동떨어진 곳에 존재한다. 그런 변두리에 있는 사람이 영화의 클라이맥스에서 중요한 역할을 담당한다. 스기야마와 아내의 관계를 회복시키기 위해, 스기야마가 댄스 대회에 참가한다는 사실을 아내와 딸에게 말하고 본인도 경기장으로 향하는 것이다. 이로써 스토리는 예상치 못한 방향으로 흘러간다. 내가 예외적 존재를 중요하게 여기는 이유는 현실에서도 상황 전개에 큰 영향을 끼치기 때문이다. 지금까지 마케팅에서 관찰한 경험에 따르면, 움직임을 일으킬 계기는 '예외'인 경우가 많다.

마쓰이 히사코라는 영화감독이 있다. 1997년에 치매를 소재로 한 〈유키에〉라는 영화를 만들었는데, 입봉작인 이 작품은 전국 100만 명의 관객을 동원하는 기록을 세웠다. 당시만 해도 무명인 데다 일본 영화계에서는 예외적인 여성 감독으로, 배급사에서는 배급 여부를 계속 망설였다. 관계자 시사회가 열렸을 때도 반응은 뜨뜻미지근했다. 그런데 시사회가 끝나고 객석에서 한 여성이 일어섰다. 그녀는 굵은 눈물을 떨어뜨리며 힘주어 말했다.

"제 시어머님도 치매입니다. 치매 환자를 돌보는 게 얼마나 힘겨운 일인지 아무도 모를 겁니다. 그런 상황을 직접 겪고 있는 당사자로, 저는 이 영화에 뜨거운 박수를 보내고 싶습니다."

그 말에 감동한 배급사 책임자는 〈유키에〉를 전국에 배급하기로 결정했다. 나중에 알게 된 사실이지만, 그녀는 그날 우연히 극장에 온 평범한 주부였다. 〈유키에〉는 극장 상영이 종료된 후에도 감동한 관객들을 중심으로 전국에서 자주 상영회가 열렸다. 그 결과, 100만 명이 넘는 관객을 동원했다.

이런 식으로 움직임은 의도한 것보다 의도하지 않은 것이 관계될 때 일어나는 경우가 많다. '예외'가 '움직임'의 방아쇠를 당기는 것이다. 이는 비즈니스의 발상을 넓히는 데 대단히 효과적인 방법이다. 본래 그곳에 있지 말아야 할 것을 생각에 집어넣는 것이다. 전뇌사고 모델에서는 고객 한 명을 행복하게 만드는 것에서 발상을 시작하는데, 그 고객에게서 발상이 충분히 태어나지 않으면 시작 단계에서 사고가 정지한다. 그런 경우에는 상품과 정반대에 있는, 있을 수 없는 고객을 상정한다. 가장 살 것 같지 않은 고객을 상정하면 반드시 돌파구로 이어지는 아이디어가 태어나는 것이다. 한 가지 예를 들어 보자.

CSTV 방송국에서 인터뷰 프로그램을 만들었다. 사회자는 간다 마사노리, 즉 '나'이고 목표 시청자는 30~40대 직장인이다. 성인들이 볼 수 있는 지적인 프로그램을 만들고 싶다는 방침으로, 경영 분야 베스트셀러 저자를 게스트로 초대하기로 했다. 우리는 당장 제작진과 미팅을 시작했다. 하지만 첫 회의의 분위기는 착 가라앉았다. 다들 베테랑이라서 평범한 인터뷰 프로그램이라면 회의를 할 것까지도 없었기 때문이다. 그래서 나는 생각했다.

'만남의 심층 배경이 있다면, 즉 서로의 성장을 목적으로 만난다면 베테랑 제작진도 성장하도록 만들고 싶다!'

나는 이 프로그램을 커다란 움직임으로 만들자는 과감한 목표를 내걸고 시청자 대상에 '예외의 존재'를 집어넣었다. 목표가 비즈니스서 독자라면, 그와 정반대인 인물을 TV 모니터 앞에 앉힌 것이다. 다름 아닌, 책가방을 어깨에 멘 초등학교 3학년생 소녀다. 이 소녀를 행복하게 만들기 위해서는 어린아이도 즐길 수 있는 비즈니스 프로그램을 만들어야 한다. 그러려면 어떻게 해야 하는가? 우리는 각자 머리를 쥐어쌌다. 전뇌사고 모델을 이용해 한바탕 논의한 끝에 눈앞에 나타난 아이디어는, NHK에서 방영한 적 있는 〈일하는 아저씨〉(1961년부터 1982년까지 NHK 교육 채널에서 방영한, 여러 가지 직업을 다룬 프로그램)의 현대판이다.

예전에는 나중에 하고 싶은 일을 물으면 소방관이나 야구 선수, 파일럿 등 누구나 알고 있는 직업을 말했다. 그러나 지금은 아이돌, 인플루언서, 유튜버 등 새로운 직업이 수도 없이 태어나고 있다. 인구만큼 직업이 있다고 할 만하다. 그래서 새로운 직종에서 일하는 사람에게 초점을 맞추기로 한 것이다. 프로그램의 타이틀은 〈일하는 기운〉. 제작 스태프의 동기부여는 최고조에 달했다. 그래도 움직임이라고 부를 정도는 아니었다. 하지만 방영 기간 내내 높은 시청률을 기록하고 방송국에서도 좋은 평가를 받았다.

아이디어가 떠오르지 않는다는 것은 지금까지 가진 사고의 틀 안에서는 문제의 해결책을 발견할 수 없다는 말이다. 그런 경우에는 예외를 상정해서 틀을 넓히면 서로 관계되는 모든 것이 성장할 수 있는, 가슴 두근거리는 아이디어를 만날 수 있다. 예외를 상정해서 사고의 틀을 넓히는 것을 그림으로 표현하면 차트 [8-2]와 같다.

예외를 받아들여 높은 시점과 넓은 시야에서 바라보면 넓은 세계관을 그릴 수 있다. 그러면 정말로 가까운 미래에 넓은 세계가 나타나게 된다. 이런 구조를 하나의 기획이나 비즈니스가 아닌, 사회 전체에 적용하면 어떻게 될까?

사회 주류에서 벗어난 존재라면 건강한 사람보다는 장애가 있는 사람, 한창 일하는 직장인보다는 집에 틀어박혀 있는 은둔형 외톨이(히키코모리), 일본인보다는 외국인, 이성애자보다는 동성애자를 가리키는 것이 일반적이다. 비주류를 중심에 앉히면 사고의 틀이 넓어지고 지금까지 생각하지 못한, 더구나 효과적인 해결책을 이상하리만치 간단하게

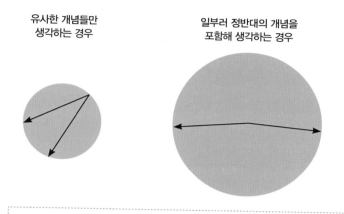

유사한 개념들만 생각하는 경우(왼쪽)에는 세계관이 좁아지는 반면, 정반대의 개념을 포함한 경우(오른쪽)에는 세계관이 확대되면서 더 큰 시장을 만들어 낼 수 있다.

발견할 수 있지 않을까?

나는 이렇게 생각하고 몇몇 사회복지법인을 방문한 적이 있다. 지적장애인의 자립과 사회참여, 정신장애인의 일반 기업 취업을 위한 직업훈련을 지원하는 단체다. 나는 그곳에서 엄청난 충격을 받았다. 사회복지법인의 경영자가 비즈니스에서 훌륭한 경영자라고 소문난 사람보다훨씬 우수했다. 장애인을 위한 작업장을 만들기 위해 지금까지 받은 상여금을 전부 기부한 전 교사, 지난 몇 년간 길거리 모금 활동을 펼치고바자회를 개최한 전 직장 여성 등이 사회복지법인 경영자의 면면이었다. 그들이 공동작업장을 만드는 데 들이는 비용은 수억 엔이다. 하지만그들은 불가능하다고 여기지 않고 눈앞에 있는 문제부터 하나씩 해결해 가고 있었다. 발상과 실행의 능력이 넘치는 매력적인 사람들을 만나 보고 나는 감동하지 않을 수 없다. 당시 공동작업장에서 일하는 장애인의 평균 월급은 10만 원 정도였지만, 다달이 50~70만 원을 지불할 수 있도록 연구를 거듭하고 있었다. 일반 기업의 대표라면 신입사원의 월급을 몇 배는 더 주는 것이나 마찬가지다. 솔직히 말해, 불황이라고 목이 터져라 소리치는 일반적인 비즈니스 환경이 편안한 것이라고 여겨질 만큼 충격을 받았다.

예외는 발상의 샘물이다. 그리고 상상을 초월할 만큼 엄청난 실행력을 낳는다. 우리는 왜 그런 사실을 오랫동안 잊어버렸던가. 사회 전체의 성장을 생각하면, 지금까지 변두리로 떠밀어 낸 예외를 적극적으로 받아들여야 한다. 정체된 현재 상황에서 빠져나가기 위해서는 새로운 돌파구가 필요하다. 예외를 발상의 틀 안에 집어넣어야만 과거의 연장선을 초월한, 그러면서도 미래로 직접 이어지는 현실을 만들어 낼 수 있는 것이다.

지금까지 만남의 심층 배경이라는 개념을 설명하면서 어떻게 하면 현실에서 활용할 수 있는지 살펴보았다. 그 배경에 저절로 모이는 사람은 서로 관계를 맺으면서 불안과 갈등을 뛰어넘고, 그와 동시에 성장하는 존재라는 사실을 이제 알았을 테다. 이렇게 다면적이고 다층적으로 현실을 바라보면, 보통 사람들은 당신을 예언자처럼 여길 것이다. 주변에서 일어나는 작은 단편에서 전체의 커다란 주제를 읽어내고, 그 결과 우연히 나타나는 사건의 의미와 인물의 역할을 정확히 표현할 수 있기 때문이다. 그야말로 오바마 대통령이 지시한 대로 '순간을 표현'할 수 있게 되는 것이다.

전뇌사고 모델을 이용해 인물 여러 명의 궤적을 그리고, 그 배경에 무엇이 있는지 생각하면 사고는 순식간에 깊어지기 시작한다. 눈에 보이는 범위 안에 있었던 시점(1단계)은 자신을 객관적으로 볼 수 있는 위치로 이동하고(2단계), 고객과의 공감을 높이면 고객의 시점에서 자신을 볼 수 있게 된다(3단계). 또한 당신 주위에 있는 모든 이의 성장을 고려하면 사람과 사람을 가르고 있던 경계가 모호해지면서 모든 것이 융합된다(4단계).

만남의 심층 배경을 끝까지 파고들어 마지막으로 도착하는 곳은, 새로운 세계로 이어졌다는 느낌이고 새로운 세계를 만든 '나'는 누구인가 하는 의문이다. 즉, 전뇌사고 모델의 일련의 과정은 사회변혁을 일으키는 사고 과정인 U 이론이다.

이 책을 통한 우리의 심층 배경

당신은 지금까지 나와 함께 지적 탐구 여행을 했다. 그리고 우리는 겨우 마지막 질문에 도착했다.

"당신과 내가 이 책을 통해서 만난 심층 배경은 무엇인가?"

당신은 일에 도움이 될 것 같다는 이유로 서점에서 이 책을 집어 들었을 것이다. 한편 나는 당신의 책 구입으로 발생할 인세 수입을 위해 이 책을 썼을지도 모른다. 하지만 그것은 만남을 실현하기 위한 변명에

지나지 않는다. 여기에는 우리가 깨닫지 못한, 더 크고 더 깊은 이유가 있을 것이다.

이 책을 쓰기 시작했을 때, 처음에는 쉽게 읽을 수 있고 가볍게 들고 다닐 수 있도록 하려고 했다. 활자와 멀어진 요즘 시대에는 그런 편이 잘 팔리고, 글에 필요한 시간과 노력도 적게 드는 효율적인 방법이다. 그런데 실제로 글을 쓰기 시작하자, 그런 달콤한 기대는 철저하게 나를 배신했다. 한 가지를 꼼꼼하게 설명하려고 들자 덧붙여 설명해야 할 것이 몇 가지로 늘어났다. 몇 권에 걸쳐 써야 할 다양한 지식을 독자들이 혼란스러워하지 않도록 정리하고, 그 지식을 눈앞의 일에 사용할 수 있도록 만들어야 했다. 그 결과, 마케터로서 차곡차곡 쌓아 온 모든 핵심을 문자화했다. 이와 같은 의미에서 볼 때, 나에게 이 책은 지난날의 결실이자 다음 10년을 향한 결의라고 할 수 있다.

그러면 당신에게는 어떤 의미가 있을까? 그리고 우리에게는 어떤 의미가 있을까? 앞에서 말한 것처럼, 만남의 심층 배경에는 정답도 없고 오답도 없다. 가까운 미래에 나와 당신이 각자 성장해 새로운 자신이 되어 다시 만났을 때 비로소 이번 만남의 진정한 의미를 알 수 있으리라. 그래도 한 가지 분명한 것이 있다. 내가 세상에 이 책을 내놓는 것과 마찬가지로 당신도 세상에 내놓을 것이 있다는 점이다. 처음에는 쉽게 손 댈 수 있는 것처럼 보일지도 모른다. 그런데 막상 손을 대면 깊이 빠져들어서, 지금까지 자신의 경험을 모두 내놓아야 하고 나중에 탈출할 때는 새로운 자신을 향해 전진하겠다고 결심할 수밖에 없을지도 모른다. 그러나 뒷일이 어떻게 되든 이렇게 만난 의미를 느낀다면, 당신이 손

댄 일은 내가 해야 할 일과 이어져서 앞으로 더 큰 그림을 그리게 될 것이다.

마지막으로 한 가지 부탁이 있다. 지금 우리가 타고 있는 이 배는 인류가 지금까지 본 적도 없는, 희망에 가득 찬 새로운 세계를 향하고 있다. 그러나 변화가 너무도 극심해서 여행길은 전혀 평탄치 않다. 더구나 특별히 선발된 한 배가 아니라 모든 배가 동시에 새로운 세계에 도착해야 한다. 그때는 끊임없는 폭풍우와 쨍쨍 내리쬐는 태양 등 온갖 고난이 엄습해 올 것이다. 이 책에서 이미 지식을 얻은 당신이 급속한 변화에서 태어날 희생을 최소화하기 위해 주위 사람들에게 좋은 인도자가 되어 주기를 바란다.

지금은 거친 파도가 휘몰아치지만, 결코 이대로 끝나지는 않는다. 우리가 향할 곳은 한 사람 한 사람이 다시 본래의 자기 모습으로 돌아갈 수 있는 장소이자, 새로운 자신을 만날 수 있는 장소다. 하지만 이런 희망은 유감스럽게도 말이 아닌 행동으로 보여 주지 않으면 전할 수 없다. 지금의 상황에서 당신이 해야 할 일은 눈앞의 업무를 통해서 당신 자신과 주위 사람들에게 사랑을 쏟는 것이다.

수익을 올려야 하는 비즈니스서의 결론으로는 너무나 감상적이라고 비웃는 사람이 많으리라. 하지만 지금까지 살펴본 대로 결과에 초점을 맞추면, 성장의 원리는 매우 간단하다. '행복한 고객을 만들 수 있느냐 없느냐, 그와 동시에 나 자신이 행복해질 수 있느냐 없느냐'니까. 이 목적을 향해 깊이 사고하고 토론하며 예지를 결집해 행동을 향한 걸음을 내딛는 것! 이것은 일정한 시기에 접어들면 뛰어난 개인이나 전설적 기업에서 반드시 실천한 사고방식이며 행동 양식이다.

　이러한 움직임이 아시아, 나아가 전 세계를 선도하는 기업의 경영진과 사원들의 습관으로 뿌리내리면 어떻게 될까? 눈앞이 아득해지지만 감히 상상해 본다면, 자본주의 그리고 인간이라는 종種이 새로운 단계로 접어들지 않을까?

1 485개 기업의 조사는 저자의 메일매거진에 등록된 회원들의 회답을 토대로 했다. 특정 메일매거진에 등록된 회원들인 만큼 일본 기업의 전체 모습을 정확하게 보여준다고는 할 수 없다. 일반인들보다 비즈니스서를 열심히 읽고 정보에 민감한 회원들이 많으며, 저자가 예전에 내놓은 책의 경향으로 볼 때 마케팅 전략과 시대 예측에 관심 있는 경영자나 경영 간부가 많을 것이다. 따라서 '고도추상화경제高度抽象化經濟'로 이행하고 있다는 결론은 학술적으로 충분하다고는 할 수 없다. 그러나 지금 중요한 과제로 착수하고 있는 여러 가지 기획을 전제로 하면—485개 기업에는 대기업에서 중 소기업까지 총망라되어 있음—기업이 어디로 향하고 있는지 알 수 있다. 앞으로 이어질 다음 조사의 밑바탕으로 생각하기를 바란다.

2 회답 항목 중 심리적 변화를 쉽게 이해할 수 있도록 '조금 해당된다'를 제외하고 '해당된다'는 답안만 체크했다. 또 '건강'에 관한 질문도 있었지만, 업무 변화에 초점을 맞추기 위해 순위에서는 제외했다.

3 5Forces는 다섯 가지 요인, 즉 신규 참입, 대체품, 공급업자, 고객, 경쟁에 대해 유리한 영향력을 가질 수 있도록 업계 안에서 자사의 위치를 확보하는 것이 성공의 열쇠라고 생각한다. 이해하기 쉽도록 단순하게 말하면, 업계에는 항상 다섯 가지의 적敵이 있으므로, 그 다섯 가지의 역학관계를 확인한 후에 자사에 가장 적합한 성공 요인을 발견하라는 것이다.

4 財団法人インターネット協會(2008), 《インターネット白書2008》, インプレスR&D.

5 '고객'이라는 단어는 지속적인 거래가 있는, 이른바 단골을 표현하는 일이 많다. 여기에서는 첫 번째 구매도 포함되기 때문에 본래 '사는 쪽'이라고 표현하는 편이 정확하리라. 하지만 사는 척하다 도망치는 사람이 아니라 얼굴이 보이는 지속적인 거래야말로 안정된 사업 모델을 만들 수 있다는 관점에서 일부러 '고객'이라는 말을 사용했다.

6 John Seely Brown, Stephen Denning, Katalina Groh, and Laurence Prusak (2004), 《Storytelling in Organizations: Why Storytelling Is Transforming 21st Century Organizations and Management》, Butterworth-Heinemann.

7 TEFCAS에 관한 내용은 《마인드맵 기억법》에 자세하게 실려 있다. 독자들 중에는

TEFCAS가 업무관리 사이클인 PDCA plan-do-check-act와 어떻게 다른지 알고 싶은 분도 있으리라. PDCA 사이클은 생산 공정의 품질관리 시스템으로 개발되어, 상부에서 세운 계획을 라인에서 세밀히 실행해야 하는 공업 사회에서는 대단한 효과를 발휘했다. 하지만 지식사회에서 PDCA 사이클을 적용하는 데에는 한계가 있다고 나는 생각한다. 지식사회는 '플랜plan'도 세우지 않았는데 대응을 요구하는 경우가 많기 때문이다. 사무직에서는 계획된 생산 공정을 관리하는 일보다 오히려 변화에 유연하게 대응하는 일이 많아지고 있다. 더구나 고객마다 개별 대응을 원하기 때문에 대책이 너무도 다양해서 획일화할 수 없다. 고객의 불만 중에는 "사원의 말투가 정중하지 않다", "사원이 웃지 않는다", 아니면 "너무 친밀하게 대한다", "너무 정중하다" 등 여러 가지가 있다. 이런 상황에서 PDCA 사이클을 사용하면 체크할 항목도 명확하지 않고 개선act하기도 어렵다.

지식사회에서는 사원 한 사람 한 사람이 예상할 수 없는 사건에 대응하고, 그 경험을 자신의 기술 상승으로 연결 지어야 한다. 그런 능력을 손에 넣는 데 TEFCAS는 대단히 강력한 도구라고 할 수 있다.

8 전 세계의 동굴 벽화를 연구한 여류 문화인류학자 앤젤레스 애리언에 따르면, 인류가 원시시대부터 그린 도형은 크게 나누어 △(삼각형), □(사각형), ○(원형), ◎(나선형), +(십자형) 등 다섯 가지 패턴을 띤다. 각각 상징적인 의미가 있기에 보는 사람에게 특별한 인상을 안겨 주는데, △은 목표와 추진을, □은 안전과 관리를, ○은 완성과 조화를, ◎은 비약과 성장을, 그리고 +은 관계성을 느끼게 한다.

모든 도형이 형태에 따라 제각기 다른 인상을 안겨 준다면, 이것을 사업에 활용할 수 있지 않을까? 논리를 강조하고 싶은 경우에는 △을 사용하고, 의견을 수습하거나 안정시키고 싶은 경우에는 □을 사용한다. 논리적인 구성이 잘되어 있는 경영서를 보면 책의 시작 부분에 △이 늘어서고, 중반에는 □, 마지막에는 그때까지 말한 모든 요소의 관계성을 설명하는 ◎이나 +이 들어간 차트가 많다는 사실을 알 수 있다.

단지 지식으로 받아들이지 말고, 도형을 이용해 실제로 비즈니스 모델을 발전적으로 생각해 보자. 처음에는 목표를 설정하기 위해 단순하게 △을 그린다. 비즈니스 모델의 시장성이 있는지 없는지 객관적으로 판단할 때는 □을, 그 후에 조직이나 기존 사업과의 상승효과를 생각할 때는 +이나 ◎을 결합시킨 ☆를 그리는 식이다. 그러면 도형이 가진 에너지가 비즈니스의 발상을 더욱 자극하지 않을까?(Angeles Arrien(1998),《Signs of Life》, Tarcher.)

9 나의 저서《기업 최강의 전략》을 참고하기 바란다.

10 설립 취지서를 비롯한 부잔교육협회의 정보는 www.buzan-edu.jp에 자세히 실려 있다.

11 CPS에는 여기서 소개한 '하이싱크탱크'를 비롯해 '천재를 빌리는 테크닉', '이미지 스트리밍', '오버 더 월', '고도문명 툴 빌더' 등 여러 가지 테크닉이 이미 개발되어 있다.

이것을 자세하게 배우고 싶다면, 윈 웬저의 《The Einstein Factor》를 추천한다. 그리고 그 방법론을 마스터하고 싶다면, 윈 웬저가 폴 실리와 함께 개발한 재택학습 교구인 '천재 코드genius code'를 이용하라.

12　이케가야 유지의 《착각하는 뇌》에서 인용했다.

13　모기 겐이치로의 《뇌 정리법整理法》에서 인용했다.

14　'하행 에스컬레이터'를 '상행 에스컬레이터'로 바꾸는 데에는 매트릭스를 이용해 논리적으로 접근하는 방법도 있다. 항수項數관계로 해설할 수도 있으므로, 자세한 내용은 나의 저서 《기업 최강의 전략》을 참조하기 바란다.

15　소프트웨어를 프로그램으로 제공하는 게 아니라 인터넷상의 '서비스'로 제공하고 월간 사용료 형태로 수입을 얻는 사업 모델을 가리킨다.

16　잡담이지만, 지금까지 여러 신규 사업을 클라이언트와 함께하는 동안 한 가지 사실을 깨달았다. 새로운 일을 시작할 때 저절로 모이는 인원수는 여섯 명인 경우가 가장 많다는 사실이다. 어디까지나 확률에 불과하지만, 나는 이것을 재미 삼아 '여섯 명의 법칙'이라고 부른다.

어느 저명한 무술가가 학생을 모을 계획도 세우지 않고 붓으로 쓴 간판과 도장道場을 준비했다. 혼자 열심히 훈련하고 있자 한두 사람씩 찾아오더니, 초기 입문자가 여섯 명이 되었다. 그리고 어느 유치원 선생은 산속에 이상적인 교육을 할 수 있는 유치원을 만들고, 그 지역에 손으로 쓴 전단지를 뿌렸다. 처음에는 유치원생이 전혀 모이지 않았지만 소문을 듣고 한두 사람씩 찾아오더니, 문을 연 지 몇 달 되자 여섯 명이 모였다. 내 추측이지만, 여섯 명이 모이는 이유는 스토리에 등장하는 주요 등장인물이 여섯 명이라는 것과 관련이 있지 않을까? 전형적인 사례가 영화 〈7인의 사무라이〉로, 처음을 맞이할 때도 여섯 명이고 마지막을 맞이할 때도 여섯 명이다. 어느 장례식에 참석했을 때 장례식 진행자가 말했다.

"지금부터 출관을 하겠습니다. 출관을 도와주실 여섯 명은 앞으로 나오십시오."
관을 들 때 필요한 인원 역시 여섯 명인 것이다.

17　독자 여러분 중에는 스토리와 현실을 겹치는 것에 위화감을 느끼는 분도 있으리라. 개중에는 내가 픽션과 논픽션을 혼동하는 게 아닐까 우려하는 분도 있을지 모른다. 그런데 스토리와 현실은 상상 이상으로 긴밀한 관계를 맺고 있다. 6장에서 설명한 프로젝트 매니지먼트만이 아니라 사업 성장의 S커브, 엘리어트 파동 같은 주가의 변동 패턴에 이르기까지 자세히 관찰하면, 현실의 패턴은 놀라우리만큼 스토리의 구조와 흡사하다. 나는 이 유사성에 매료되어서 근미래동시진행 엔터테인먼트 소설인 《돈과 정의》를 쓰기에 이르렀는데, 여기에 관해 깊이 알고 싶은 분은 '스토리와 공명하는 현실'이란 제목의 해설문을 읽어 보기 바란다.

옮긴이 **이선희**

부산대학교 일어일문학과를 졸업하고 한국외국어대학교 일본어교육대학원에서 수학했다. 부산대학교 외국어학당 한국어 강사를 거쳐 삼성물산, 숭실대학교 등에서 일본어를 강의했다. 현재 나카타니 아키히로 한국사무소 소장과 KBS 아카데미 일본어 영상번역과정 강사로 있으면서 방송 및 출판 번역 작가로 활동하고 있다. 번역한 책으로는 《50 오늘이 당신에게 가장 젊은 날입니다》, 《지브리의 천재들》, 《스트레스의 재발견》, 《한자와 나오키 1~4》, 《책을 지키려는 고양이》, 《공허한 십자가》, 《검은 집》 등이 있다.

전뇌사고

1판 1쇄 발행 2010년 6월 11일
2판 1쇄 발행 2023년 4월 28일
2판 3쇄 발행 2023년 5월 30일

지은이 간다 마사노리
옮긴이 이선희

발행인 양원석 **편집장** 김건희 **책임편집** 서수빈
디자인 강소정, 김미선 **영업마케팅** 조아라, 이지원, 정다은, 백승원

펴낸 곳 ㈜알에이치코리아
주소 서울시 금천구 가산디지털2로 53, 20층 (가산동, 한라시그마밸리)
편집문의 02-6443-8903   **도서문의** 02-6443-8800
홈페이지 http://rhk.co.kr
등록 2004년 1월 15일 제2-3726호

ISBN 978-89-255-7668-8 (03190)